黄吉鸿 著

却顾所来径

一个小学语文特级教师的
成长记忆

图书在版编目（CIP）数据

却顾所来径：一个小学语文特级教师的成长记忆/黄吉鸿著. —福州：福建教育出版社，2024.8. —ISBN 978-7-5758-0031-0

Ⅰ. G623.202

中国国家版本馆 CIP 数据核字第 2024NT1205 号

Quegu Suolaijing

却顾所来径

——一个小学语文特级教师的成长记忆

黄吉鸿著

出版发行	福建教育出版社
	（福州市梦山路 27 号　邮编：350025　网址：www.fep.com.cn
	编辑部电话：0591-83786915　83779650
	发行部电话：0591-83721876　87115073　010-62024258）
出 版 人	江金辉
印　　刷	福州报业鸿升印刷有限责任公司
	（福州市仓山区建新镇建新北路 151 号　邮编：350082）
开　　本	710 毫米×1000 毫米　1/16
印　　张	21.5
字　　数	299 千字
插　　页	2
版　　次	2024 年 8 月第 1 版　2024 年 8 月第 1 次印刷
书　　号	ISBN 978-7-5758-0031-0
定　　价	56.00 元

如发现本书印装质量问题，请向本社出版科（电话：0591-83726019）调换。

序

微斯人，吾谁与归？

工作站学员吉鸿发来书稿，告知即将出版，希望为之写几句话。我很高兴。

吉鸿的书好读，有味，属于可以一气读完的一类。那一年，大概是认识一年多后，我在台州活动结束去北京，他送我一本新著。台州到北京，两千公里，一路风烟，舟车劳顿，何以解闷？好在我是个爱书之人，好在吉鸿送的那本书，那一篇篇回味少年生活，描写乡野风物的散文，水墨画一般的点画和清水芙蓉般的表达，让我连类而及，感同身受，让我联想甚或梦想，让我沉浸甚或沉醉。于是，漫长的旅程，我竟然气定神闲，心安理得，有如神助，难得的顺风顺水，一路愉悦地到达目的地。

手头的这本新书，吉鸿写教育生活，写自己成长经历。还是秉承了此前的叙事风格，情真意切，毫无遮拦地展现着自己的个性、品格和情怀。

这里择取一两例言之。

《我为你开车》叙述自己率全班同学野营活动时，用摩托车载一腿疾孩子的故事。给腿脚不便孩子提供更多的爱和帮助，老师表现出主动、真诚、周到甚至智慧，自是不易；问题是，还是普通年轻教师的吉鸿竟能以大爱之心、敏慧之眼，观察、感受孩子的情感世界，捕捉他们微妙的心理变化，尤其是通过同理和换位，提振孩子的自尊和自信，机智地践行了一次效果极佳的融合教育。这几乎是一个壮举。

看这段描写多精彩：

开始，他有点紧张，和我隔开一小段距离坐着。但又怕坐不稳，一不小心摔下来，两只手死死抓住摩托车坐垫上的皮扣带。这样会很累，我亲切地告诉他，让他把身子往前挪移，尽可能地靠在我的背上，或者两手抱住我的腰也行。他慢慢地往前移动，身子轻轻靠在我的背上，但两只手还是抓住扣带，不敢抱我的腰……

学生们一个个脸上带着一种诡秘而羡慕的笑意，望着我的身后。从他们的眼睛里，我可以看到洪某忠同学的激动和荣耀。此刻的他，正在享受着读书以来最大的尊严和幸福。

这其中，除了大爱的悲天悯人，还有善解人意以及对于人、对于教育的尊重和敬畏。就凭这一篇文字，可以毫不夸张地说，吉鸿天生就应该做教师，就是一个好教师！

《人鸽情意深》描写自己告别支教的乡村学校前后的情感经历。

当真的确定回来时，我却有些留恋了。我特意在那个安静的校区住了一晚，是四年来唯一的一晚。我想留个纪念，留一份美好的回忆，我不能仅仅拥有校区的白天，我也想拥有校区的夜晚。那晚，我在校区清新的空气中，在草木树花的芬芳里，在鸽子和山鸟夏虫的鸣叫歌吟里，沉沉入睡……

我走到四楼顶的鸽舍，精心挑选了六只鸽子，用笼子装好，放进后备箱，带回家……初秋的一天，我开车把鸽子带到一座山脚下。我把鸽笼打开，鸽子在地上走了一会儿，就一只只振翅飞走了……我相信，这几只鸽子将飞回到我的过去，我的椒北岁月，我的童年时光，我的一切记忆的天空……

写自己对于学校、对于合作数年的同事、对于学生的难舍，细腻柔软，真情流露；写对于寄托情感的鸽子的心理和行为的矛盾，真切地表达了人性的高尚：由眼前鸽可以时时回望那一所令人眷恋的乡村学校，但满足一己之情感却要以禁锢一群生灵的天性为代价；放飞生灵不就是在放飞自己的生命？这其中，凝聚的是作者丰厚饱满的教育情怀和人文情怀。我以为，有这等情怀的人做教育，才是教育之幸、学生之幸。

还有像《难忘新昌城》《教学"四阶段"》一类，记叙自己青春岁月里的心路历程和语文教学专业的成长。叙事，则如画山水；写人，则深情如涌。对家国时代的认同，对领导同事的感恩，对学生和教育的热爱，溢于言表，感人至深。

古人云：言为心声，文如其人。每读吉鸿其文，眼前总跃出吉鸿其人。

与吉鸿相识，是由组织安排的偶然。2021年初，吉鸿所在的台州市委市政府首开人才"柔性引进"政策，我以所谓教育专家的身份在台州设立工作站，致力培养该市各县市区教师发展中心的主要负责人。其时，吉鸿在市府所在地椒江区教育教学发展中心担任分管培训工作的副主任，与来自该市9个县市区相关机构的主任或副主任一起成为本站学员。记得第一次活动，就在吉鸿所在的中心，选配班干部时，我未多考虑就任命他做了班长。后来才知道，他是10位学员中唯一的小学语文特级教师；再后来才知道，他长期扎根于农村小学，深耕小语教育，勤思善研，教学有方，先后获得过区、市、省级大奖，不仅在台州、浙江，而且在全国都享有相当高的知名度和广泛的影响力。又擅长学校管理，主政一所小学，短短几年使之成为区域名校。几年前，才因此调入教师发展中心从事现职。

我很庆幸开班时的这个决定。后来的三年培训，如果没有吉鸿"班长"的组织、动员、号令和精心周到的计划安排，是无论如何也难以做到稳定、和谐并顺利"收官"的。也因此，我与吉鸿从相识、相熟到相交、相知，直到成为朋友和至交。

吉鸿诚厚。善良不欺，恻隐同情，重情重义，在他身边，你总是会感受到什么是柔情似水，温馨可人。待学生如此，待他人均皆如此。在我眼里，吉鸿是当下社会少有的可以托事的朋友。

吉鸿谦和。他的谦逊温和是对一切人的，不分高低贵贱。有着一以贯之、从未改移的平常心、平等心。在语文教育领域，他是享有盛誉的名师，却依然低调，绝不会在"大师""偶像"的喧闹中迷失"自我"。

吉鸿正直。虽温和，却绝不乡愿；虽善良，也不是没是非；可以宽容，但不会放弃原则。甚至，有时候，为某些涉及自己或他人、或明或暗的不公正遭遇，敢于冲冠一怒，慷慨出头。由他，我常常想到鲁迅称道过的"台州式的硬气"。

吉鸿聪敏且勤勉。一个人可以成为名师，可以成为名校长，也可以成为卓越的研究者，成为杰出的培训管理者，但将三者甚至四者集于一身，在今天的教育生态中，那自是不可多得。能如此者，必得如孔子所言的"敏而好学"。与吉鸿交流，你总是情不自禁被牵引，其随心所欲的诙谐、不事雕琢的幽默、行云流水的机智，足以见与生俱来的聪敏。问题是，他还超乎寻常地勤勉。大家常逗笑说这就是不让他人活的做派。你不能想象，总是在工作，常常有讲学，培训他人还得接受培训，一般人应付日常都筋疲力尽，但他却著书不断。成功何来？就是一分智慧加上九十九分汗水。此吉鸿之谓也。

由此，余有感焉。

范文正公曰：微斯人，吾谁与归？

范公此言，正可表悠悠予心。是为序。

严华银

2024年5月南京老山竹下居

（序作者为教授、研究员、语文特级教师；教育部全国中小学校长幼儿园长培训专家工作组专家，中国语言智能研究中心全国中语名师工作室联盟理事会会长）

目 录

第一辑：在热爱的道路上砥砺前行

只想教语文……3
制作"金字塔"……7
漫天雪花飞……10
我为你开车……13
我是"音乐人"……16
星级教师忆……22
第一次讲座……28
成为区骨干……38
难忘新昌城……42
突击来听课……45
打开一"天窗"……48
磨课有滋味……50
首登市赛场……54
拍摄录像课……58
比武小插曲……61

潜心忙备战……63
征战巾子山……67
"火热"烂柯山……70
南宁传佳音……76
我当再磨砺……79
小语"千万"情……82
特殊一节课……90
大学小老师……94

第二辑：在感恩的心灵中不断精进

春天的故事……101
见贤当思齐……104
"周游"各名校……108
幸运遇严师……112
严师好读书……119
深深地感激……123
方远的深情……127
如此动我心……131
无穷的力量……135
难忘同行路……140
那一道"闪电"……143
流淌的大河……147

第三辑：在责任的担负下倾情付出

人鸽情意深……155
学校有精神……164

情怀为第一……168
六棵山茶树……174
种下一棵树……177
石头会说话……180
楼名有深意……186
木屋多温馨……189
那艘小木船……193
对联寄真情……197
石头大山来……202
最美闲暇时……206
依依惜别情……213
故事多美好……218

第四辑：在教育的大地上静静思考

幽默是品质……229
持敬畏之心……233
关键是"内驱"……236
安排要合理……240
教学"四阶段"……243
学习需"背景"……263
评课三角色……266
思维须跨界……271
成为研究者……274
阅读"三策略"……282
读经典之道……288
做个"摆渡人"……295
标语要温情……299

自然大课堂……302
那天很生气……308
读书是大事……311
阅读的幸福……316
平凡的感动……323

后记：那些美好的日子……327

第一辑:
在热爱的道路上砥砺前行

只想教语文

1991年7月，那个大地被太阳晒得火热的青春日子，我从浙江省黄岩师范学校毕业。8月，我被分配到一所宁静、素朴的村完小教书。上世纪90年代的中师生，教育生涯大多起始于美丽的乡村。

学校所在的村子有一个极其响亮的名字——虎啸坦村，几公里外，有一雄浑大山，叫虎头山。学校和我所住的村庄只隔着一个村庄，沿着一条机耕路，骑自行车约20分钟就到。

第一天去报到的时候，是八月下旬的一个下午。紧张忙碌的夏收夏种之后，所有的水田都被勤快的乡亲种上了杂交水稻秧苗，绿绿的，一行行，齐整整地，在热烘烘的风中轻轻摇动。在稻秧的行与行之间，在田野交界处长长的田沟里，不时地闪烁着水的光晕，像师范学校里老师充满期待的目光。一切都被秋阳照得明亮亮的，一切都充满了生机。如同我的人生一样，即将踏上工作岗位，新的希望正在我生命的大地上萌发。

机耕路的两边，铺着枯黄、松软的稻秆，一排排，紧挨着，像火车的枕木。自行车轮轧过，那种温软的感觉，像小时候起床时，脚踩在棉被子上一样，很舒服。这多么像三年中师生活留给我的印象啊！只不过，属于我的学生时代，已经被岁月这位不辞辛勤的农人争分夺秒地收割了。那在路上躺倒一片的，不是枯黄的稻秆，是我曾经青绿的记忆，是我现在有一点忧伤的心灵。人总是矛盾的，没有毕业时，盼着早点毕业；一旦真的毕业了，却有了些许的留恋。

好在，乡村的大地是温柔的，青春的世界是温暖的。拉拉草、猪毛菜、小蓬草和车前草们在机耕路两旁热情站立，仿佛两行绿色的波浪，延伸到无尽的远方，带给我这个即将开启教育人生的青年教师以无尽的希望。空气里散发着稻草和泥土的气息，耳畔传来水的歌声和虫子们的低吟，太阳强烈、热情，让各种气味变得温热。

我的教育人生即将在这个热情洋溢的季节拉开序幕，迎接我的会是一所怎样的学校呢？我的一小部分初中同学就来自这里，可是我却没有见过它的真实容颜。

轻快地骑着车，不多时，就到了这个村子。我却似乎看不到学校，目之所及，看到的都是老百姓的住房，一排排地叠列着。在我的想象中，学校不说是高楼，至少应该是好几间屋子连在一起，让人一下子能找到，可事实并非如此。

向一中年村民打听学校的去处，那人好奇地盯了我几眼，手一指，说了句"那儿就是"。顺着他指的方向望去，在田野的中间，有一处一层的老式石木结构的屋子，有四五间的规模，静静地趴在那儿。乍一看，和村子里老旧的住房并没什么两样。心头却有一种亲切感，这不是和我小时候在村子里读的小学差不多吗？四周绿色环绕，类似海中的小岛，和民居隔着一段距离，只一条灰色泥路连接外头，倒也清静。

沿着机耕路骑行，很快就到学校。等到走近后，才发现这不是纯粹的学校，边上还紧挨着一家简易的纸箱厂。切割纸板的机器声"咔嚓——咔嚓——"有节奏地响着。学校唯一的办公室紧挨在纸箱厂的边上。

停下车，走进办公室，见到了谢林富校长。他35岁上下，正是壮年时期，一双眼眸亮闪闪，很有精神。谢校长高兴地接待了我，他应该看了我的档案：中师班长，优秀毕业生，男，18周岁……

和谢校长一番交谈后，我得知，这所乡村完小有六个年级六个班，有学生300多人，来自附近4个村子。现有教师10人，好几个是代课教师，其余均为民办教师转正。前几年，曾分配过一位民师考上的师范生，后来调走了。在我到来之前，校长是唯一的男教师。今年分到一位师范优秀男生，校长自然高兴极了，嘴角流露出掩饰不住的笑意。

谢校长直接和我谈起功课的事，他希望我教数学，因为他是教数学的，而且在当地非常有名，所带班级数学成绩一直优异。这些我已有所耳闻。他原以为我会满口答应，哪料想，我早就打定主意要当语文老师。我告诉校长："我喜欢语文，您就让我教语文吧！"他一愣，嘴角的笑容像淡淡的水波纹一样，忽然消失了，明亮的眼睛闪过一丝出乎意料的神情，有点怀疑地说了句："你不教数学？要教语文？……教语文要当班主任的，更辛苦。我教数学，你也教数学好了。"他满怀期待地望着我，期待我的答应。可是，那时初出茅庐的我，哪里懂得校长话语里的潜在意思和一片深情，他其实把话都讲得很明白了。好不容易等来了一个师范生，是一个值得培养的好苗子，他是真心实意想培养一个数学名师出来，成为他的衣钵传人啊！可惜，年轻的我像雾像雨又像风，就是不懂他的心。我愣是回了一句："校长，我就喜欢教语文，你让我教语文好了！"估计那一刻，谢校长心头应该响起一阵歌声："你知不知道，知不知道，我等到花儿也谢了。"

我是在第二天，才知道校长心思的。他见我不动心，就让教导主任来和我沟通。我非常诚恳地跟教导主任说："我是真的喜欢教语文，我从小学、初中到师范，一直都非常喜欢语文。"我的话语如同一块石头，扔在教导主任平静的心湖上，荡起了层层涟漪。教导主任语重心长地告诉我，校长希望我教数学，他会收我为徒，会尽力把我打造成一位数学教得非常好的老师。她的话语带着这夏天的温热，她的眼睛里寄托着对我的祝贺，她知道自己在把一个春天的消息告诉一个像夏日一样火热的年轻人。

可是，我的回答依然："我喜欢语文，就让我教语文好了。我知道学校语文教师还不够。"见此情景，教导主任说："要不，你再考虑考虑，明天答复我。现在也不急于排课。"

第二天，我非常认真地告诉教导主任，自己还是决定教语文。教导主任也是教语文的，她满是关心地对我说："教语文忙一些，还要当班主任。"顿了顿，又加了一句："如果你一定要教语文，可能会让你教六年级。这样，你更不好带了。"她原以为，这样一来，我会知难而退，退而求其次——那就教数学吧。没想到，我非常爽快地回了一句："没关系！只要让我教语文，苦一点，累一点，教哪一个班都没关系。"教导主任笑了。

最后，我接了六年级的语文，当班主任，还兼教五年级和六年级的音乐、体育、美术。一个星期18节课。但是我愿意，正如我说的，只要让我教语文，我都没关系。

我知道校长的好意，但校长可能不知道我的心思。从小学、初中到师范，我最喜欢的学科就是语文。这份热爱，就像一个孩子热爱他心爱的游戏，就像一个农民热爱他拥有的土地，就像一个战士热爱他驰骋的疆场一样。我也一次次地问自己，要不要教数学？答案是"不"。倘若我对语文的热爱稍微少了一点，我都可能投身到数学教学行列了。没有办法，有些东西受岁月所赐，印入心扉，不容更改。

就这样，我在这所简陋、偏僻的乡村完小开始了我的教育生涯。现在想来，当教师最重要的是，要拥有对自己所教学科的热爱，那种超越功利，唯有赤诚的热爱。当年的我如果功利一点的话，我可能还真的跟着校长去教数学了。而选择教语文，则将单枪匹马，自闯天涯，可能是孤独走到底，一直平淡，终究平庸。

苏霍姆林斯基说："没有爱就没有教育。"除了对学生的关爱之外，这句话里也有着对学科的热爱。我是从骨子里喜爱、热爱、酷爱语文的，这份爱让我坚定不移地接受了艰巨的教学任务。在这个宁静的乡村和一群跟我相差五六岁的孩子，在那片绿色的田野里，在那个火热的季节，悄然相逢。

多年以后，我读到这样一句哲言：什么是幸福？幸福就是做自己喜欢做的事。那一刻，我非常欣喜。在毕业第一年，自己能够听从内心的声音，坚持初衷，坚定不移地选择了小学语文教学。

因为爱，所以爱。因为喜爱，所以不累。因为热爱，所以无悔。我想告诉年轻教师，如果你想让自己不觉得工作是一种负担，不觉得工作的劳累，那一定要发自内心地喜爱你所任教的学科。为什么你的热情像火焰一样熊熊燃烧，因为你对自己的事业爱得深情。

制作"金字塔"

工作第三个月，1991年11月里的一天，校长通知我，下一周，区进修学校老师要来听我上课。因为我是第一年新分配教师，按照惯例，他们要下到学校实地听课。校长让我做好充分准备。

我决定上《埃及金字塔》。为了把课上得更生动一些，我决定制作金字塔教具。星期天，我骑车到镇上买来几张铅画纸和一盒水粉颜料。回到家后，我先把铅画纸折叠成几座大小不等的"金字塔"，然后调好土黄色颜料，用画笔把它们一一涂在塔身上。

在我做这一切的时候，祖母静静地陪在我身边。她坐在一把小竹椅上，专注地织着麻帽。我坐在一把小木凳上，就着一张木桌，安静地制作教具。祖母低着头，老花镜滑托在她娇小的鼻子尖上，她佝偻着瘦小的身子，用瘦小的手，一根线一根线地编织着属于她的梦想。我坐在一把竹椅子上，拿着笔，一笔又一笔地描绘着属于我的教育图画。

星期一早上，金色的阳光照得原野一片明亮。我把"金字塔"装在宽大的黑色尼龙袋里，挂在自行车的把手上，沿着温暖的机耕路，轻盈地骑到学校。那所小小的村校，只有一层楼的黑灰色老屋，静静地卧在一片绿色的田野里，在我看来，就像一只巨大的蜂箱。

上午第1节下课之后，一阵摩托车的响声由远而近，吸引了我和学生的注意，那时候摩托车可是稀有之物。我转身看窗外，只见进修学校陶仙法校长开着摩托车，洪小颜老师坐在后面，车已停稳了。他们是来听我上课的，我一阵紧张，又带着欣喜，没想到陶校长和洪老师一起来到偏僻的村小，只为听我这个新教师上课。

谢林富校长赶紧出来迎接，简单的问好之后，上课的哨声响起。我带领着学生读课文，学生字，了解埃及的金字塔。学生们也被从未有过的阵势"震"住了，一个个坐得端端正正，一双双眼睛专注认真。在让学生认识金字塔时，我从讲台桌下拿出自己制作的金字塔模型给他们看，请他们结合课文，说说金字塔的特点。学生们被深深吸引，纷纷举手发表自己的观点，课堂氛围非常活跃。我看到谢校长坐在下面，脸上露出了满意的笑容。

课上得非常顺利。下课后，我们到一楼教师办公室，听陶校长和洪老师评课。他们对我这样一位刚毕业的新教师能上出这样的课，表示满意。陶校长尤其肯定了我的上课氛围，他说我能够照顾到小学生的心理，教学时能不断予以鼓励和肯定，激发他们的学习兴趣，这一点非常好。洪老师则重点表扬了我备课充分、认真，她说没想到我还制作了简易的教具，足见工作态度非常用心。

临走的时候，陶校长和洪老师特别叮嘱我，乡村小学语文男教师的工作不易，希望我能够坚持扎根乡村，认真钻研，不断努力，肯定能做出一番成绩来。

确实，在当时的形势下，当一名乡村小学男教师是需要勇气的。上世纪90年代初期，商业大潮滚滚，我工作学校所在的村庄及附近的几个村子，农民们或做羊毛衫，或做塑料原料，或做塑料制品等生意，很多人挣了不少钱。而一个小学教师，每个月工资仅144.5元，实在令人汗颜。别的不说，隔壁纸箱厂老板、老板娘看我的眼神，似乎在说：好好的一个小伙子，怎么要来小学校当一个小学教师呢？

记得我来到这个村小上班后的第一周，竟有村里好事之徒特地跑到学校来，隔着木条做的门窗，像看非洲来的动物似的"观赏"我，满眼不屑，一脸嘲笑。

这些很让我泄气。堂堂师范学校班长、优秀毕业生，当年在师范学校里也是"红极一时"，小有名气的，而今竟然在如此偏僻、寂寥的乡村小学工作，真的有一种怀才不遇、明珠暗投之感。唉，虎啸坦、虎头山，我可是"虎落平阳"啊！一时，我的世界开始黄沙满天，迷茫昏暗，竟然打起了退堂鼓，想要弃教经商去。

好在受到陶校长、洪老师的一番表扬之后，我波动的心就变得平静了。特别是这次听课，谢林富校长全程参与，他也为我的表现感到高兴，说我是一个教书的好苗子，如果坚持下去，会成为一位名师。这又给予我一定的信心。

多年以后，回想起乡村学校的那段经历，我都会语重心长地跟中心校的校长们说这样一番话："一定要关注村完小年轻教师的工作状况，要尽可能多地鼓励、帮助和指导他们，让他们在教学之路上走得更坚定，更踏实，更有信心。"因为扎根乡村不易，如果缺乏教学勇气，很容易选择放弃。

我也想和第一年分配到乡村完小的年轻教师们说，真正的教育在乡村一线，一个教师的教育人生之路最好是从底层一步一步走过来。一个人只有经历了底层的艰辛，才懂得珍惜；懂得珍惜，自会奋起。一毕业就分配到城里、中心校，自是好事，但事有两面，物有阴阳，用中国人的哲学来说，祸福相倚，苦乐交集。

年轻教师真正要做的是，无论在哪里，都要把那里当作自己的精神地盘，用心地、真诚地去做好自己的本职工作。我很庆幸，人生第一节公开课，幸好自己做了充分准备，才能获得专家、老师的肯定和鼓励。

那几座纸做的"金字塔"，在我的记忆里散发着金色的、灿烂的光芒，令人难忘，就如那个秋日里金色的阳光一样。

漫天雪花飞

那是我参加工作第二年，1992年的冬天，学期快结束了，天气越来越冷。那天上午，我在教室里给学生上课，正讲得起劲，忽然，本来认真听课的学生一阵躁动，紧接着，很多学生都转过头去，看向窗外。有人忍不住站起来，猫着腰，小声而兴奋地嚷着："雪！雪！下雪了……"

我转头一看，可不是吗？隔着玻璃窗，天空中正纷纷扬扬地飘着一片片细绒羽毛般的雪花。没有风，它们整齐划一地从铅灰色的天空中不断地飘落下来，好像无数飞舞的玉蝶，欢快而轻盈地投向大地的怀抱。

学生见我也被下雪的景象吸引了，胆子就大起来，声音就渐渐地响起来，一个个从座位上站起来了。个别学生甚至跑到窗前，把自己的小脸贴在窗玻璃上，睁着大大的眼睛，一脸欣喜地望着窗外……

见我没有什么要阻止他们的意思，更多的学生走到窗前了。看来，他们是没有心思再上课了。干脆，就让他们到天空下疯狂地乐一下吧。随即，我微笑着大声宣布："好！同学们，既然雪下得这么大，那么我们就去操场上好好看一下雪吧！"话音刚落，学生就大叫："好！"随即就有几个学生急不可耐地要离开座位，跑出教室。"不要跑！走廊上排队！"我赶紧补上一句，"谁跑就不许谁下楼看雪！"教室里立刻安静下来。

学生们既兴奋又迅速地在走廊上排好了队，我走在最前面，把这群激动的六年级学生带到楼下操场。见到我们，雪花似乎也激动起来，下得更大了，一片片雪花像摇落的梨花一样，纷纷然，从苍茫的天空中，密密麻麻地洒下来。

学生们一个个欢叫着，恨不得自己像雪花一样自由飞舞。我大声说了一句："好吧！现在请大家尽情地玩雪吧！"五十多位学生发出一阵欢呼，一个个张开手臂，仰着脸，任由漫天飞舞的雪花飘落在他们的头发上、脸蛋上、肩膀上……有的闭起双眼，享受雪花落在脸上的清凉；有的挥舞小手，尽情拍打着空中飘飘洒洒的雪花；有的干脆张开小嘴，等雪花落进嘴里融化时，尝一尝它的滋味；还有的同学解下脖子上的围巾，拿在手里，向着飞扬的雪花，不停地挥动，看到雪花不时地被围巾卷住，开心得合不拢嘴。有几个特别安静的女孩子，则微笑着，站在雪中，两手并拢，手心朝上，看着雪花一片接一片地落在她们的小手上，粘住，不动了，然后在掌心的温热下，一点儿一点儿地融化，掌心变得湿润、冰凉了……她们却不觉得冷，继续捧着小手，看着，笑着。

很快，我们班的笑声和欢叫声吸引了其他班级。他们也在老师的带领下，如小鸟一样飞出了教室，一个个来到操场上，叫啊，跳啊，笑啊，跑啊！整个校园都要沸腾了。雪花似乎也有灵性，受到这么多孩子笑声的鼓舞，它们下得越来越大了，密密麻麻的，仿佛一群从天空中飞落下来的白色精灵，带着共同的使命，轻盈而无声地飞扬，飞扬，大地是它们共同的方向。天地之间变得苍苍茫茫，远处的村庄变得隐隐约约。渐渐地，很多学生的头发上、衣服上积起了白色的雪的花瓣。有的头发粘住了，有的衣服弄湿了，有的脖子里流进冰冷的雪水了……他们都顾不得，只是一个劲地叫着，喊着，跑着，尽情地享受着。下课的铃声响起，玩得也差不多了，我招呼学生走回教室。他们一个个浑身冒着热气，嘴里吞吐着"云雾"，开心而又疲倦地走回教室，坐在位置上，互相看着同桌、前后桌首如飞蓬、脸蛋通红、衣衫不整的狼狈模样，乐呵呵地笑着。窗外的雪花，似乎也飞累了，渐渐地慢下来，变得稀疏起来……

上课铃声响起，下一节是音乐课，也由我上。从看到雪花飘落的那一刻起，我早就寻思着今天上午的音乐课要教什么歌曲了，《脚印》是最合适不过。

　　我开始在黑板上抄写歌词，要求学生拿起笔认真地摘抄在本子上。等全部摘抄好之后，我开始让学生跟读歌词，我读一句，学生跟一句。然后，我和学生一起朗读歌词。那种感觉很应景，"洁白的雪花飞满天，白雪覆盖着我的校园……"似乎雪花是专为我们的朗诵而下似的。

　　接着，我咿咿呀呀地踩着那架老掉牙的风琴，唱一句，学生跟一句。"……漫步走在这小路上，脚印留下一串串。有的直，有的弯，有的深啊有的浅，朋友啊想想看，道路该怎样走……"学生们开心地唱着，他们应该会明白老师今天教这首歌的心思，一个个放开嗓子，想让自己的声音冲出教室，飞向窗外，和雪花共舞。上一节课，他们用肢体和雪花一起狂欢。这一节课，他们用心灵之声和雪花合作，他们歌唱，雪花伴舞。

　　没有人开小差，所有人都聚精会神地唱着，所有人的眼睛里都闪烁着欢乐的光芒。或许，他们对这首歌后半段唱到的"朋友啊想想看，道路该怎样走……"不一定理解，但是我分明感受到，唱到这一处的时候，他们的声音竟然也低下来了，表情也似乎变得凝重了。他们的心灵受到了触动……

　　歌声在校园里飘荡，雪花在歌声中飞扬。下课铃声再次响起，学生们一个个兴奋地跑出教室，走进操场，走出校门。校门口的道路，道路边上的小树，田野中的小路，远处的民房都已积了一层厚厚的白雪。很快，通往邻近两个村子的小路上，留下了一串串或深或浅或直或弯的小小的脚印……

　　我站在三楼走廊上，隔着依然漫天飞洒的雪花，远远地看着一个个学生的身影渐渐变小，消失在雪花深情的拥抱里。我的耳畔，却分明传来一阵清冽、欢快的歌声，"有的直，有的弯，有的深啊有的浅……"

　　那是我至今为止上过的最难忘的一节音乐课，二十多年以后，在一次师生相聚的日子里，那个班的学生深情地提起这件美丽往事。那个雪花飞舞的日子，那个青春激扬的时刻，那个童年梦想放飞的美好时光，那个让我和学生深深留恋的时刻，多么美好！

我闭上眼睛，却分明看见，那漫天飘洒的雪花，像无数只白色的精灵，朝着大地的方向，飞扬，飞扬！

我为你开车

1997年9月，我新调到一所完小（大路王小学）工作，接五年级一个班，担任班主任和语文教学。

国庆节过后，学校组织一年一度的秋游活动。我们的目的地是井马水库，虽然离学校距离较远，步行要走1个多小时，但是我们依然决定带学生去远足。为了更好地管理、指挥学生队伍前进，我和搭班老师洪昌林（也是我的好朋友）商量，明天我们俩各骑一辆摩托车带队、压阵。

我在班里一宣布这个消息，学生们好一阵欢呼。这个班学生有52人之多，为了更好地管理队伍，我把全班学生分成13个小组，每组4人，其中一人担任组长，负责全组的纪律和安全管理。我大声告诉学生这一决定时，第一排的一位学生站起来说："黄老师，我们明天不会有52人去秋游的。""哦？难道有谁不去？"我惊讶地问道。"洪某忠是不去的。""他走不动。""他跟不上的。""他每次秋游都不去的。"……学生们一个个七嘴八舌地回答我。

我不由得看了一眼坐在第一排边上的洪某忠同学。此刻，他趴在桌子上，低着头，脸差不多贴到桌面了。看得出，他很难为情，自己成了全班同学讨论的焦点。

我自责起来，我怎么就没有想到洪某忠呢？他是一位特殊的学生，从小得了小儿麻痹症，走路一瘸一拐的。他平时很内向、自卑，上课从不举手，下课也很少和同学一起玩，总是一个人孤独地坐着，或者站在走廊的一角。他的成绩也确实不太好，是全班倒数几位。

此时此刻，每个人说的每一句话语，都是扎向洪某忠同学心灵的利刺。我担心再讨论下去，洪某忠同学会受到严重伤害，连忙示意全班同学不必再说，先认真上课。

下课后，我找几个同学了解情况，才得知洪某忠同学因为行动不便，自一年级开始，班级的春、秋游等外出集体活动都没有参加过。这并不是说原来的班主任老师没有爱心，而是确实存在着实际困难。

我想了想，这确实是个问题。咦，自己明天不是骑着摩托车去吗？到时让洪某忠同学不必像其他同学那样步行，坐我车上，不就解决这个困难了吗？不过，倒是要征求一下他的意见，要是他不愿意呢？

放学后，我把洪某忠同学叫到办公室。他很是紧张，以为我是专门来批评他的。我微笑着问他："洪某忠，明天的秋游，你想不想参加？"他抬起头，看了看我，又低下头，望着地面，不出声，两只手紧紧地攥在一起。"没事的，老师只想问你，明天秋游如果你愿意去的话，可以不必走路，坐我的摩托车去。"我郑重地告诉他这个决定。他听了，一怔，抬起头，看着我。"没事的，你想去，坐我的车。"我再次强调。他咧开了嘴，笑了，高兴地点了点头。"好！就这么定了！你回家去吧！"我轻轻地拍了一下他的肩膀。他也没有说"谢谢"，就背转身，一瘸一拐却轻快地走出了办公室。我分明感到，他的脸上有一种说不出的喜悦。说不定，他这么快地背转身，是怕我看到他眼里的泪花哩。

第二天早上，班里的同学一个个带着各色零食，带着美好的心情，早早来到学校。他们坐在教室里，鸟儿一样叽叽喳喳地说着，笑着。他们惊奇地发现，从来没有参加过秋游的洪某忠同学也来了，书包里鼓鼓囊囊地塞着零食，脸上洋溢着欢乐的笑容，眼睛里流淌着说不出的喜悦。

　　我把自己的决定告诉全班同学，大家听了，一起热烈鼓掌，表示欢迎。洪某忠同学又趴在桌子上，鼻尖都碰到桌板了。他的嘴角咧开，露出一口骄傲的小白牙。

　　在十月金色的阳光下，在习习的秋风中，我们排成两列整齐的队伍出发了。在全校各班秋游队伍中，我们班显得非常特别。数学老师洪昌林骑着一辆"本田AX-1"赛车，行进在队伍前面。我开着一辆"本田王"摩托车，行走在队伍的中间和后面。哪个学生在讲话了，哪几个调皮鬼推推搡搡了，哪里的队伍走不整齐了，我就轻踩油门，出现在他们的身边，用话语给予必要的提醒和警告。讲话者立马沉默，推搡者立刻规矩，散乱的队形立即笔直……

　　忽然间，我有一种异样的感觉，行进中的全班学生，一个个眼睛里流露出一股渴望、向往的神情，悄悄地望向我的身后。洪某忠就坐在我摩托车的后座，他个子比较小，我看不到他脸上的神情。开始，他有点紧张，和我隔开一小段距离坐着，但又怕坐不稳，一不小心摔下来，两只手死死抓住摩托车坐垫上的皮扣带。这样会很累，我亲切地告诉他，让他把身子往前挪移，尽可能地靠在我的背上，或者两手抱住我的腰也行。他慢慢地往前移动，身子轻轻靠在我的背上，但两只手还是抓住扣带，不敢抱我的腰。这样也好，至少他可以不必费力了。

　　我的车子时而往前，时而往后，进退自如地指挥着学生行进的队伍。学生们一个个脸上带着一种诡秘而羡慕的笑意，望着我的身后。从他们的眼睛里，我可以看到洪某忠同学的激动和荣耀。此刻的他，正在享受着读书以来最大的尊严和幸福，在这支行进的秋游队伍里，他显然就是指挥官。今天，他就是这个班里的焦点人物。我分明看见，一些男生的眼神里，似乎流露出这样一种无声的语言：唉，要是我得了小儿麻痹症，该有多好啊！或者，啊，要是此刻我也因为腿受伤了，不能走路了，老师一定会用车子载我一程的，那多好啊！……

我心里暗暗地笑着，这帮家伙，真有意思。我也为自己做出这么一个决定而高兴。有时候老师不经意的一个举动，看似举手之劳，起到的作用、体现的价值，却是非凡的。对学生尤其是对一些特别需要帮助的学生而言，会让他们灵魂震动，会让他们刻骨铭心，一生难忘。

　　这是一次愉快的秋游，在那个有山有水有花有草的地方，全班同学都玩得很开心。当然，最开心的应该是洪某忠同学，那一天，他的笑容和水库边上的山花一样灿烂。

　　这次秋游以后，每次我和洪某忠同学在校园里，在教室里遇见的时候，他总是羞涩而满怀感激地露出浅浅的笑容。我们彼此没有打招呼，却又一笑而过，这就够了。语言没有说出来，眼睛自会看得见，心灵自会听得见。上课的时候，他不再像以前那样，总是低垂着头，趴在桌子上，慢慢地他也能够坐直身子听课了，尽管依然不举手，尽管成绩还不见起色，但我们觉得已经很好了。

　　洪某忠毕业后，我和他一直没有再见过面。尽管如此，每当想起这件事的时候，我就回到了那个金色的秋天，想起了那张山花一样烂漫的笑脸……这样一件看似微不足道的小事，在我的教育生涯中，却是一件极有意义的大事。

我是"音乐人"

　　有一次，我在一家饭店和朋友小聚。刚入座，座中有一位比我小七八岁模样的小伙子热情地称呼我为"黄老师"。我一时没反应过来，一脸疑惑地问他："我教过你？"对方笑着回答："当然。我记得非常清楚的，你教我们音乐课。"

原来是这么一回事，我说嘛，凡是我当过班主任的班级，时隔二十年、三十年，基本上都能叫得出学生的名字来。当年在乡村当老师的时候，我辗转三所村完小，整整九年，既是语文老师，也兼任了几年的音乐教学。

说出来，可能现在的语文新教师不敢相信，我这个兼职音乐教师也取得了相当不错的"教学成果"。

第一大成果是，我曾经自编自导了一个舞蹈节目，带领自己班里的一群女学生到镇里参加元旦文艺会演，最终获得了第一名，虽然是三等奖里的第一名。

不过，这也非常了不起了。这注定是我教育生涯中排练的第一个也是最后一个舞蹈节目。那是1993年8月，我调到第二所村完小（兆洋小学）工作。11月的一天，校长跟我商量一件大事，说今年镇里要求每个完小都要拿出节目，参加元旦文艺会演。当时我的身份是五年级语文教师、班主任，兼任五、六年级的音乐教师以及学校少先队大队辅导员。校长征求我的意见，我们拿出什么节目去参演。我说让我想想，明天再回复他。

当天晚上，我想了好久，最终"不知天高地厚"地决定，自己排练一个舞蹈节目，连配曲都想好了，就用当时非常流行的歌曲《鲁冰花》。第二天，跟校长一说，他非常高兴，让我全力准备。

接下来的一个多星期，我深度陷入编排舞蹈这个艰巨挑战的泥潭中，可供凭借、参考的资料没有，可以商量、协助的音乐老师也没有，只能"独孤求败"了。我一遍一遍地听着《鲁冰花》，想象着它表达的意境、情感和画面。好在还有电视节目，我人生中第一次努力地关注电视节目中跟舞蹈有关的内容。一旦看见，就极为认真地分析、记录相关的动作、造型，然后一个人关在屋子里，构想、编造……经历一番艰辛的酝酿，终于有了眉目。我在班里挑选了10位女生担任舞蹈演员，每

17

天放学之后，在教室里开始忙乱而忙碌的排练。

好在这班女学生很乖巧，她们知道一名男老师排练舞蹈的不容易，一个个都非常认真地参与进来。我一边排练，一边修改相关动作。经过两个多星期的反复排练，完全原创的舞蹈节目《鲁冰花》终于尘埃落定。接下来就是舞蹈服装和化妆的事情了。

家长们特别热心，对我的工作特别支持。可能她们也觉得一个二十出头的男老师教学生跳舞是破天荒之举，是多么的难能可贵。我把舞蹈服装和化妆的事情都交给一个家长负责，她带着其他几个家长到路桥市场订购舞蹈服装——红色的泡沫袖连衣裙，非常时尚。比赛那天，她又带领几个家长提前到达学校，在教室里，涂脂，抹粉，描眉，擦上口红，把这些女孩子打扮得漂漂亮亮。等一切准备停当，她们叫来几辆小汽车，把参演的孩子送到镇里的影剧院。然后，一个个认真地坐在下面观看。

节目一个个地表演过去，轮到我们学校了。坐在下面的家长一个个脸带笑容，满是期待。我们的表演非常顺利，观众们掌声阵阵。如果他们知道这个节目竟然是一个教语文的男老师自己编排出来的，可能会更热烈地鼓掌吧！我静静地坐在下面，观赏着学生的表演，享受着属于自己的创作带来的快乐。

对于三等奖第一名的成绩，校长、家长和学生们都很高兴，至少已经超过好几所学校了，真心不容易啊！

我教音乐的第二个成果是，夺得全镇小学生大合唱比赛第一名。1996年国庆前夕，当时我已调到第三所完小（大路王小学）工作。任教五年级一个班的语文、班主任，又兼两个五年级的音乐课。我和学校里其他几位音乐老师一起，利用中午和放学时间，精心排练学生合唱《少年少年，祖国的春天》和《学习雷锋好榜样》。

比赛那天，我用风琴为学生伴奏，学生们情绪饱满，发挥稳定。比赛结果，拿下冠军。王秀凤校长得知喜讯，笑脸如花。

还是在大路王小学。1997年10月，为了迎接即将到来的中国共产主义少年先锋队建队日（10月13日），也为了庆祝香港的胜利回归，在镇少工委领导下，全镇隆重举办少先队建队日巡礼活动。9月初，任务就分配下来，每所学校要准备一个大型广场团体操表演节目。我和几个音乐老师经过一番商讨，大胆地提出这样一个计划：排练一个多达一百多人的大型团体操，名字就叫《大中国》。这个团体操分一、二两个乐章。第一乐章，背景音乐是那英、刘德华演唱的赞美香港的歌曲《东方之珠》。这首歌的曲调比较舒缓、抒情，旋律像香江水一样轻轻流淌，关键是它非常应景，当时香港刚回归祖国怀抱。第二乐章，背景音乐是高枫的《大中国》。这首歌铿锵有力，富有节奏感，歌声中洋溢着身为中国人的无比骄傲和自豪，尤其是最后部分对祖国的祝福和感激，更是掀起整首歌曲情感的高潮，激荡魂魄，震撼人心。

  为了将这两首歌曲合成一首，我专门跑到椒江城区，找到一家名为"一帆音像"的制作公司，录制了音质非常清晰的配乐版本。然后，我和几位音乐老师一起反复磋商、构思，策划相关的动作、造型和队形。我主要负责队形的变化设计，在我的记忆中，当时设计的队形比较多样，有横着展开的"一"字形，有纵横交叉的"十"字形，也有围拢、聚集的"口"字形……其他音乐老师负责在队形变化过程中学生的手势、步法、身体的动作等细节处理。我们的合作非常默契，每天下午，在操场上有条不紊地进行排练。

  等到整个节目基本定型，进入细节的完善阶段，有一天下午，我站在学校二楼的阳台上，居高临下，认真地观看整个大型团体操的表演过程，突然之间来了灵感。我听着《大中国》最后反复的那两句歌词，"中国，祝福你！你永远在我心里！中国，祝福你！不用千言和万语！"看着学生们在雄浑激越的旋律中，在高枫高亢嘹亮的歌声里，和着节拍，伴着音符，排着整齐的队列，做着划一的动作……我的内心深处升腾起伟大、热烈的两个字——"中国"。对了，要是最后让一百多位学生的队形固定构成"中国"两个字，不是更吻合这首歌的气质，不是更突出爱国主题，更让全场观众为之激动吗？我越想越激动，连忙跑下楼去，把这个想法说给其他几个老师听。她们一听，大声叫好，说就这么定！

我们给每个参演学生准备一块边长为1米的红色正方形布缎。开始表演时，他们把红布折叠起来，拿在手中，使观众看到每个人都拿着一根红色布条。中间环节，参演学生又把红布条多次折叠，变成红球，拿在手里，举起，挥动，这样看上去就像朵朵红花，层层红浪。最后部分，也就是《大中国》的尾声部分，学生两人一组，其中一人适时把红球塞进衣兜，然后两人一起，各自捏住正方形红布的两只角，将红布整齐展开。在《大中国》的歌声里，一百多人一起用展开的红布拼成"中国"两个红色大字。

有了这样的设想之后，征得校长同意，我和另外一个男教师开车到路桥市场定购了一百多块红布缎。试演那天，我们专门请校长及全校老师都站在二楼阳台上观看。随着音乐声起，一百多位学生翩翩起舞，校长和老师们看得心旷神怡。到了《大中国》的尾声部分，学生们用红色布缎成功拼成"中国"两字，校长、老师都情不自禁地鼓掌叫好。校长笑容满面地从二楼走下，给予排练老师以及全体参演学生热情鼓励，她不无遗憾地说："我们这个节目绝对精彩！可惜这次不评比，如果评比的话，肯定能拿第一名！"

校长的话很快得到了验证。几天后，镇团支部书记金伟红带领镇中心校德育副校长、大队辅导员等人逐一对各校准备的节目进行预检。她看了我们学生表演的节目之后，当场就激动地说："你们这个节目最有气氛，最有气势！最是精彩！就作为那天庆祝大会的开场节目吧！"在场的学生发出一阵欢呼！

庆祝活动那天，我们的《大中国》团体操在镇中心校的广场上，在全镇上千名观众的注视下，闪亮登场，精彩出演。当最后的"中国"两字造型出现，定格的时候，全场沸腾，掌声如潮。真的是让人无比激动！

我要深深感谢音乐。我很幸运，在最初乡村从教的九年时光里，能够一边教语文，一边兼职教音乐。如果有人问我音乐有什么作用的话，我觉得音乐对于一个人的生命生长、专业成长有着非常重要的、不可替代的意义。首先，音乐让人变得乐观、坚强，黄连树下唱小调——苦中作乐。当歌声从我们的嘴巴里飞出之时，当音乐从我们的耳朵里飘进之际，我们心头的烦恼、忧伤和痛苦就会一个个地得到抚慰，消失，远走。爱音乐者，其灵魂深处，停驻着一只可爱的快乐鸟。其次，音乐让人倍觉生活的美好。人充满劳绩，但诗意地栖居在大地之上。音乐让人变得浪漫，它就像文学一样，带给人以抚慰和梦想。最后，音乐可以让人实现充分的自由。伴随着音乐，我们可以欢乐地歌唱，可以狂劲地舞动，可以默默地聆听，可以深沉地思索……音乐就像大河一样，时而哗哗奔腾，时而轻轻流淌。而我们，就静静地行走在这美丽的大河边上……

在《名人传》贝多芬一章的序言里，傅雷这样写道："一个不幸的人，由贫穷、残废、孤独、痛苦造就的人，世界不给他快乐，他却创造了欢乐来给予世界；他用他的苦难来铸成欢乐。"这是音乐和生命融合创造的辉煌乐章。

在《原来的你》一文里，熊培云先生用这样一段文字结尾："在各类艺术中，唯有音乐能够保留时空，储存记忆，将你从各种纷繁复杂的生活中引渡回过去。"的确，音乐尤其是那些我们自己喜爱的唱过的歌曲，总会把我们带回到从前，让我们在记忆的河流里，自在漂浮。

很庆幸，在教育人生的路途上，我能有机会和音乐相遇。感谢音乐带给我的美好往事，带给我前行的无穷力量。

星级教师忆

1998年3月份的一个星期天,我正独自悠闲地走在暖洋洋的春风里,走在熙熙攘攘的洪家振兴街上,迎面碰到自己工作的第一所小学(战友小学)的校长谢林富先生。谢校长一见到我,就兴冲冲地告诉我一个重要消息:"今年星级教师评比马上要申报了,你快去报名。我觉得你肯定能评上!"

我一听,一下子没反应过来,好像是听说过有什么星级教师评比。可是,我这个完小的老师,哪有这个想法,即使有这个想法,又怎么能够评上呢?谢校长还告诉我:"今年开始,镇中心领导决定让老师自由报名。"原来往年教师要参加这项业务荣誉评比,还需要领导推荐。

看着老领导一脸恳切、信任的样子,我想:既然自愿报名,那就试试看吧!即使评不上也无所谓。说句实在话,如果说师范刚毕业之时,我这个当年的班长、优秀毕业生对自己的教育前景还充满热情和梦想,可是经过七年三所农村完小的辗转经历,长时间地处于偏僻的教育一线,梦想的小河渐渐干涸,澎湃的事业激情只剩潺潺溪流。

隔了三四天,镇中心校果然发了通知,我所在的大路王小学在教师会上第一时间传达了这一消息。我就抱着尝试一下的心态主动报名。王秀凤校长笑脸如花般绽放,眼睛眯成了一条线,毕竟她看到一个年轻教师主动要求上进,打心底里高兴。

报名之后,才知道椒江区的星级教师每年评一次,今已第五届。还知道星级教师极其难评,可以说是冲过重重关卡,最后"英勇倒下"。

第一关资格审查，第二关理论考试，第三关课堂考核，第四关现场答辩，第五关综合评审，可谓历尽万苦千辛，就像唐僧西天取经，最终评上星级教师的少之又少，真是"寥若晨星"。我有了一丝悔意，想着自己不该如此冒失，来凑如此热闹。但一想到谢校长一脸的真诚和鼓励，王校长眼睛笑得眯成一条缝的幸福样子，再回想起我读师范时班主任牟惠康老师每次遇到我都要说的那句话："在哪里不要紧，态度第一。是金子总会发光，是玫瑰总会开放！你能行的！"再想想自己好歹平日里手不释卷，肚子里还是有一点点墨水的，也就不再忐忑不安。既报之，则冲之，全力以赴吧！

不久，镇中心校通知，资格审查这关，我顺利通过，"五一"节以后要组织笔试。时已4月初，我赶紧联系中心校已评上星级教师的盛文群老师，她是当时全镇唯一的语文星级教师。我向她打听一些理论考试的情况，她说主要考心理学、教育学以及写作等方面的知识、能力，具体没有一定范围。最后，盛文群对我说了一句："你能行的！加油！"我心头一阵温暖。看来，为了评上星级教师，我非要忙得眼冒金星不可了。

回家赶紧找出在师范学校学习时读过的相关书籍，我就开始用功起来，一有时间就抓紧看书，做笔记。那年"五一"放假，学校组织老师去无锡旅游。我跟校长说，自己要准备理论考试，就不参加了。王校长听了，又一次眼睛笑得眯成了一条缝。

那个"五一"假期，当我的同事们泛舟太湖，享受湖光山色美景的时候，我一个人关在办公室，沉浸在教育学、心理学的海洋，在静悄悄的校园里发奋用功。五月中旬，我去城区参加了教育局组织的统一笔试，自我感觉还不错，因为有几个名词解释我都顺利地把它做出来了。

不久后的一天，我正在办公室批改作业。王校长走进来，还没说话，眼睛再一次笑得眯成了一条缝，高兴地告诉我一个重大利好消息，理论考试我已顺利通过。这让我很是激动，近一个月的艰辛付出，总算有了回报。接着，王校长一脸郑重地说："听说我们镇里参加理论考试的共有13名教师，现在已淘汰8位，只剩下你在内的5人参加下一轮课堂教学考核。"这番话真是让我欢喜让我忧。欢喜自然是艰难地冲过了一关，担忧的是接下来的课堂教学考核可是困难重重，"凶多吉少"啊！

王校长像将军给士兵下达命令一样地说道："接下去，你要全力以赴，做好上课准备！我感觉，你肯定能够评上！"办公室里的其他同事也都一起"煽风点火"："评上去！""继续冲！""没问题！"……

事已至此，不容退缩。于是，我又开始了新一轮的准备。通知写得很清楚，课堂教学考核将在6月上旬进行，距离现在还有半个多月的时间。在这半个多月的时间里，我把学校里能找来的为数不多的有关小学语文教学的书籍、杂志都借来，认真阅读，做好笔记。记得有一本是专门介绍阅读教学方法的书籍，书名已经记不清楚，里面列举了一个一个教学案例，让我如获至宝。

6月9日早上，我去城里的教研室抽取上课内容，是四年级《张海迪和她的妹妹》。今天上午告知内容，明天上午借班上课，准备时间仅一天一夜。好在上课的学校非常厉害，是赫赫有名的人民路小学。恰好我的好朋友陈鸿此时已调入这所学校工作，好像专门给我当卧底似的。我心里笑了笑，当即掏出诺基亚手机联系他："我参加星级教师评比，明天早上第一节课，借人民路小学四（1）班。"电话那头，陈鸿哈哈大笑："上上签！上上签！大昌老师的班级，你放心就是！"

直接从教研室赶到人民路小学，陈鸿带我去见"大昌老师"——徐先昌，一边走，一边说徐老师人品、学识一流，班级学生优秀，上课有何需求，肯定让你无忧。还安慰我，早上第一节，学生精神状态最好，这次上课肯定能顺利通过。陈鸿是一位乐观、豪爽的青年，他总给人以信心和力量。

果然，见了徐先昌老师，他浑身上下透着一股儒雅、热情、博学、真诚的气质，他对我说："你有什么预习要求，我会布置下去，你放心就是。"匆匆地跟徐先昌老师交流了一会儿，因急于回去备课，道过谢，我就骑上摩托车，绝尘而去。

回到自己学校之后，我马上开始备课。先是认真地读课文，一边读一边想，应该怎么教更好。好在准备阶段看的书籍、做的笔记给予我不少启发，到下午放学前，已基本理清思路。考虑到人民路小学是有幻灯机的，放学后我一个人关在办公室制作了几张简易幻灯片，也算是多媒体教学吧！我心里盘算着，万一人家有幻灯片，如果我没有，是要吃亏的，而如果我有幻灯片，人家没有，我是占优势的。当天晚上，又反复地看教案，记流程，想细节，甚至把导语、过渡语、结束语都仔细地一一写下来，记在心里。万事俱备，只待上课。

第二天一大早，我骑着摩托车，一溜烟赶到人民路小学。"卧底"陈鸿已在校门口迎接，一见面，他就感慨地说："大昌一大早，7点不到，就到班级去了，要求全班学生都必须认真地读你要教的课文。"真是太好了！快步赶到四（1）班教室时，里边书声琅琅，"人欢马叫"，只待带兵将领一到，就发起总攻。徐先昌老师像个巡视的将军一样，在教室里来回走着，不时敦促一些学生认真朗读课文。

见到我，徐老师脸带微笑，幽默地说："真正的将军来了！我这个后勤人员已经初步做好准备，书基本上人人都熟读了，只等你精彩登场！"我连忙道过谢，赶紧开始做上课准备工作。在大昌老师的帮助下，黑板擦、粉笔、幻灯机等"攻城设备"一一齐备。

少顷，几位评委风尘仆仆，拍马赶到。铃声一响，我即登场。

这一课具体怎么设计、怎么上的，我已记不清了。毕竟那时，我对语文教学的认知还很浅显，根本没有独特的自我见地，但有一点可以肯定的是，课上得很洒脱，学生的发言很精彩，让我这个来自完小的年轻老师一次次地被学生激发和鼓舞。我情不自禁地被卷入这股教学的洪流，和学生一起悠游，一起荡舟，一起击楫，一起在文字的世界起舞。

我上得很投入，一点都不紧张，越上越兴奋。快要下课时，一束夏日的阳光穿透窗棂，明亮亮、火辣辣地照耀着课桌、讲台和黑板。这是一道希望的光束，我的心头一片光明。

一周之后，在学校教师会上，王校长笑得眼睛眯成一条细细的缝，向全体教师大声宣布，说我顺利通过星级教师评比课堂教学考核这一关。临了，她还特别补充一句："此次我们镇通过课堂教学考核，最后进入答辩的，仅剩2人，还有1人是中心校的。"大家听了，一阵欢呼，纷纷转过来看我。我一阵紧张，连忙说："答辩我要淘汰了！肯定要淘汰了！"大家都说："你没问题！肯定能过！"这样的话语让人充满力量！

又是一番用心准备，我得抓紧时间看教育类杂志、书籍，关注最近的教育热点话题等。7月初，我们这批屡经沙场，"死里逃生"，进入最后面试的教师，集中到了椒江二中，接受最后一关理论答辩的考验。

这是一场令人难忘的考试，直到现在，我依然清清楚楚地记得，自己答辩的题目是这样的：

> 书生中学的校训开始是"求真、求善、求学、求恒"，可后来经过一番商讨，把它改为"乐真、乐善、乐学、乐恒"。请你谈谈对书生中学校训的理解，并说说为什么要这样改？

出于一个语文老师对文字的敏感，我先抓住"真、善、学、恒"四个字展开陈述，说学校从四个维度对教师和学生全面提出要求。"真"字，我结合了陶行知的那句名言，"千教万教，教人求真；千学万学，学做真人"。"善"字，我联系了老子《道德经》里的"上善若水"。"学"字，我想到了学校的根本任务是教会学生学习，而且教师和学生要共同学习，"教学相长"。"恒"字，我想到了永恒，想到了"终身学习"。

接着，我区分"求"和"乐"字的不同境界。"求"是要求，甚至是强求，我用并不十分擅长的所谓哲学理论来阐述，说"求"是外力强加，是教师、学校"逼"学生学习，不是学生自身内驱力所向。"求"还有一种刚性、强硬的气质，带有一定的"管束""管教"和"管理"，不是教育的最高境界。那么教育的最高境界是什么呢？我引用了《论语》里的两句名言："学而时习之，不亦说乎？""知之者不如好之者，好之者不如乐之者。"校训里的"乐"字就充分体现了儒家学习文化的精神传承，学习应该是快乐的。这种快乐不是来自物质，更多应源自精神和心灵。我简单而有条理地说了这几点之后，最后总结："一字之差，天壤之别。足见书生中学的校训拟定是如此的用心良苦。"

现在想来，这次答辩能够发挥得极其顺利，归功于自己平日的阅读。那时在农村工作，时间比较宽裕，一发工资就买书，一有空就看书，也翻看过《论语》和《道德经》，也能张口就来一两句。读着读着，书中的知识和智慧就不知不觉间进入了我的血液，在不断地发酵和酝酿之后，渐渐地和我的灵魂融合，悄悄地浸润在我精神的殿堂和记忆的深处。等到某一天某一刻来临，它们就自然而然地复苏，站起来，听我指挥，从我的语言仓库中冲出来，为我"驰骋疆场"，立下"汗马功劳"。

为了这次星级教师评比，我不止准备了近3个月，实际上我准备了二十多年。那年，我26岁。

我的答辩给评委留下了深刻的印象。两年以后，我调到城区学校工作，遇见当年的一位核心评委特级教师祝雪飞老师，她说我那次答辩，讲得相当不错。

最终，我评上了区星级教师。就像是一道火光，照亮了我庸常的教学之路；就像是一支火炬，让我的生命熊熊燃烧，我事业的灵魂终于觉醒。星级教师荣誉的获得，在我个人专业成长史上，有着里程碑式的意义。那是我工作的第7年，已经在三所农村完小辗转、漂泊的我，已经变得有些疲倦和迷茫，渐渐没有了在专业之路上的"野心"和希冀。然而恰恰在这时，在众多领导、同事的帮助、鼓励下，我迈出了现在看来至为关键的一步。我打心底里感谢他们，一辈子不会忘记。

星级教师荣誉的获得，让我这个乡村年轻教师看到了黑夜的星光，原来，自己在教学之路上也能向前迈进的。那一刻，我重新找回已经像候鸟过冬一样飞得踪影全无的信心。

乡村学校是宁静的，也是安逸的。它容易让一个年轻的教师安于现状，不去向往诗和远方。在如蛛网般交织、绵密的俗尘中，我已沉睡得太久。而现在，在晨光的照耀下，我终于醒来，浑身充满了一种渴望继续行走的刚劲力量……

第一次讲座

人生如登山，其间经历的一件件事情，就是山路上一级连着一级的台阶。前一件事的发生，决定着下一件事的到来。我的第一次讲座，就跟我评上星级教师有密切的关系。

工作后，师范学校班主任牟惠康老师一直关注着我和同学们事业的状态，我们师生之间经常联系。牟老师从其他同学那里得知我评上星级教师的消息，非常高兴，专门打电话给我。在电话里，他笑称我为"明星教师"，鼓励我继续努力。

1999年6月，牟老师邀请我给这一届黄岩师范毕业生作一次讲座，主题是"一个乡村小学教师的成长故事"。我有点忐忑，毕竟还从来没有做过讲座，而且面对的还是200多人的师范毕业生。牟老师亲切而幽默地告诉我："你这个星级教师还怕给师范生讲座？除非你是个冒牌货。我从你读师范时就相信你的实力，不必顾虑！"牟老师温暖的话语如春风，给我吃了一颗定心丸，那就试试吧。

那个夏天的清晨，吹着清凉的风，我骑着摩托车，沿着当年求学走过的路，如一只候鸟一般，飞回到曾经日思夜想的第二故乡。半个多小时后，我回到了毕业八年的母校——黄岩师范，教学楼顶上"学高为师，身正为范"八个大字，依然金光闪闪。一条清溪在校门口无声流淌，恍如过去八年的日子……

牟老师微笑着，把我带到了二楼报告厅，里面已黑压压地坐满了二百来号人。他们一个个脸带微笑，浑身散发着夏日的热烈气息。我望着他们，想起了当年的自己。或许，他们也望着我，会想起多年后的自己。还好，我出走三千多个日子，归来依然还是热血青年。

牟老师郑重其事地向学弟学妹们介绍了我，下面响起一阵如潮水涌动的掌声。如同一叶在潮水中漂浮、荡漾的小舟，我既紧张又激动地走上了讲台，开启我的讲座人生。

我分三个主题讲述自己在乡村教学的难忘故事。

书籍和音乐

我讲的第一个主题是"书籍和音乐"。工作第一年，每月工资只有144.5元。每当我从学校出纳手中接过几张纸币之时，那是我一个月中最富有的时刻。周末，我骑自行车来到路桥街，第一件大事是买书。那时路桥老街边上三叉街口有一家书店，只有一间店面，里面密密麻麻排满书籍。第一次到这间店买书，结账时发现老板非常客气，给的折扣也较大，心里不由一阵欣喜，就把这里作为自己今后买书的重要基地。第二件事是到这条街上的音响店买磁带，王杰、齐秦、费翔以及那时红得发紫的四大天王张学友、刘德华、黎明、郭富城等一众歌星的磁带我都买。另外再买一些世界名曲、中国古典名曲音乐磁带。那时的磁带可能都是翻录和盗版的，都较为便宜，质量也说得过去。那时候，走在路桥的街上，耳畔不时传来歌星嘹亮、激越、婉转、抒情的歌声，这边唱罢，那边响起，有时让我产生一种错觉，自己成了他们的伴舞者了。

最初，我买了一个红黑相间的随身听，连接着耳机，用来欣赏音乐。渐渐地，觉得不过瘾。工作两三年后，我有了一点存款，就到市场上转悠一圈，斥"巨资"买了一套音响设备，一对音箱就花了600多元，据店主说是来自丹麦的品牌——惠威，他自制的两个大木箱，足有1.3米之高。再买了先锋功放、卡带，又化去几百元。后来流行了CD机，又买了新科品牌。某一周日，邀请几位初中好友来家小聚，我们把音响开得震天响，草蜢乐队的《失恋阵线联盟》节奏感特别强，我们听得如痴如醉。

音乐带给我生命的激情，让我不在凡俗中失却青春的活力，而书籍带给我不断思考和认知的拓展。那时候我看得最多的是中外文学名著，《三个火枪手》《茶花女》《呼啸山庄》《悲惨世界》《巴黎圣母院》等书籍深深地吸引了我，我一有空就打开来看。茅盾文学奖的系列作品、余秋雨先生的《文化苦旅》以及汪国真、席慕蓉的诗歌等，更是让我百读不厌。因为有了读书的爱好，乡村教书生活给我一种宁静、悠然的感觉。在书的世界里，我像一条自由的鱼；在教学的课堂里，我如一缕自在的风。我常常把书中看来的知识，在课堂上讲给学生听，让他们知道，手里捧的语文书，可能只是一汪清澈的山泉……

我告诉学弟学妹们，一定要养成读书的好习惯，如果喜欢音乐，则更好。拥有这样两个习惯，人无论在哪里，无论遇到什么事情，都不会觉得无助，至少不会绝望。他们静静地听着，黑色的眼睛像黑夜里的星星……

运动和激情

我讲的第二个主题是"运动和激情"。一张一弛，生命之道。刚毕业的时候，我在一所村完小工作，全校除了我和校长之外，其余都是女教师。在师范学校培养起来的运动习惯，有时让我"静"不下来。于是，双休日就跑到乡中心校、镇中心校去，因为那里有一群和我年纪相仿的年轻男老师。我们就在一起打篮球，吹牛皮，侃大山。白天球场奔跑，挥汗如雨；晚上一起去排档上吃小炒，喝啤酒，最后喝得夜也昏昏，人也昏沉。

渐渐地，我们形成了一个群体，召集全镇各小学爱好打篮球的青年男教师组建民间篮球队。我们不再满足于仅在双休日打球，一周定下一、三、五集中在固定的两所完小，一所是高桥小学，另一所是仓前王小学。等到放学后，各人从各自学校出发，骑着自行车，或者开着电驴子，一时间，"十八路好汉"拍马杀到，"二十四路烟尘"滚滚。然后，风风火火地打他个天昏地暗，一个个杀得汗流浃背、酣畅淋漓。结束后，要么"作鸟兽散"，要么集中在镇上河畔的"龅牙三"排档，在饭桌上开辟第二战场——拼酒，又是一阵"吆五喝六"，唾沫横飞，声嘶力竭。这样的生活，可谓痛快之至！

渐渐地，我们的球队出名了。一方面是打球热火，隔三岔五；另一方面是喝酒热辣，大碗喝酒，大块吃肉，人人有侠士风采，个个有酒仙神韵。有一天，我们的队长陈根地同志接到当地一家皮革厂老板的"战书"，邀请我们这支秀才篮球队于某月某日在他们厂区球场举行一次"儒商"跨界友谊赛。为了表示友好和热情，该老板还特别交代，下午球赛结束后，晚上就在他们厂区食堂会餐。临了，这位热爱运动的老板还不无幽默地说："我们第一球场见，第二酒场赛！"

根地队长把这一消息告诉大家，我们一个个摩拳擦掌，跃跃欲试。那天下午，身材伟岸的根地队长骑着他的电驴子——洪都125摩托，"扑扑扑"吼叫着，前头开路，我们近二十号人，两人一辆自行车，黑压压一片，如大军压境，伴随一路烟尘，冲进皮革厂。

原以为这家并不起眼的皮革厂，可能较擅长"吹牛皮"，打篮球不会怎么样，可到了球场一看，大伙儿一个个面面相觑，不吭声了。原来这是一支训练有素、惯于征战的强劲球队。他们一个个装束齐整，黑红相间的背心、短裤，背心上一律喷着巨大的白色数字，数字上面印有"某某皮革"字样。脚下着清一色白色球鞋，黑色运动袜。定睛一看，这身穿戴，分明是知名品牌"李宁"。反观我们的队伍，明显松散、随便，队员们有穿运动短裤的，有穿普通长裤的，甚至有穿休闲牛仔裤的。上身的衣服更是千奇百怪，短袖、长袖、圆领、方领、黑色、白色、各色花色都有。还好，我们也拥有"特别配置"，副队长李昌斌带来了学校运动会用的号码布和圆形别针，招呼大家相互帮忙，一一别在背上。

在"武器装备"上,我们明显处于劣势,好比杂牌军和正规军作战。在"士兵素质"上,我们似乎也落于下风。细看皮革厂的那些队员,他们裸露在外的胳膊,一块块肌肉圆圆鼓鼓,竟然和我们的小腿一样粗,让人想起古罗马的角斗士……这可能是他们长期工作锤炼的结果。这下子,我们可真是"秀才"遇见"士兵",这场比赛看来要输啊!

果然,比赛开始后,尽管我们这批秀才轮番上阵,奋力冲杀,拼尽全力,最终还是因实力不济而告负。赛后,我们冷静一想,其实这场比赛我们本来就赢不了。没有金刚钻,不揽瓷器活,他们厂没有十足取胜的把握,是不会主动邀请我们来比赛的。说不定,他们早就暗中派人对我们的水平进行了观察和判断。看着最终的比分,我一番自我解嘲:"毕竟这篮球是牛皮做的,皮革厂的人对牛皮可是在行在意在心的。因此,我们输了是正常的。"大家听了,一阵大笑。

球场失利,酒场再战。根地大手一挥,把大家叫到一边,圆睁着大眼,一脸严肃地说:"接下来要和他们拼酒,大家今天都要豁出去,喝个爽!""好!"我们一个个热血沸腾。

那天喝酒的场面,简直可以用前赴后继来形容。我们排成一字长蛇阵,轮番上来和对方一碗一碗地干啤酒。对方也一个一个轮番上阵,双方杀得热火朝天,喊声震天,青春的激情和生命的活力在酒桌上肆意汪洋,纵横捭阖,来回激荡。

那天,我们都像吃了兴奋剂,一个个像猛士一样,不断地冲上去,喝酒,下来,排队,再冲上去,再喝……有人实在喝不下了,只得让后边的人先顶上,自己休战片刻。最后,一个个喝得头重脚轻,早已分不清南北东西。对方估计也尽出大将厮杀,家底也拼得差不多了,至少我们这班教书先生已经表现出非凡的"战斗力"。原以为是一群白面书生,手无缚鸡之力,哪料想来的是一队钢铁后生,有降龙伏虎之势。从他们认真而略显严肃的表情上,可以感觉到他们心生敬畏。他们对我们的称呼也变了,从开始称我们为"小青年",到后来有人热情地称呼我们为"老师"。

也不知喝了多少酒，也不知喝了多少时间，那晚离开皮革厂时，大地一片静寂，村镇已经沉睡。出得厂门，有人一推自行车，还没走几步，竟然连人带车摔倒在地。始终保持清醒的队长根地大哥一见，赶紧指挥大家抢上前，拉起人，扶起车。根据这一现实，他果断下达命令，全部坐黄包车，一律不许醉驾回去。那晚竟然一下子集中了五六辆黄包车，估计这些见多识广的车夫早已预料有这一笔生意可做，守"门"待"醉"，恭候多时了。或许，是那位厂长提前给安排好的吧。反正，最后车钱是谁付的，付了多少，就如同黑沉沉的夜色一般，一点记忆都没有了。

夜黑沉沉的，路灯发出朦胧的光，我们三五个人叠坐在一辆黄包车上，顶上横卧着两辆自行车。车主用力地踩着踏板，因为过于用力，也因为超重，车子发出"咿咿呀呀"的声响，不知道是叹息，还是赞美。

那晚，我们这批人基本上没有回家，都横七竖八地躺在镇中心校几间男教师宿舍里过夜。半夜了，有人还在发酒疯，叫呀，唱呀，跳呀，笑呀！不久，有人捂着肚，弯着腰，鼓着嘴，急匆匆地从房间里走出来，弯下腰，站到阳台一角。"呃！哇——"类似于一阵抽水马桶冲水的声音，有人开始呕吐了。"啊——"也不知是吐了舒服传来的欢呼，还是难受发出的惨叫。那一夜，大多数人都吐了……唉，青春啊青春，就是沉醉不知归路，误喝酒精无数，呕吐，呕吐，谁让你喝酒无度。

排出毒素，一身轻松。之后，我们纷纷进入梦乡。一觉醒来，天已大亮。一个伙伴揉揉惺忪的睡眼，走出门去，到走廊上呼吸新鲜空气。忽然，他似乎被什么刺激了，尖着嗓门大叫："啊！快来看！快来看啊！"屋内的人闻听，以为他遇到什么危险了，要么鲤鱼打挺，要么懒驴打滚，纷纷起床，冲出门来。顺着那位尖叫者手指的地方，一看，一个个眼睛瞪得如球场上的灯泡，随即，嘴巴一咧，哈哈大笑个不停。原来在昨晚的呕吐物中，竟然有一只完整的红虾，足有成年人的小拇指那么大。真是见鬼了，那个呕吐的家伙是怎么把它吃进去的。他一定是昨晚吃得急，根本没有咬，就一口吞下这么大一只虾了。那会是谁呢？谁

33

都有可能，但谁都记不得了。于是，我们这群人里面，就有了一句"传世"名言："整只虾进，整只虾出。"我们又是一阵疯狂的大笑。

不过，人生否极泰来，青春"乐极生悲"。正是在那天晚上之后，我们这班年轻人被冠以"糊涂涂""疯颠颠""吃喝玩乐""不思进取"的名声。说这话的不是别人，正是当时的镇中心校长。当然，换位思考，我们完全理解。这是一位好校长，善良、正直、无私、严谨、高雅，肃肃乎，有君子之风，岩岩乎，有学者之态，令人敬重。

那一晚，喝醉酒后的我们忘乎所以，完全没想到校长就住在男教师宿舍，而且就在我们其中一个房间305的隔壁。我们半夜"狼嚎鬼哭""群魔乱舞""排毒呕吐"的时候，一定惊醒了校长宁静的梦。出于对我们的尊重，很有涵养的他竭力忍住，没有出来制止和呵斥。可能在黑暗中，他发出了一声又一声江潮般长长的叹息："这班年轻人，无法无天！这班男教师，哪里还有教师的样子？唉——"

更糟糕的事情发生了。几天后，在镇电影院当院长的二舅专门来到我家，皱着眉头，告诉我父母亲，说我整日胡闹，不务正业，中心校长对我的印象极差。原来，在黑夜里，校长一下子就听出了我的声音，因为我自师范学习音乐之后，一向说话声音洪亮。校长和我二舅是好朋友，有一天偶然遇见，就把我的糗事一五一十地告知了。

问题在于，我根本听不进去。我是个自由主义者，我觉得这样很爽快！我觉得青春就该如此，快意人生！依然如故，我行我素。这也导致了校长对我的印象一直不好，此后一直未能调入中心校，也是教育人生一大"残缺"。这就叫自作自受，"因果报应"。

我眉飞色舞地讲着，学弟学妹们津津有味地听着，他们不时哈哈大笑，沉浸在我所描述的有趣场景中。我告诉他们，青春需要激扬个性，要像风一样自由，像火一样热烈，像马一样奔腾，像大海一样澎湃，听得他们眼睛一闪一闪，满是期待和向往。

爱和责任

我讲的最后一个主题是"爱和责任"。我一脸庄重地告诉他们，作为教师，要关心、爱护、尊重每一个学生，尤其是班级里的后进生。真正的师生关系，应该像朋友一样，早在两千多年前，孔子就语重心长地提醒我们："学而时习之，不亦说乎？有朋自远方来，不亦乐乎？"

我讲自己和学生之间相处，其乐融融的故事。讲自己这辈子第一次过生日，是班里30多位学生策划、安排的，让我十分感动。讲自己带学生去爬山、野炊、放风筝，和他们一起踢足球、打篮球、读书、唱歌。

我讲的故事，一次次地引发学弟学妹们的热烈鼓掌。我讲的最后一个故事，很多女同学听得流泪了。

工作第三年，我调到第二所村完小，接手五年级一个班的教学。这个班有50多人，其中有一个叫叶波（化名）的学生非常特殊，他长得瘦瘦的，个子也小，坐在第一排。可能是小时候不幸得过什么病，比如发高烧不退等原因，智力有点不正常。作业不会做，考试基本上都是个位数，但是，这个孩子却表现得非常乖巧、听话，虽然什么都听不懂，但上课时始终安安静静地坐着，绝不影响其他同学。下课时，他都会主动擦黑板、捡垃圾，还经常帮我拿教科书、粉笔。

我觉得这样的孩子需要更多的关爱和帮助。班里的同学也都对他很热情、友善，没有一个人会欺负他。恰恰有了叶波的存在，让班里的同学学会了与人为善，彼此尊重。我组织学生踢足球时，想让叶波也参与进来，就安排他当其中一个队的守门员，他很高兴。但后来我发现不对劲，因为他的反应不是很敏捷，有同学大力射门时，他不懂得用手去遮挡，球会猛烈地砸到他的身上、脸上。我当即叫停，把他换下来，安排他捡球、看管衣服等任务。他很是高兴。

叶波同学还有一个爱好和特长——骑自行车。上、放学时，他都骑着一辆昂贵的赛车（自行车），如风般自由，似水般奔流。这和他在课堂上的学习表现完全判若两人。我们经常可以看见，他猫着腰，低着头，把自行车蹬得飞快，小野马一般从路上跑过。特别是在星期天，他骑着车到处兜风，像一只自由的小鸟。

  有一天，这只快乐而不幸的小鸟出事情了。叶波在车来车往的路桥街上穿梭时，不幸和一辆重型货车相撞，人和车都被轧在了巨大的车轮底下。可怜的叶波同学当场死去……有学生在班级里告知我们这个不幸的消息，很多同学都哭了。

  我和部分家长商量之后，决定在叶波安葬那天，组织全班学生去送他最后一程。家长们都非常支持，基本上全班学生都自发参加了。那天，我带着全班同学去送别叶波。陷入悲伤海洋中的叶波父母非常感动，专门为我们这支特殊的送葬队伍准备了几辆拖拉机和轻型卡车，让我们坐在车上出发，因为叶波的墓地在山上，离所在的村有点远。

  参加葬礼的每一个学生都脸色凝重，一脸悲伤，有好多女同学更是不停哭泣。车到了山脚下，我们下了车，排着队，默默地前行，一直送到半山腰。有老辈家长告诉我："老师，你们可以回去了。谢谢你们！"我带着学生，依次、有序、默默地返回停车的地方，上了车，回到学校。

  这一次事件之后，我在班里专门召开了一次以"友谊·安全"为主题的讨论会，表扬和鼓励学生要珍惜友谊，快乐共处。同时，更要珍重生命，注意安全，远离危险，保护好自己，不让家人担心。之后，这个班集体更加团结了，我和家长、学生之间的关系也更紧密了。我和他们就像朋友一样相处。这个班里最调皮捣蛋的学生后来成为我最得力的班级管理助手。十几年之后，这个班级的学生每年正月都会召集同学聚会，并热情邀我参加，年年如此。

  正是这个班的学生，让我坚定了这样一个教育的原则：对每一个学生都要好。对优秀学生好，不稀奇；对后进、落后甚至"糟糕"的学生好，才是真正的师德体现。

我真诚而满怀期待地告诉台下200多位即将踏上工作岗位的人民教师，教书是助人为乐之职业，是无私利他之事业。你付出得越多，获得的幸福感就越强。这些无关乎名利，无关乎得失，关乎的是人生的价值追求，关乎的是生命的存在意义，关乎的是你在走过的路上，经历的岁月中，会留下什么样的记忆，留下人们对你怎样的评价。雁过留声，人过留名。这正是我们这些年轻人在走上工作岗位，开启教育人生之时，就要思考和面对的重大问题。

我的讲座在哗哗的掌声中结束，看看时间，我竟然一口气讲了近两个小时。我都觉得有点不可思议，自己怎么那么会讲。牟老师给予了很高的评价，鼓励我以后要继续讲、不断讲，一定会讲得越来越精彩！他带我在食堂吃了饭，并赠送我一条高级蚕丝被——这次讲课的出场费。那条蚕丝被是我人生获得的第一笔讲课费。比讲课费更重要的是，我进一步认识了自己，看到了自己讲课的潜质，树立了在专业之路上走下去的信心和决心。

那天，在回来的路上，我不断地想着，牟老师送我蚕丝被，有着无限深意啊！春蚕就像老师，吃进去的是知识的桑叶，吐出来的是智慧之丝、真情之思。这是牟老师希望我不断努力，勇猛精进，做一位更有水平的好老师啊！

多年以后，我在一所学校讲课。休息时，一位体育老师跑上来，热情地和我打招呼，并激动地说："黄老师，我很早之前就听过您的报告了！"我很惊讶，我什么时候给体育老师讲过课啊？一问，原来是那年的黄岩师范毕业生讲课。我听了，不由哈哈大笑。

说出去的话，不是都随风飘散无踪了。有些话，随着这股风，在记忆的大地上悄悄地扎根、发芽、抽枝、长叶、开花……像树一样，永远存在。

成为区骨干

评上星级教师,对一直在农村完小工作的我来说,在专业成长之路上意义重大。仿佛是一束光,照亮了前方,似乎是一把火,让我看到了希望,又像是一把钥匙,为我打开了一扇小学语文教学的前进之门。

1998年下半年,椒江区进修学校启动新一轮小学语文骨干教师培训。王秀凤校长得知这一消息,眼睛又笑得眯起来了,她第一时间鼓励我再接再厉,赶快报名。

全镇语文教师报名的人有十几个,中心校决定进行上课选拔。我清晰地记得,当时上的课文正是老舍的《草原》。我精心挑选了《草原牧歌》作为朗读课文的背景音乐,那时我还不会制作PPT,就用录音机磁带在课堂中播放。那时候,我对这篇课文的认识非常肤浅,根本没有领会老舍先生语言的无穷魅力,只是把"有感情地朗读"作为教学的重要目标。或许,因为我是当时全镇"寥若晨星"的星级教师,最后在十几人中"脱颖而出",成为镇里上报区小学语文骨干班培训为数不多的几位候选人之一。除我之外,其余人选,均来自中心校。

过了几天,区教师进修学校教师专门来学校进行实地访谈,其实是面试。那天,洪小颜老师来到我所在的大路王小学,她是我一年实习期培训的班主任老师,学识深厚,谦和雅致,待人非常亲切。简单而庄重的面试在校长办公室进行,校长也在。我们围坐在沙发上,洪老师提了一个问题让我谈谈自己的想法。时隔20多年,我依稀记得是这样一个问题：你认为一位小学语文骨干教师最重要的品质应该是什么？我当时说了两个关键词：热爱和智慧，并即兴展开，洋洋洒洒地说了一大段话。洪老师一边听，一边频频点头。结束后，校长自豪地告诉洪小颜老师，我已评上星级教师，洪老师满脸笑容，非常高兴。

两个星期之后，我接到通知，到进修学校参加区小学语文骨干教师培训。这届骨干班规模较大，学员有80多人，分别来自城区学校和乡镇中心校的优秀青年教师。记忆中，当时进修学校培训地点在现在的区职业中专。简短而热烈的开班仪式之后，我们80多位学员按区域和性别分成十多组，每组7到8人，要选出一位组长。我们洪家和东山的学员分为一组，组员有周祖浩、徐昌通、倪士云、邱秀珍、许小双、林珠等。组员中唯有我来自村小，其余均来自中心校，但唯有我是星级教师。有人知道我是星级教师，就一致举荐我担任组长，虽然不想"当官"，但众人意见集中，只得从命就职。

接下来的重要活动，是聆听刘亦农老师专题讲座《小学语文教学大纲解读》。刘老师才华横溢，站在台上，声若洪钟，旁征博引，侃侃而谈。我们如沐春风，聚精会神，无人昏昏欲睡，个个如痴如醉。

未料，"风云突变"。听完刘老师的精彩报告后，涵养深厚、智慧秀雅的班主任林赛君老师布置任务，等下先小组讨论，再随机抽几组，各派一名代表上台谈谈听课体会。大家不由一阵紧张，听了报告，马上要谈体会，难度太高，但愿自己组不要被抽中。担心什么来什么，我所在的组"不幸"被抽到，组员们一听，再次表现出高度的"集体主义精神"和"先人后己思想"，他们带着对"组长"的高度信任，一个个毫不犹豫地发扬了"组长优先，组员靠边"的组内精神，一致推选我作为本组代表上台发言。对此，我又能说些什么呢？我还能说些什么呢？"组长"一词，在我看来，是"组织要你成长"的意思了。

没有时间多想，只得赶紧准备，匆匆拟就提纲，倒也从容上台。虽然一直乡居，却也不忘读书，胸有几点墨水，如今正好用上。记得我当时借用了三句诗来谈自己的听课体会，分别是"不识庐山真面目，只缘身在此山中",讲的是自己在教学上的困惑和迷茫;"等闲识得东风面,万紫千红总是春",说的是听了刘老师讲座之后的感触和收获;"发奋识遍天下字,立志读尽人间书",谈的是今后我们骨干学员要树立的信心和开展的行动。

话语不多,却也真诚。刘老师笑容满面地走上讲台,把我"恶狠狠"地夸了一番,意思大概是说我的发言很有新意,能用三句诗作为标题;还表扬我的发言有内涵,能够轻松自如地引用三句诗,又如此贴切,可以看出我的语文功底非常之好。现在想来,那时也真的是"鬼使神差",这三句诗竟然都有一个"识"字。这还是跟自己平日里相对"饱读诗书",尽力做到"手不释卷"有关。读书是教师尤其是语文教师最为重要的一件事,幸亏自己从小学开始,至师范毕业,到现在走上教坛,这么多年来一直坚持。"读书千日,用书一时",在这个特殊的时刻,读书让我灵魂发光。

刘老师最后讲的一句话,我到现在还清清楚楚地记得。"我有一种感觉,我们这个班绝对藏龙卧虎,有相当一部分同学在不久的将来,必然会成为非常著名的老师……"他说的不是"有名",而是"著名",不是普通的"注明",可见他对我们这批骨干学员,有着多么大的信任和期待啊!我静静地坐在位置上,脸上带着笑意,心头波澜起伏……第一次教师骨干培训,就让我这个蜗居村校 8 年多的青年教师体会到了一种职业的尊严感。心头有一种力量在慢慢地复苏,在渐渐地积聚,如春回大地一般,在曾经的沉睡中,我的语文生命慢慢醒来。

那天中午,我们全体骨干学员到椒江农垦大厦二楼吃快餐。排队打了饭菜之后,我找到一个靠窗有阳光的位置坐下。一抬头,看见林赛君、刘亦农老师也打好饭菜,端着快餐盘,四处打量,似乎在寻找合适位置。后来我才知道,他们不是在找位置,而是在找我。他们有重要的话语要跟我讲。

他们看见我了,微笑着走过来。刘老师坐在我的对面,林老师坐在我的边上。还记得林老师问了我几个问题,"你工作几年了?""现在教几年级?""在校表现怎么样?"……我一一回答。林老师用她惯有的真诚,关切而郑重地对我说:"黄吉鸿,你一定要好好教书,要有一个在这条路上走得更远的梦想。你有很大的潜力!"那满是温情的声音里,带有一种殷切的力量,让我心头好一阵激动。

刘老师大着嗓门告诉我:"你继续努力,一定能成为非常优秀的语文教师!你相信我今天说的这句话!"秋日的阳光照耀我身上,心头热忱温暖流淌,沉寂大地升起希望。我这个曾经的师范学校班长,师范学校男声8人合唱团成员之一,因知识竞赛和相声表演而"出名"的优秀毕业生,因为一直在寂静乡间工作而变得"籍籍无名",甚至一度都有离开教师岗位的打算,哪里谈得上有成为名师的梦想,只是凭着自己的良知和责任,相对认真地工作,已整整8年。而现在,在区骨干教师培训的第一天,我就"小试牛刀",被老师和同学这么热情地鼓励和认可,尤其是两位班主任老师对我如此肯定,让我刚刚因被评上星级教师点燃的教学热情更加熊熊烈烈了。

有一天,我读到了第斯多惠的一句话:"教育的本质在于唤醒、激励和鼓舞。"一时无比激动,因为我是亲身经历,感同身受啊!自此,我把这句话作为自己教育的座右铭,镌刻在心。我告诉自己,要做一位好老师,我要像林老师、刘老师那样,做一支热情的火炬,去点燃我的学生,让他们始终充满生命的热情和激情。

区小学语文骨干教师培训,让一度迷失的我,找到了前行的方向,点燃了青春的梦想,也开始有意识地积聚智慧和力量。从那天开始,我的耳畔不停地萦绕一种真切的叮咛和亲切的提醒:成长,成长,是你努力的方向!

参加区小学语文骨干教师培训的我,是多么幸运啊!

难忘新昌城

那是发生在 2000 年 3 月的春天故事。在林赛君、刘亦农老师的率领下，当时的椒江小语骨干班 80 余人，分乘两辆大巴，向美丽新昌疾驰而去。

一路上，我们这批年轻人实在按捺不住外出听课、求学的兴奋之情，也不知谁先提议，谁先领唱，大家一起放歌。歌声伴着笑声，笑声吹走烟尘，好一群快乐小语人。

听课地点在新昌人民大会堂，至今我都深深记得那时的场景。

走过新昌城干净、清新又略带古朴的街巷，街巷边上有一盆盆紫色、黄色、红色的雏菊花，开得正艳……

来自全省各地的听课教师，像溪流一样涌进会场。会场灯火通明，座无虚席，足有 1 千人之多，却也安静、庄重。沉浸这样的氛围，谁都会不由自主地安静下来。坐在那里，感觉自己像是来到了一个无比神圣的地方，是稷下学宫的"学术争鸣"？是武林门派的"华山论剑"？应该是一群热爱教学事业的师者如宗教般的"语文朝圣"。

在我个人成长史上，这次听课有着非凡意义。从教快 9 年了，我还没有经历过如此隆重、如此恢宏、如此庄严的教学场面。我从来没有现场领略过这么多小语特级教师如此精彩的课堂教学，这真的是一场精神的饕餮盛宴。我深深地沉醉了，沉醉在新昌城花香四溢、草木苍翠的春天。

20多年过去，我依然清晰地记得一个个上课的细节。并不是说我的记忆力有多好，实在是因为名师们的课太精彩。

王崧舟老师上《威尼斯的小艇》，他一开口，哇！声音如天籁一般，在整个会场回荡。他说的每一句话，在我们听来，都像主持人、播音员和诗人一般美好、动听。那时，他是浙江省最年轻的小学语文特级教师，诗意语文还没有正式提出，而一种诗情诗意，已让听课者耳濡目染，意会心醉。听王老师的课，真是一种语言上的高级享受，仔细琢磨他的话语，堪称字字珠玑。那时候，我们就在想，他真是为语文而生，为语文而来的。那是我第一次现场听王老师上课，一下子就认定，此乃小语"王者"。

来自北京的特级教师杨丽娜上《葡萄沟》，那种亲切、舒服、轻松、欢悦之格调，像清风流水一样，浸润整个会场。杨老师结合课文语境，巧设表达情境，引导学生开展语言训练。学生精彩的发言，教师智慧的点拨，不时引发全场1千多听课教师情不自禁的笑声和掌声。笑声如潮，掌声如雷，整个会场如春日的花园。

天津特级教师张树林上的是《麻雀》，先生年事已高，但在课堂上却是活力四射，言语风趣。学生在他的不断激发、鼓励和引导之下，一个个文思涌动，频频举手，投身到语文学习的海洋之中。我们这些坐在下面的年轻人深深为之感佩。那时我就在想，这就是小语教学人应有的精神吧！

上海特级教师贾志敏先生的教学让我们拍案叫绝！他上《程门立雪》一课，直到现在，我都清清楚楚地记得其中的一个精彩教学细节。教学生字词时，贾老师请学生个别读，其中一个学生，估计是区域发音的问题，或者是个人言语习惯原因，他把"胸"读成了"熏"（音）。他第一次读错了，全班学生以及全场老师都忍不住哈哈大笑，当然这笑声是善意的。那孩子自是有点紧张。贾老师不急，用他浑厚、精准、清亮的男中音做了示范，让这个学生跟着读。连续几次，这个学生总改不过来，还是读成"熏"。听课教师都被"熏"急了，在下面替贾老师担心。

43

大家可能都在想，实在教不了，就算了吧！哪料想，贾老师微笑着，走到那孩子面前，亲切地说："这个字确实难读，没关系，慢慢来，你一定会读好的。"他再次作了一次示范，然后请这位男生试着再读，这一回，那男生终于读对了。全场响起浪潮般的掌声，既送给这位屡败屡战的男孩子，也送给智慧、潇洒、善教的贾老师。

这个精彩的教学片段，对于年轻的我来说，简直有如醍醐灌顶，大梦方醒。教学需要静静地等待，要像在阿尔卑斯山道上徜徉一样，慢慢走，欣赏啊！一位优秀的语文教师要真正把学生放在心里，要用一腔真情、无限爱意和高超智慧去呵护学生纯洁、无邪、朴素的心灵。

这一次新昌听课之旅，对几乎没有机会出市外听到如此高规格、高级别、高水准小语课堂的我来说，可以说眼界大开。原来小学语文课堂可以上得如此精彩、精致、精妙和精深，自己先前所上的语文课和这些名师们一比，立马见出高下。

现在想来，林、刘两位老师的安排是多么的用心良苦。想要我们这批当时多数 30 岁不到，没见过"大场面"的学员们脱胎换骨、自强不息，他们并不是一味地说教，而是巧妙地采取迂回战术。小溪从山谷里奔出，流向江河、大海，你就知道自己的平凡和渺小了。

观摩高级别的名师课堂教学，对于年轻教师的成长有着里程碑式的意义。一来，让我们看清自己青涩的模样，认识你自己；二来，让我们找到奋斗的方向，确立你自己；三来，让我们积聚前行的力量，努力成为你自己。以名师为"镜"，可以更好地警醒自己。以名师为"榜样"，见贤思齐，高山仰止，心向往之。重要的是，从今往后，对原以为只用来"作稻粱谋"的语文教学，有了一颗虔诚的敬畏之心，有了一个我也要"上好语文课"的青春梦想，并愿意竭尽全力，全心全意，为梦想去拼搏努力！

那年春天，那场新昌城里的小语盛会，那些可敬的名师们，唤醒了我们。

在返程的路上，我们已不再像来时那样，纵情放歌。车厢里一片静寂。两辆车一前一后，在平原，在山冈，在浓浓的春风里，呼啸而过。是的，我们要做语文教学的追梦人，无论平坦，还是颠簸，我们都要以奔跑的姿态，一起向未来！

突击来听课

2001年4月的一天早上，春光明媚。早读下课后，我带着学生到操场上做早操。我和其他班主任一样，站在班级队伍的最前方，注视着全班学生。在音乐声中，学生整齐地做着动作。

我教的是五（4）班，班级队伍排在操场南边。这时候，我看见陈锦芬副校长从北边一年级开始，一个班，一个班地检查过来。她的脚步慢慢地移动着，目光望着一排排学生，脸上带着笑意。慢慢地，她走到了我班队伍前面，站在我身边，停住了。我笑着跟她打招呼，她也笑着回答，然后出其不意地问道："你现在教到哪一课了？"我愣了一下，不知陈校长问这话有何目的，连忙如实回答："今天教第12课。""那好，明天上午我去你班级听课，你就教第13课吧！"她问了我明天上午语文课是第1节之后，就又慢慢地继续往别的班级走去了。

我心里不由一阵紧张，同时又松了一口气，还好，不是今天上午来听课。明天上午听我的课，至少我还有一天一夜时间准备。那个白天，过得特别快。除了上课之外，我都在紧张备课。第13课是《祖国，我终于回来了》，讲的是钱学森先生在新中国成立之后，冲破美国政府的种种阻挠，在周恩来总理的帮助之下，终于顺利回到祖国的感人故事。

因为下午还有课，作业又要及时批改，所以直到放学，这一课的设计还没有眉目。我只得晚上在家开夜班。那天晚上，我备课到半夜1点多钟。第二天早上起来时，看东西都有点灰蒙蒙的。

第二天上午，离第1节上课还有几分钟时间，陈锦芬副校长微笑着走进教室，在最后一排学生边上坐下。原来，听课的只有她一个人，我还让学生准备了好几张椅子，究竟是出于什么目的呢？我猜测着。也不管了，反正我把课上好就是。

这节课的设计，我费了一些心思。根据课文内容，我巧妙地设计了两个层次的教学：第一层次，我请学生逐段朗读课文，将每个自然段概括为一个成语："功成名就、归心似箭、百般阻挠、始终不渝、终遂心愿、热泪盈眶。"第二层次，我请学生将课文分成三部分，然后再次细读各部分内容，在成语概括的基础上，提炼出三句诗和短语，分别是"身在曹营心在汉""半路杀出程咬金""男儿有泪不轻弹"。这节课的主板书就是成语和诗、短语。

这样的设计丝毫没有模仿和抄袭别的名师，都是我按照自己的想法来实施。我的教学意图主要充分体现两个方面。一方面是朗读，让学生充分地读，多种形式地读，通过一次又一次的朗读，加深对课文内容的体会和理解。另一方面是语言训练，在读懂课文的基础上，提炼出相应的成语、诗句和短语。实际上是对课文进行了多次的内容概括和重构，比如在提炼出六个成语之后，我再安排学生用上六个成语，连起来说说课文的主要内容。在概括出三句诗句和短语之后，我再次请学生用上它们，说说课文的主要内容。这样的设计，每一次都给学生创设言语实践的机会。学生既感到新鲜、新奇，又有一定的挑战性和趣味性。他们的学习热情也不断地被唤醒和激发，学习氛围愈来愈浓郁，后来，连我自己也被他们感染了。

下课后，陈校长笑着从椅子上站起来，对我说："上得非常好！下个月你代表学校参加区里的学科教学技能比赛，要做好充分准备！"

原来，陈校长来听课是对我的再一次检阅。或许，她内心早就决定派我参加区里的比赛。或许，她在派不派我参加区里比赛这一事上，还存在一定的顾虑。毕竟，当时的我什么比赛也没有参加过。尽管从上个学期调入人民路小学以后，按惯例，我在校内上了一节公开课，内容是《长城》。当时，陈校长听了这节课之后，肯定了一些优点，也指出了几点不足。记得最清楚的是，她充满期待地跟我说："你要向王崧舟老师学习，他上的《长城》一课，真的是精彩无比！你的目标，是要成为椒江的王崧舟。"这样一番激动人心的话语，让我暗暗下定决心。

现在，陈校长明确地告诉我，让我代表学校参加由进修学校举办的全区小学语文教师学科教学技能竞赛，作为一名刚调入这所百年名校不到1年的年轻教师，我怎能不激动？要知道，这所学校可是卧虎藏龙，人才济济。就这样，我幸运地获得了人生第一次参加教学比赛的宝贵机会。

现在想起这件事，我还有一点小激动。万一那天我没有上好这一课呢？陈校长会不会另外派人参加比赛？听说，陈校长在听我上课之前，临时去听过另外几个年轻教师的课。

后来到区里比赛的时候，我更加明白了陈校长为什么要提前一天通知我上课的目的，因为区里比赛的规则恰是如此。她这样做，是一次模拟实战的演练，要见出一位年轻教师在教学上的真实水准。也正是从这一次区里比赛开始，我开启了区、市、省三级比赛的征战之门。

要感谢那个春日的早晨，要感谢自己那个夜晚的用心备课，要感谢《祖国，我终于回来了》这一课设计时我的"灵光乍现"，更要感谢陈锦芬副校长，正是她对我的指导、帮助和信任，才让我在工作第九年的时候，"九年磨一剑"，能够意气风发、豪情满怀地站在教学的江湖上，横刀跃马，战袍飘飞，和各校高手奋勇决战。

在接下来的两年时间里，我连续征战，竟也"屡战屡胜"，"战绩"颇丰，何其幸运！

打开一"天窗"

真有意思,我第一次参加区课堂教学比赛,上的是茅盾先生的《天窗》。在进修学校抽到这一上课内容时,内心就"咯噔"了一下,莫非是我的教学生涯从此打开一扇"天窗"?

上课内容提前一天告知,备课时间非常短暂。上午,我反复读课文,初步有了思路,做好设计。下午第一节课,马上试教,陈锦芬副校长带领人民路小学语文名师智慧团"大军压境",一起观课、指导。结束之后,卢富香、赵慧英、徐先昌等针对这一课的教学,提出了十分中肯的建议和意见。他们深入浅出地就这一课进行分析和讲解,尤其是对一些教学细节的处理,更是让我心领神会、茅塞顿开。等他们阐述完毕,陈校长再作重要总结。

印象特别深的是,关于这节课的板书设计,我当时根据课文内容,准备提炼成一首诗。这个设想很好,但是这首诗还没有充分定型,我只想好其中两句,后续两句还在推敲、酝酿之中,在试教时没有使用。课后和林玉珍老师一起讨论这个事情,她帮我一起思考、分析,最后形成这样四句:

风狂雨暴屋漆黑,
小小天窗明亮开。
一片童真关不住,
无限想象心中来。

感觉不错，一阵窃喜，决定把这首诗作为重点板书。那时（2001年上半年），我上课还只凭一支粉笔，一块黑板，还有一张嘴。想到如果在课堂上现场写一首诗，未免占去较长时间，如果放弃又显得可惜。和其他老师一合计，想出了一个比较巧妙的办法：把这首诗事先抄在一块小黑板上，教学时随机出示。

为了把这首诗尽可能写工整、漂亮，陈锦芬副校长特地安排书法很厉害的徐先昌老师来指导我。比赛那天（第二天）一大早，在办公室里，徐先昌老师写一个字，我也写一个字，一笔一画，认真临摹，花了足足半个小时，取得相对满意结果。上午第1节课之后，我提着这块特殊的小黑板走出校门，坐上一辆黄包车，直奔育才（实验）小学。为了不让学生和听课老师发现这首诗的秘密，我把这块小黑板反面向外，竖着搁在脚下。同时，小心翼翼地用手扶着，生怕一有不慎，上面的粉笔字会被腿脚碰到，而"毁掉容颜"。

有一个细节让我印象非常深刻。我当时借的是育才小学五年级张素梅老师的班级，张老师非常文雅，满满的古典气质。她的教室（比赛场地）在三楼。当我走到三楼廊道的时候，有了惊喜的发现。在育才小学围墙的南面，紧挨着几幢民房。这几间民房比较古老，它们的屋顶上赫然镶嵌着三四块天窗，在阳光下闪烁着迷人的光芒。真乃天助我也，今天我上的是《天窗》，教室外面就有天窗。我一下子想好等会儿该怎么引入新课的思路，就从学生身边抬眼即见、大大可见的天窗说起。

课上得越来越有感觉，学生的表现非常出色，我的设计也和其他参赛选手不同。我围绕课文中的"对比"手法展开教学。有屋内和屋外的对比，有看到的和想到的对比，有小孩在风雨里自由狂欢和在屋子里极度寂寞的对比，也有大人和小孩之间的对比。有了这一个核心主题设计，教学显得大气、开放。

比赛结果，我夺得区小学语文教师学科技能竞赛第一名。我是从陈锦分副校长那儿知道比赛结果的，那天，陈校长把我叫到办公室，告诉我这个好消息。她对这个比赛结果表示满意，同时，又不无庄重而严肃地说："但是，接下来的比赛会更激烈。根据进修学校的通知，下学期你要到市里比赛。这个暑假你在家要好好准备，下学期我们再一起打磨课堂。力争冲出市里，参加全省比赛！"

从陈校长的办公室里走出来，我的心头涌动着一股力量，闪烁着一道光芒。是什么光芒呢？对了，是来自《天窗》一课里的那扇天窗映射出的太阳的光芒。也是来自育才小学南面围墙外边那几幢老屋顶上，在一排排密密麻麻齐齐整整灰黑色的瓦片堆成的顶上，明镜一般镶嵌着几块明晃晃亮晶晶四方方的天窗。阳光金闪闪地照着，天窗的玻璃折射出一簇簇如火焰的光亮，一闪隐去，再闪出现，那样耀眼，那样明亮……

这文字里的天窗，这生活中的天窗，经过这场难忘的比赛，早已融入到我的心灵深处。当我感到疲惫和辛劳的时候，当我想要松懈和放弃的时候，当我觉得自满和骄傲的时候，我的眼前立刻会浮现这样一个图景：一间黑漆漆的屋子，一扇四方方的天窗，射进一道明亮亮的光芒……这场景，既是语文教学的感觉，也是人生经历过的感受。

每个人都有自己的天窗，每个人都有自己的光。

磨课有滋味

对于"磨课"的感受，我有切身体会，因为，我经历了一般教师难以想象的磨课过程。

"磨课"是一种折磨，这是我最初的感觉。当确定要代表区里参加市里的小学语文教师学科教学技能比赛之后，自 2001 年 9 月到 10 月，两个月时间，我上了14节不同的研究课。一个月要上7次公开课，每个星期差不多要上两次。实际上不止两次，有时候一节课上了之后，根据听课老师反馈的意见和建议，上午调整之后，下午或者明天重新上一次。这样的密度，这样的强度，这样的力度，对上课者来说，真的是一种"折磨"。

听课的核心导师有三位，陈锦芬副校长，进修学校的林赛君、刘亦农老师。方便起见，听课地点都安排在我工作的人民路小学。有时，陈校长还要派出学校语文组名师一起参与课堂教学诊断。为了和市里的比赛模式接轨，他们提前一天告诉我上课内容，不安排其他老师帮我备课，由我独立设计。第二天上课的时候，他们像裁判一样，静静坐在教室最后位置，严肃、认真地观察我这节课教学的每一个环节，关注每一个细节。下课之后，我们就在办公室、阅览室或者上课教室里围坐一起，进行非常干脆的评课、议课，哪些地方上得不错，哪些细节必须改正，哪些环节需要调整，一个接一个地说，说得清清楚楚、明明白白。我聆听并逐一记录。三位导师智慧、委婉地提出自己的建议和意见，供我参考。他们没有一次在我面前说类似于你这个课怎么上成这个样子，或者你的课如果拿到市里评比，肯定会吃败仗一类的话语。相反，我听到更多的，是他们对我的鼓励，"这个课，有想法，很不错！""越来越有感觉了！""就按照这样的思路，坚持走下去，肯定能行！""要有自己的想法，要坚持自己的想法！"……

一星期上两次以上公开课，而且连续两个月都如此，这是一种什么样的经历？这就是千锤百炼，这就是千磨万击，这就是千方百计，这就是千辛万苦。如果没有三位老师的鼓励和表扬，我可能会坚持不下去。其实，辛苦的何止是我这个上课者，陪我磨课，听我上课，评点我课的三位老师又何尝不辛苦呢？当我支撑不下去，想要放弃的时候，常常这样勉励自己：哪位年轻老师有这样的超级待遇？有三位优秀导师一起来听你上课，一起帮你磨课，一起倾力为你指导呢？经历这样频繁的高品质磨课之后，我还有什么样的上课之苦吃不了的？我还会怕什么样的课型呢？14节公开课几乎包含了小学语文阅读教学的所有课型、所有文体。有备方能无患，在准备阶段，我们尽力做到全方位、全覆盖。

就在那两个月时间里，在艰辛磨课的过程中，我偶然读到钱梦龙先生《与青年教师谈语文教学》一书。在书中，钱先生引用王国维《人间词话》里关于为学的三种境界，"昨夜西风凋碧树，独上高楼，望断天涯路。""为伊消得人憔悴，衣带渐宽终不悔。""梦里寻她千百度，蓦然回首，那人却在灯火阑珊处。"一时无比激动，想想自己的磨课行动，自觉已处第二种境界——苦境。读着书中的文字，想想自己近日来的磨课行动，心中不但没有丝毫的退缩和抱怨，反而升腾无尽力量，滋长无限渴望，迫切希望能够在市级赛场上一展实力，亮出自己。

从这个时候开始，我转变了观念。我觉得"磨课"的"磨"不是"折磨"，而是"琢磨"。随着磨课的进展，一次一次不断地和课文，和导师，和学生进行对话、切磋、交流之后，我渐渐悟得，语文教学有规律可循，一节精彩的语文课有章法可依。我开始有意识地在教学设计、教学方法和教学实施等方面累积经验和沉淀。面对同一文体的课文教学，我慢慢构建出一种属于自己的教学模型。我在思考，对学生而言，语文学习是一种智力行为。对教师来说，语文教学也是一种智力生活。它灵动，却有着不变的规律；它个性，却有着潜在的共性。到后来，磨课让我越来越兴奋，越来越有感觉。尽管人消瘦了，憔悴了，但一颗语文的敏感心灵，却愈来愈充实、丰盈，甚至有一种欣欣然的感觉。

10月份即将过去，11月份马上到来，为期两个月的磨课行动终于结束，我就要参加市里的比赛了。这时候，我反而心静如水，告诉自己，到市里比赛取得什么结果，并不重要；重要的是，历经两个月磨练，我已不知不觉地获得语文教学素养上全方位的提升。除了教学设计、教学实施之外，我还练普通话，练粉笔字，练和学生的对话，练文本细读，练课堂教学细节的处理。比如，教学时如何用眼神和学生交流，用手势等体态语言和学生互动，如何快速读懂学生发言背后隐藏的情感、立场和思想等。在我的整个教学生涯中，这短暂而漫长、痛苦而快乐的两个月时光，是多么的特殊，它让我欢喜让我忧，让我既想放弃，又努力追求。在这两个月的时间里，我这块来自乡间、未经雕琢的粗糙石头，在三位名师和一群巧匠的精心打磨之下，已然变得有模有样，圆润光滑。直到最后，这块石头有了成为玉的梦想和渴望。这样，我对"磨课"的"磨"有了第三种体认，那就是"打磨"。

这两个月时间里，所有导师对我的指导和点拨，用"如切如磋，如琢如磨"这样一句话来形容，非常准确。虽然我不是象牙、玉石和牛角，仅仅是一块粗糙的石头，但在师傅们的眼神里，我似乎看到了玉石的影子。两个月打磨的结果，使我拥有足够的教学底气，具备冲上教学赛场的勇气和胆气。

用"宝剑锋从磨砺出，梅花香自苦寒来"形容，有点过。因为我不是宝剑，我是一块磨剑石。我不是梅花，我只是一棵苦楝树。但是，用上泰戈尔的那一句名言，"不是锤的敲打，而是水的载歌载舞，使鹅卵石臻于完美"，我觉得多么妥帖、精准。

是啊，就在这磨课的过程中，我收获到的并不仅仅是课如何上，更感悟到了为师者如何用心、精心、倾心帮助后进、晚学不断成长的宝贵品质。这些都潜移默化地影响着我，让我知道了教学时如何面对学生，如何点化、感染和唤醒学生。

上课的事，其实就是人和人之间的事，就是灵魂和灵魂交互的事。磨课，磨来磨去，磨的是人，磨的是意志，磨的是精神！

首登市赛场

2001年11月，我代表椒江区参加台州市小学语文教师学科教学技能比赛。比赛分两块内容：现场教学设计和现场课堂教学。两块内容不是同日进行，中间隔了一个多星期。

先是11月初，所有参赛选手集中古城临海。在紫阳街边上的台州宾馆，进行现场教学设计比赛。那天上午召开了各学科（语文、数学）选手和各进修学校带队老师会议，然后合影留念。

中午，我们语文组选手同坐一桌吃饭，共11人。一坐下来，我就感觉到一种无形的压力。来者不"善"啊！看他们的架势，一个个都是身经数战、崭露头角的各县、市（区）教学好手。我的好友、师范同窗解卫军，他代表黄岩参赛。解是一个实力异乎寻常的强劲对手，他内涵深刻，学养丰厚，课感极佳，实力超群，我太了解他了。我一脸严肃，闷声吃饭。

刘亦农老师可能看出了我的心思，吃过饭后，他特地把我叫到一边，认真地告诉我："对手确实都很厉害！到市里比赛，大家都有三把刷子。但是，你要相信自己！两个月的强化集训，绝对有冲击力。亮出自己，坚持自我！肯定行！"他的一双大眼睛，散发着一种坚毅的光芒。听了刘老师的话，我想：不管他，哪怕拿个三等奖，我也冲到市里了。想想去年这个时候，我还刚从村校调到城区名校不久，够知足了。压力一下子减轻了许多。

下午的现场教学设计比赛内容是《将相和》，这课我也研究过。我采取"筛选排除法"展开设计，在蔺相如、廉颇、赵王等人物上，重点关注"蔺相如"。在对人物的语言、动作、心理活动描写上，我重点围绕一个核心，让学生感受蔺相如的机智勇敢。这样的设计，大气而不失精细，灵动又不失从容。比赛结束后，刘亦农老师迫不及待地问我感觉怎么样。我把自己的设计向刘老师详细汇报，他听后，大侠一般豪爽地说了五个字："肯定没问题！"

也不管他了，反正按自己设定的思路去做就是。一周之后，我们这些选手再次奔赴山城天台，进行现场教学比赛。这一次，陈锦芬副校长、林赛君、刘亦农老师伴我一起出征。

比赛采用封闭模式，选手独立备课。我们住在天台教育宾馆，我、解卫军和三门选手倪凌锋3位男选手共住一个房间，其余8位女选手2人一个房间入住。这样便于相互监督和制约，避免备课时找他人帮忙。手机和所有备课资料一律上交，宾馆过道上安排工作人员12小时监控。晚上7点，我们获得明天上课内容后，就在房间里各自紧张地开始备课。我们上的课文是《挂两支笔的孩子》，三个人在房间里，闷头思考，不时书写，谁也不说话，只听见轻轻的翻书声，还有沙沙作响如春蚕咀嚼桑叶一般的书写声。到了晚上10点左右，我们三人的肢体动作多了起来，站起来，伸伸腰，挥挥手，扭扭脖子，相互之间望了望，笑了笑，各人基本上都完成了教学设计。随后又坐下去将设计进一步细化。我充分展开了教学预设，设想在教学重点段落时，学生会对哪个词语、句子产生相关的疑问，如果学生提出了问题，我该如何应答。到11点多了，我们三人的肚子都唱起空城计，经过协商，我们决定一起去外边买点吃的。比赛规则讲明，非必要不得离开房间，如果要离开房间，必须至少有另一名选手陪同，并经工作人员同意，方可。我们三人都决定出去透透气，工作人员一看是倾巢出动，便于相互制约，就同意了。出去之后，外面寂静无人，只有睁着眼睛沉思的路灯，还有依然游荡、奔跑的北风。我们没有找到吃夜宵的店铺，就随便地逛了一下，喝了几口

"西北风"，然后回宾馆，躺下，睡了。

我抽到的是第二天早上第一节课，第一个出场也好，第一节课学生的精神状态最佳，我自己也一样。我进入上课现场时，眼睛不由自主地朝坐在教室最后面的评委席上望了一眼。啊！一个熟悉的面孔映入眼帘，周一贯先生赫然坐在那儿。不由一阵窃喜，周先生也来听我的课，我更要使出浑身解数，好好上了。另有几个评委我并不认识，后来才知道，汪潮教授也是评委之一。后来怎么知道的呢？那是2002年1月初，我获得了省学科教学技能竞赛一等奖。在浙江省教育学院芳草苑的二楼大会堂，上台领奖的时候，我从汪潮教授手中接过沉甸甸的铜质奖牌和红艳艳的证书时，汪教授微笑着跟我说："嗯——黄吉鸿，你的教学语言很有特点，幽默风趣！不错！不错！继续努力哦！"我激动又惊讶地问了一句："谢谢汪教授，您听过我的课？"汪教授笑着说："是呀！你在市里比赛，我是评委。省里比赛，我又是评委啊！"原来如此，真是荣幸之至！

在上《挂两支笔的孩子》的过程中，我很放松，学生不时地被我逗得哈哈大笑。这课本身就自带一种语言的俏皮感，比较适合我幽默风趣的个性。或者，在如此紧张的市级赛场上，如此轻松地上课，会赢得评委的好感。教学中，趁学生哈哈大笑之际，我用眼睛的余光瞥了一下评委席，看到有评委也在笑。我暗暗高兴，觉得这堂课有"戏"了。

教学在下课铃声中准时结束，我擦掉板书，整理好讲台，礼节性地朝评委鞠了一躬，拍拍手上的粉笔尘，微笑着，轻快地走出教室。

一走出教室，迎面看到三张满是关切、期待、欣喜又带着一丝紧张的脸。陈锦芬副校长、林赛君、刘亦农老师在赛场外急切地等待着我。一见到我微笑的样子，他们三个人也都笑了。"怎么样啊？"陈校长微笑着问我。"还行吧！我上得很放松，学生们很开心。"我开心地回答。"我们一直在外面听，虽然看不到，但是声音还是能听到一点。"林赛君老师也笑着说。"学生在开心地笑，这很重要。这一点，估计评委会很赏识！"刘亦农老师分析说。不过，他很快补充一句："你上课的风格，如果评委认同，完全可能拿第一名；如果评委不认可，就有可能排到后面去了。""没问题的，肯定有好消息！"林老师认真地强调。

那天下午，我和三位导师乘坐面包车踏上回程。在路上，他们对我的这次比赛结果充满期待。我静静地坐着，看车窗外不时闪过的茂密的树林、广阔的原野、如风的车辆、匆匆忙忙的行人……回想这两个多月辛苦备战的日子，内心百感交集。语文教学如登山，各路英豪自非凡。千磨万击练身手，只为今日胜一战。

未几日，前方传来捷报。我和师范同窗好友解卫军在这次市级比赛中力压各路选手，奋勇胜出，两人同时代表台州参加省小学语文教师学科教学技能竞赛。看来，我幽默、轻松的教学风格还是很受评委赏识的。

多年以后，我阅读到一个重要信息，在最受学生欢迎的教师品质当中，"幽默"排在第一位。新东方招聘教师时，也把"有幽默感"放在重要位置。

还有一所非常有名中学的一位年轻教师，在工作第三年，就获得"学生最喜爱的老师"这一荣誉。原来，她给自己的教学定了这样一个原则：每节课至少要让学生情不自禁地大笑两次以上。这也是幽默的魅力。

就这样，我获得了参加省级比赛的机会。这一切，都离不开两个月来师傅们的精心指导，离不开两个月来一次又一次的课堂打磨。在教学的江湖里，我这位年轻的侠客，努力磨砺教学之剑，只等论剑之时，精彩亮剑！

拍摄录像课

省小学语文教师学科教学技能竞赛，采用录像课评比，我上《三顾茅庐》一课。

拍摄这节录像课，有很多细节，印象深刻。

首先，这节课安排在晚上拍摄。为什么呢？因为白天太热闹，校园里有各种声响，学生琅琅的书声，嘹亮的歌声，欢乐的笑声，以及操场上整齐而富有生机活力的叫喊声……还有一个细节要充分考虑，人民路小学和椒江最大的菜市场万济池仅隔一条马路，菜市场热烈的声响偶尔会传到校园内。这些因素不便于录像拍摄。万一送到省里后，评委认真看这一课时，竟然听出背景音有来自菜市场或学生的声响，他们会不会觉得，不对啊？孔明先生隐居在隆中安静的草庐中，怎么会有如此动静呢？此外，学校东面这幢房子的底楼架空层，非学校所有，成为清一色的店面。时不时地，会传来简易喇叭发出的单调、机械、刺耳的叫卖声，"砀山梨1块一斤！砀山梨1块一斤……""苹果巧卖、巧卖！苹果巧卖、巧卖……"或者，突如其来的平地一声吼："黄包车——"当然，台州荣获全国文明城市后，主城区椒江的环境得到了全面优化，现在的人民路小学变得安静了。

那是我第一次拍录像课，也是第一次在晚上和学生一起上课。学生和我一样，既兴奋，又激动。他们回家吃了晚饭，由家长送到学校里来。为了安静，我们让家长们先离开，等拍摄结束再回来接孩子。

其次，那时我们也没有请专业摄像师来拍摄。陈锦芬副校长、林赛君、刘亦农老师三人作为总指挥。整个拍摄过程非常顺利，只是在刚开始拍摄时，陈校长马上叫了暂停。为什么呢？因为她从录像的画面上看到了我的嘴唇显得有点苍白，这是影像色彩变化的结果。为了提高拍摄效果，她快步走到我面前，从衣兜里掏出一支口红，二话没说，在我嘴巴上抹了几下。然后，让摄像机再对准我，一试效果，非常满意。接下来的拍摄就一气呵成，比原计划提前很多时间结束。马上让借班班级的班主任老师打电话通知家长，过来把自己的孩子接回去。

还有一个印象非常深的是关于《三顾茅庐》这节课。教学中，有这么一个环节，我根据课文内容，结合贾岛的《寻隐者不遇》这首诗，设计了这样一个练习："刘备问童子，言师＿＿＿＿＿＿；不知何时归，＿＿＿＿＿＿。"让学生在认真阅读课文的基础上，根据自己对课文内容的理解，在横线上补充相关词句，形成一首新诗《寻孔明不遇》。这样的设计既具有趣味性，又带有一定的挑战性，更是紧密地结合课文语境，对学生进行语言和思维训练，可谓一举多得。学生表现出强烈的学习兴趣。最终，我和学生一起进行研究、对比、推敲，形成较为满意的答案："言师出游去"和"请君赶快回"。

这样的语文课让学生备感新鲜，又轻松、幽默，学生们很是喜欢。在两架摄像机面前，在好多听课教师的注视下，他们毫不紧张，说话落落大方，语言通晓流畅，思维灵活跳跃，课堂笑声阵阵。整个拍摄效果应该非常不错。按理说，要上送省里参赛的录像课定然会磨了又磨，改了又改，拍了还拍，精益求精。但这一节《三顾茅庐》拍摄下来，陈校长、林老师和刘老师以及在场的其他名师都一致认为，就这样，原汁原味，真诚实在，不需修改。如果一经修改，反而没有了这种感觉。

或许，正是这节课的教学散发着一种原生态的草根气息；或者，如刘亦农老师一直强调和希望我们的，课堂教学一定要上出自己的个性、特色来，语文课不能千课一面，要在合理、科学的基础上，努力创新，追求一定的陌生化体验。这节课送到省里参评后，不久，结果出来了，我的《三顾茅庐》获得了浙江省中小学教师学科教学技能竞赛一等奖。

这个省级一等奖的获得，在我的专业成长道路上，有着里程碑式的意义。如果说区一等奖、市一等奖让我不断地看到自身的潜力，不断地提升自信，不断地树立起自己专业尊严的话，省级一等奖的获得，让我全心全意地喜欢上了小学语文教学。从那时起，我就告诉自己，这辈子要在小学语文教学之路上一条道走到底，吾道一以贯之。那年，我刚好30岁。冥冥之中，想起孔子的那句话，"三十而立"。对我而言，人生三十岁时，我确立了一生要走的道路方向，我认识了自己，我找到了自己，准确地定位了自己，我也初步地用行动证明了自己。

其实，自农村调到城区工作之后，我就不再有任何其他念头和想法，一心一意沉浸在教学中。区、市、省三级比赛取得的成绩，是对我艰辛付出的有力回报，让我充分享受到了久违的成功感。

人生就像登山，要一步一个脚印，在崎岖的山路上不断向上。但是，如果一直这样孤独、寂寞、单调地走下去，登山的人肯定会累。这个时候，如果在山路边上，盛开着几朵美丽的野花，你停住脚步，采撷下来，拿在手里，闻着花香，看着它明艳的色彩，你定然陶醉，而疲劳皆忘。或者，在登山途中，你邂逅一条幽雅的小溪，溪水明澈、清凉，你蹲下身，掬一捧在手，喝下，一定会洗去旅途的烟尘，而神怡心旷。

这绽放的野花，这流淌的山溪，就是我们在专业成长之路上取得的荣誉。人是符号动物，他确实需要被冠以、标以这样或那样的称号。这些荣誉称号会成为他生命成长的催化剂，赋予他不断向上、勇猛精进的动力。虽然，这样未免有些功利，但是，谁没有经历功利的过程呢？谁能不经功利就达到道德和天地的境界呢？

当然，并不是所有的山路都有野花开放，并不是所有的山道都有溪流潺潺。我是幸运的！

比武小插曲

  人总是这样，籍籍无名时，做事反倒没有任何心理负担。一旦取得点滴成绩，心态就会发生微妙变化。我就有着这样的经历。

  2002年3月，区教研室发出通知，4月份举行各学科课堂教学大比武。这么一项重要学科比赛，各校自然高度重视。我所在的人民路小学也一样，在第一时间把这一消息传达给每一位教师，鼓励年轻老师积极报名参赛。

  得知消息后，我心里怎么想呢？不想参加了。为什么？这样的机会对于刚刚调入城区名校，在教学上充满希望和全新梦想的我来说，机会非常难得。而问题是，这时候的我，刚获得浙江省小学语文教师学科教学技能竞赛一等奖不久（2002年1月）。当时我就在想，报名参加比赛吧，能像学科教学技能竞赛一样，区里冲出，市级突围，参加省赛，这个过程一定极其艰辛。再说，比赛之事，尤其是课堂教学，有时受众多因素影响，很难确保胜出，比如，抽到的课文，借到的班级，碰到的学生，自身的状态等等。关键在于，已拿到省级一等奖的我，即使能拿到市一等奖，但保证就有机会到省里比赛吗？即使能代表台州到省里比赛，但保证就能拿到省一等奖吗？如果拿不到省一等奖，那不是让人家以为我之前拿到的学科教学技能比赛省一等奖，也是凭借运气原因获得的吗？思来想去，权衡得失，打定主意，就不报了，满足了。

  我以为，如果自己不报名，学校就不会找我了。哪里想到，过了一个星期后，陈锦芬副校长来到教室，把我叫到走廊上，一脸严肃，劈头一句，问道："你这次大比武不报名？"我一惊，自嘲地笑了笑，点点头，轻轻答道："是的。"陈校长似乎早就看穿了我的小心思，就站在走廊上，好一通语重心长、条分缕析地讲解，让我听得心服口服。她从个人成长的角度，告诉我，不是每个教师都有机会参加比赛的，人生能有几回搏？她提醒我，不要以为一次获奖，终身沉醉，一切荣誉都是过去时。要把比赛当作最好的历练和磨砺，和高手过招，方见自己真实水平，沉醉在区域内的曾经优秀的成绩，容易夜郎自大而不思进取。另外，一个人还要有格局意识、集体主义思想，大至国家、民族，小至单位、团体，如有需要时，当要尽一己之力，全力以赴，为组织争光。末了，她说了一句："乘胜追击，趁势而上！你不报也得报，好好准备！"一番话语，绵里带针，严肃中又包含着无限的期待。这是一个将军给士兵下达的又一个冲锋的命令。

这次谈话后，我赶紧重拾战袍，认真准备，决定再战江湖。

4月中旬，区内比赛打响，我抽到的课文是四年级的《可爱的小蜜蜂》。人民路小学名师智囊团的各位超级长老们，再次伸出援手，鼎力帮助。为了确保胜出，还特地请计算机老师林涛帮我制作了课件，这是我第一次用课件上课。现在都还清清楚楚地记得，比赛地点在中山小学四楼会议室，为了确保比赛顺利进行，林涛还特地到现场坐镇，以防万一课件出什么故障，可以随时予以解决。

教学按设计意图顺利推进，因为课文本身的语境很轻松，所以我充分发挥自己幽默这一特质，不时引发学生一阵阵开心大笑。坐在下面的评委也被笑声感染，一个个脸带笑意，非常享受。

比赛结果，如愿夺得区内头筹。接下来要代表椒江参加6月初市里的大比武，只有1个半月的准备时间，有些紧迫。

得知比赛结果，陈锦芬副校长非常平静地说了句："继续冲击，市里的比赛也要努力拿下！你有这个实力！"教研员刘崇真老师也这么认为。

现在想起这件事，不由得感慨无比。当我们年轻的时候，当我们在专业成长之路上出现稍许松懈的时候，当我们满足于已有的一点成绩，想放慢甚至停止脚步，不再奋力前行的时候，有人不失时机地给予你棒喝和提醒，那是多么重要啊！一个人的成长，除了他自己的努力之外，还需要诸多因素，尤其是需要良师的指引、名师的点拨、严师的鞭策，还有人师的鼓励。我很幸运，在我专业成长的路上，遇到了贵人。正是他们，用爱心和智慧，用梦想和期待，扶我上"战马"，唤我去"疆场"，嘱托我去为梦想而奋力"拼杀"。

年轻的教师们，在成长之路上，你莫失良机，要勇于把握，切不可有丝毫的犹豫和退缩。要知道，机不可失，时不再来。任何事情都如同台阶一般，前后紧密相连，事关内在果因。正是因为有了区级大比武的参赛，才有了接下来的市、省两级课堂评比的重要赛事。这些经历，都成为了我教育人生中不可或缺的一笔！

潜心忙备战

区里大比武冲出来之后，马上要面对市里的比赛。时间很紧，仅1个半月左右。在此期间，我争分夺秒，抓紧备战。

除平日里学校导师团和教研员来听课之外，我增加教学类书籍阅读时间，尤其是读名师课堂教学实录。有一本书，分上、下两册，叫《小学语文课堂教学精品录》，周一贯先生主编，搜集了当时全国著名特级教师的课堂代表作。比如，于永正、贾志敏、靳家彦和支玉恒先生，还有王崧舟、窦桂梅、孙双金和薛法根老师等。购得此书后，我简直如获至宝。课余饭后，手不释卷，埋头阅读，沉醉其中。读着书中文字，想象着课堂场景，感叹这些名师和学生对话的智慧生成，为课堂的精彩细节深深折服。渐渐地，我就有了一种见贤思齐、心向往之的感想。

直到现在，作为一名老教师，当面对新教师和年轻教师，看到一双双眼眸里闪动着渴望成长的明亮波光，我会一次又一次郑重地提醒他们："一定要多多阅读名师教学的课堂实录，教学之路，模仿起步。"课堂对于年轻教师专业成长之意义，毋庸置疑，当是立身之本，立业之基，立言之根。如于漪老师所说："如果用一个最简洁的词语来概括什么是好教师，那就是'上好课'三个字。"

我一遍一遍地读着名师教学实录，一个细节一个细节地品味着，一个字一个字地揣摩着。像春蚕咀嚼桑叶，像小鱼畅游深潭，像飞鸟举翼长天；这时的我有着两种截然不同的感受。一会儿，我像火一样，热情燃烧，原来小学语文教学如此精妙，语文学科如此博大精深，真正的语文名师在课堂如此潇洒从容，就像闲云野鹤一般。一会儿，我又像冰一样，冷却宁静，我感觉到了自己的无知，自身的渺小，自我的愚钝，我像一个迷途的孩子，在不停地寻找通往语文家园的路……也就在冰与火的双重考验中，我越来越深刻地感受到，小学语文教学既是一门技术，更是一种艺术。是技术，需要科学；是艺术，需要真情的融入，需要生命的投入。技术是思，艺术是诗，语文教学是思和诗双弦弹奏出来的美妙乐章。

当我有了这样的思考之后，我不再像先前一样，只把语文学科看作是向学生传递知识的工具，只是为了考试而教，只是简单地抓字词句段、语修逻文，进行所谓的语文训练。我越来越觉得语文学科魅力非凡，在一行行文字背后，隐藏着无限迷人的知识秘密，每一篇课文都像阿里巴巴发现的藏宝山洞一样，等待我们带领学生去探秘。我满怀虔诚，揣一颗敬畏之心，看待语文。我充满希冀，期待自己的课堂有朝一日，也能像这些名师一样，如山一般厚重，水一般灵动，风一般自由。

反复阅读这本书，我渐识其意，意犹未尽，尽情沉浸。对语文教学的感觉，就像把厚厚的窗帘悄悄拉开，明亮的光线，透射进来，内心不时涌起一阵又一阵的欣喜。用一个成语来表达，就是渐入佳境。

就在这个时候，我又有了重大收获。有一天，我无意中发现，学校教导处储有一些名师课堂教学的录像带。立刻告诉自己，一定要抽出时间认真观看，虔诚学习。平日上课，没时间看，家里也没有录像机，无法播放。怎么办？我想到了学校广播室。有一次偶然经过广播室，恰好主管老师在里面调试设备，出于好奇，我走进去观看，知道里面有一台台的录像机和一块块的屏幕。

当即跑到广播室主管老师那里，说明来意。他欣然同意，还特地陪我到现场，教会我如何播放、关闭以及相关注意事项。最后，他把广播室的钥匙交给我。

从拿到广播室钥匙的那个星期开始，周末我都一个人悄悄地走回学校，来到四楼，掏出钥匙，打开广播室的铁门，再轻轻关上。然后，静坐下来，目不转睛，观看名师精彩的教学录像。

这批录像带中，给我印象特别深刻的是于永正先生的《新型玻璃》、贾志敏先生的《镇定的女主人》、支玉恒先生的《曼谷的小象》以及靳家彦先生的《跳水》等。看了一遍，还不过瘾，对某些教学环节的设计，教学细节的打磨，还没有琢磨透彻，怎么办呢？决定再看一遍。好在广播室里有多台录像机，就把已看的一盘录像带放在另一台录像机上快速回倒，同时，在另一台录像机上播放另一节录像课。这样倒带观看两不误，宝贵时间不浪费。不过，放在录像机上倒带，速度还是有点慢。我又抽空跑到路桥市场买回当时非常流行的便捷式手摇倒带机，这样方便快捷多了。

那时的我，为了备战，"躲进小楼成一统，管他东西南北风"。痴痴地看着，默默地想着，还时不时悄悄地记着。有时看到某一个教学环节，学生突如其来地提出某个问题或者做出非同一般、出乎意料的回答，非常考验上课教师的教学机智。这时候，我就快速按下暂停键，把画面定格。然后我开始想，如果是我，遇到这个情况，会怎么应对呢？当我想好自己的答案之后，再带着急切、兴奋的心情，再按一下暂停键，观看名师精彩的应对行动。发现自己的对策和名师有点相近或者不谋而合时，内心自然激动。发现自己的对策和名师的应对行为大相径庭时，我认真地想，为什么我这样思考，而名师为什么会那样应对，这中间有着什么样的理念？我和名师有着怎样的差距？我会深深陷入思考的河流，一旦悟透，欣喜之情，无以言喻。

就这样，好多个双休日的时光，我都一个人在安静的、狭小的广播室里度过。当我一个人坐在广播室里，全神贯注地观看、思考、记录之时，校园极其安静。即使校园周边有喧闹的菜市场、繁华的街道、川流不息的车辆人群，于我而言，是听不到的，因为我已沉醉在教学录像的世界里，忘记了一切。

板凳要坐十年冷，一个人要想把一件事情做好，做精，做强，需要耐得住寂寞，忍得住孤独。当我有了这样的经历和体会后，我想要告诉年轻的同行们，实际上，当年躲在小小广播室跟着录像学艺的那些时日，我竟然丝毫没有孤独之感，寂寞之意。反之，我的心灵被一种无形的欢乐和激动包围、浸润，感到充实、快乐。

多年以后，我读到了钱锺书先生的一段文字，一下子就明白个中深意所在。钱先生说："大抵学问之事，荒江野老屋中二三素心人谈培养之事，朝市之显，必成俗学。"

是的，当我一个人躲在小楼里刻苦学习的时候，我的心是宁静的。如果说开始是为了备战市赛而看名师录像，其实到后来，我已浑然沉醉在名师精彩的课堂教学艺术里了，越来越感受到语文教学的魅力所在，越来越有一种渴望自己也能上出名师这样精彩课堂的向往和冲动。我本是溪流，现在有了向往大海的冲动。

是的，当一个人深深地被自己所从事的事业所感动的时候，他已拥有了一股强大的前行力量！这种力量，就叫热爱！

征战巾子山

2002年6月4日,在我人生的河流里,这一刻水流奔涌,浪花四溅。我代表椒江参加台州市小学语文课堂教学大比武,并力战群豪,获得冠军。

比赛内容已提前两周告知,是五年级的《月光曲》,主要讲贝多芬创作《月光曲》的传说故事。经过一番艰辛、忙碌的磨课,这节课的教学设计终于尘埃落定。对于这一课的教学,无论是教研员刘崇真老师,还是陈锦芬副校长等人民路小学的名师团队,都非常看好。在他们看来,此次我前往临海巾山小学,定然会弹奏一曲动人的语文乐章。我的心中,也满怀热切的期待,万事俱备,只等机会。

6月3日上午,陈锦芬副校长把我叫到办公室,她笑着对我说:"这次临海比赛,学校就不安排陪同人员了,你就一个人单枪匹马前往。"我也笑着回答:"陈校长,没事!"原来,这届台州市小学各学科大比武,人民路小学有六个学科代表椒江参赛,外派老师确实多。陈校长这样决定,既是学校实际原因,又是对我充分信任。我走出办公室的门时,她说了一句:"你这次的目标是拿一。"我应了声:"知道了。"陈校长又补了一句:"不是一等奖,是拿第一名。"我不吭声了,毕竟到得市级大赛这个舞台,来者都是百里挑一的顶尖高手,谁敢保证自己就能胜出呢?老实说,如果能拿到一等奖,我就谢天谢地了。

3日下午,我孤身一人,乘坐面包车出发。到达报到酒店台州宾馆入住时，却发现，其他选手比我来得都早。有人甚至上午就报到了，说不定还到比赛现场去看过呢！拿了房卡，入住后，发现自己住在比较偏的一个房间里。等到晚上八九点钟时，隔壁传来轰轰烈烈的机器搅拌声，一声接着一声，原来隔壁是洗衣房。这怎么行？我赶紧到前台询问，能否调换？得到的回答是："客已住满，你下午入住的已是最后一间。"只得作罢。

没办法，回到房间，只把眼睛瞪得滴溜圆，聆听着那一声紧似一声的搅拌声响，微笑着，以李白的诗句"长安一片月，万户捣衣声"来慰藉自己。到得11点左右，那已经被搅得死去活来的衣服裤子们，估计已昏昏然地睡去，终于安静了，我也紧跟着沉沉地入睡了。

第二天一早起来吃饭，和教研员刘崇真老师打了个招呼。她得知我昨晚没有休息好，一脸关切地询问。我说："刘老师，没事的，我上午迟点到比赛现场。"刘老师叮嘱道："能早点就早点，千万不要迟到了。"我点头称是，回到房间，继续睡觉，毕竟昨晚没有睡足，要把它补回来。因为我是上午第四个出场，前面有三位选手上的也是《月光曲》，所以时间对我而言，是非常充足的。

大约9点，我一个人走出台州宾馆大门，穿大街，走小巷，古城特有的安静气息，无形中给予我静默的力量。我分明看见，街上行人如游鱼一般，或快或慢，或骑车开车，或步行，个个神情自然；店铺里货主像草树一样，或站或坐，或微笑或庄重，或正与顾客攀谈，人人怡然自得。他们都按着自己的节奏融入生活，都在生活中找到属于自己的位置和角色，并真诚地体验和实践。我似乎也明白了自己应该怎么做，不知不觉地，脚步变得更坚定了。

十多分钟后，我来到巾山小学。比赛场地在最高的六楼，我沿着楼梯从容走上去。才一出现在比赛场地的后门口，就被坐在里面听课的刘老师发现了。原来，她一边听课，一边在关注我有没有来。她急匆匆地轻跑过来，关切地问了声："休息好了吗？没事吧？"我说没事。刘老师悄悄地告诉我："我们这节课的设计肯定跟其他选手不同，你只管放手上就是。"我点点头。刘老师继续听课，我来到选手等候室，静静地坐着，等待上场的那一刻。

终于轮到我出场了。我这个人似乎属于比赛型选手，场面越大，人越兴奋。课前和学生闲聊，逗他们开心，拉近距离，彼此放松。揭题导入，生词学习……我非常投入，学生也非常认真。我这节课的设计跳出常规思维，不是把课文第9自然段作为切入口，而是先从"故事"入手，梳理故事情节，感受大师心情。引导学生走进贝多芬那晚的内心世界，体验他在幽静小路上散步时的悠闲，感受他听到琴声后的疑惑，领悟他听到兄妹俩对话后的感动，体会他发现这个盲姑娘竟然是自己的知音，光凭琴声就判断出自己是贝多芬，不由内心无比激动。最后，让学生知道贝多芬那晚为盲姑娘弹奏的第二首曲子是即兴创作的，就是《月光曲》。

我把这一课的板书设计成一首诗：兄妹谈话触动心，弹奏一曲慰心灵。哪知今夜遇知音，再弹一曲寄深情。板书让这节课有了浓浓的语文味，是一大亮点。板书中还有三处简笔画，分别是"微波粼粼""波浪涌动"和"巨浪奔涌"的海面。这些都费了一些心思，完全与众不同。在教学的尾声，我这样总结："那一晚，贝多芬的心就像大海一样，由平静，到感动，到无比激动……他用什么来表达自己的心情呢？唯有音乐。《月光曲》究竟有什么特别的内涵呢？我们下节课继续学习。"

坐在下面听课的老师和评委都听出了我这节课的意蕴、意味和意义所在。他们静静地听着，沉浸在课文的意境里，脸上带着淡淡的微笑……

下课后，我和学生依依道别后，拿起黑板擦轻轻擦去这节课的板书。刘崇真老师微笑着走上来，高兴地说："反响很好，上得很成功！"我轻轻地问："能拿一等奖吗？"刘老师说："一等奖应该没问题。临海（东道主）的评委说你这节课要拿第一名。"比赛还没结束，下午还有3位选手上《桂林山水》，其中就有1节是临海的。我擦好黑板，轻轻拍去粉尘，三门的教研员王深根老师走过来，笑着对我说："小黄啊！上得好！你把这节课的教案整理一下，发给我，我要编入精品教案集。"我赶紧道了谢，记下王老师的电话和邮箱。

玉环的教研员王湘霞老师微笑着走过来，她告诉我，这节课在设计上别出心裁，想人所未想，出乎意料，却在情理之中，印象极其深刻。另外，我在课堂上和学生的互动、交流、对话非常自然、真诚，整个感觉如行云流水一般。

刘崇真、王湘霞老师和我一边聊着，一边从比赛场地走出来，一直聊到台州宾馆。在路上，王老师对我说："黄吉鸿，你一定要努力啊！你的目标是要评特级教师！你肯定行的！"她极为羡慕和欣喜地对刘老师说："黄吉鸿这样的小学语文老师，不可多得！椒江真幸运！"其实，幸运的是我，遇见这么多热情、热心、热爱语文教学、关爱后进成长的好老师。

那天下午，比赛全部结束。现场得到消息，我拿了第一名。在回椒江的车上，我拿起手机，第一时间向陈锦芬副校长报告了这一喜讯。电话那头，陈校长开心地笑了。

巾子山下赛事紧，月光弹奏曲动人，青春如火正追梦，多少往事疾如风……2002年的这场比赛，是我教学生涯中最为动听的音符。

"火热"烂柯山

我第一次到台州以外的地方上课，在2002年的5月31日，地点是宁静、古朴、富有文化内涵的衢州。那是特别难忘的一次经历。

"姚教主"的请求

因为在2002年1月获得省中小学教师学科教学技能大赛一等奖，省中小学教师培训中心做出重要决定，安排我们一等奖选手去全省各地教学展示。5月中旬，省中心电话通知我，要到衢州展示。得知消息，内心自是激动。5月20日上午，衢师二附小教导主任来电，到现在我还记得她姓姚。姚老师说话干脆、利落，有说有笑，不愧是"教主"（教导主任简称），她热情欢迎我到他们学校上课、指导。我表达了真诚的谢意，内心无比欢喜，毕竟还从没出台州上过课呢！本以为人家请我去上课，肯定自己带课。谁知道，"姚教主"来者不"善"，笑里藏"刀"。她突然冒出一句："黄老师，您是省一等奖获得者，我们老师都很期待！"被人家这么一夸，我极是温暖，赶紧又是一番客气，嘴里说着："哪里！哪里！""姚教主"降低声音，极认真地说："这次展示活动，我们对您有一个小小的请求，不知可否？""姚老师，请说。"我已被夸昏了头脑，不知"危险"已悄然来临。"上课的内容，能不能由我们指定？"此乃"教家大忌"，就如同我们要唱歌，人家说他们给我们点歌，万一点《忐忑》，你不想忐忑都不行。按理说，我应该婉拒。可是，在五月温热夏风吹拂下，我想也没想，接上一句："可以。但不要上低段内容。"我的意思很明显，除了低段外，中、高段都行。"黄老师放心，我们就请您上六年级课文《我的伯父鲁迅先生》。"姚老师的反应确实迅速。"好的，就上这课。"我也只能同意。后来冷静一想，姚老师早就"张罗"定当，只等我"自投罗网"。

这是一篇非常长的课文，要上出彩，确非易事。可说出去的话，如泼出去的水，是收不回来的。在接下来的几天时间里，我集中精力备课，查找资料，细读课文，确定目标，设计环节……终于在某一个漆黑的夜晚，我乌黑的眼睛看见了希望，看见了亮光。第二天，先在校内借班试教，请同事前来听课、指导。他们一听，觉得此课设计耳目一新，很有创意。这下，我倒是盼望那一天早点到来，粉墨登场，激扬文字，指点学子，一展身手。

"热情似火"

5月30日，我坐浙江快客前往杭州，和此次展示活动带队的省教培中心魏建刚老师会合。魏老师儒雅、健谈，极是幽默，我跟着他，一起乘车到达衢州。

我们受到举办学校及教育局的热烈欢迎，我充分感受到专家的待遇。主人非常热情，让我们品味当地名菜"三头一掌"，分别是兔头、鸭头、鱼头和鸭掌。我平素极不喜辣，本想意思一下，浅尝即可。主人却热情地把每样菜都"送货上门"，夹到碗里，就差没有塞到嘴里。恭敬不如从命，只得皱着眉头，嚼着兔头，辣着心头，想着这样吃下去，何时到头？要知道，时年30未到的我，还真的没有享受过如此高规格的礼遇！这样一想，不由得心花怒放。

哪知"乐极生悲"，从吃饭的地方回到入住的房间，我发烧了，整个人昏昏沉沉。也不知是旅途劳顿，还是近十天来准备这一课过于劳累，还是水土不服，饮食不合，特别是吃了这么多辣的。和我同住一室的魏建刚老师一见，本来就不小的眼睛瞪得滴溜圆，夸张地张着嘴，一脸震惊的神情，伸手一摸我的额头，大叫一声："好烫！"找来体温计一测，竟然有39摄氏度，赶紧要送我去医院。我人很虚弱，不想动，神智却是清醒，告诉魏老师："不碍事，晚上睡一觉就行了。"魏老师不放心，风一般，跑出去，弄来一些药。倒水，拆药，递上，让我吃下，然后看着我睡下。

第二天早晨，一醒来，我就看到了魏老师坐在床沿，瞪着两只圆圆的眼睛，关切地望着我，问道："吉鸿啊！好些了吗？"我笑着点头回答："魏老师，谢谢！应该没事了。""你怎么会一下子就如此热情高涨呢？"魏老师幽默地说了这么一句。我被逗乐了，回应一句："哎！能不激动吗？人生第一次出市上课。不过，一激灵，就冻着了。""哈哈哈……"我俩一阵大笑。

"不过——"魏老师还是有点担心，"你今天上课，能吃得消吗？"我赶紧从床上坐起，"我是不会错过这样一个难得机会的，魏老师放心，没问题！"

见我如此状态，如此坚定，魏老师也就不说什么了。

有人找我签名

吃过早饭，我和魏老师一起上了车，来到衢师二附小。校园里热闹非凡，明天就是"六一"节，学校正在开展跳蚤市场活动。我们走进一楼大会场。

先进行简洁而隆重的开幕式。人生第一次以受邀"名师"身份端坐主席台，身边是省、市、区教育系统领导，台下是 400 多名来自衢州各县（市、区）的小语同行。我既兴奋，又有些许的紧张。

领导讲话、致辞之后，开始课堂展示。衢师二附小这个班级的学生实在是太好了！我这一课的设计有点大气、深刻，长文短教，要学会取舍。整节课只抓两个字重点展开教学："笑"和"叹"。一节课下来，板书仅八个字：一"笑"一"叹"，尽显风流。教学路径简洁，思路清晰，板块清楚，从"笑"字的引出，到寻找"笑"的细节，再到辨析"笑"的内涵，最后补充课文中的"笑"……教学如拾级登山，盘旋而上，逐渐走向纵深。同时，注重学法迁移，由"扶"到"放"。"笑"的品味，师生合作，重锤敲打，互动对话，密不透风；"叹"的咀嚼，让学生自读自悟，立足课文，大胆言说。课堂气氛非常热烈，学生们思如泉涌，不时冒出精彩话语，引得场下老师情不自禁地鼓掌。我也全身心地投入到和学生的互动对话、点拨引导中，渐渐达到忘我境界……从这节课开始，我有了这样的一种切身体会：课上得好不好，上课者自己定然知道。

下课铃响，我和学生互相告别，结束这一课的学习，全场响起热烈掌声。我知道，这节课受到了老师们的肯定，再次鞠躬表示感谢。

我还在台上整理课本，就有好几个老师跑上来，"黄老师，您的邮箱是多少？我以后要向您请教。""黄老师，可以留个电话吗？"……我微笑着，一一答应，高兴地接过他们递过来的本子，写下自己的名字等相关信息。嘿，这就是名师的待遇吧！我竟然被人索要签名了！此时此刻，昨晚的感冒发烧，早就随风飘到哪里去了都不知道，浑身充满力量，巴不得有更多的人来找我签名。可惜，才签了几个，就没有了。

接下来，我简要介绍了这节课的设计思路，并回答了几位老师提出的问题。时已中午，主持人就结束了整个活动。

中午的饭桌上，魏老师向主办方领导和老师透露了我昨晚发烧一事。他们一听，都佩服、感动不已！又一个劲地为我夹菜、塞菜。哈哈，心不狠，手却"辣"的衢州朋友，我吃不了，可不可以带着走啊？只得"咬牙切齿"地吃辣的，喝甜的。

有人要给我让座

下午，我和魏老师一起，从衢州车站坐浙江快客回杭州。魏老师先上车，我随后踏上车梯板，出现在车厢里。忽然，有好几位乘客热情地和我打招呼，"黄老师好！""黄老师，您也到杭州去？"……我一愣，自己在衢州还没有同学、朋友，怎么会有人认识我？随即反应过来，连忙回应："哦，你们上午在听我的课？"他们马上笑着作答，还一个劲地夸我的课上得真好。有人看我往车厢后面走去，知道我的位置靠后，还主动提出要让位置给我。我边说谢谢，边往座位上走。魏老师已经坐在位置上，正瞪着滴溜圆的眼睛，用他特有的夸张的神情，吃惊地望着我。那神情分明在说："什么情况？这是什么情况啊？"

我笑了，走到魏老师边上，坐下。魏老师看着我，好半天没说话，一脸严肃，最后深深地叹了一口气。我悄悄地问一句："魏老师，怎么了?"魏老师再一次展示他特有的幽默,作悲苦状,深情诉说:"吉鸿啊!我上午好歹也在开幕式上露过脸,还讲话 10 多分钟。我自认为讲得还可以,当时台下掌声挺热烈的。可是……"顿了顿,他接着说:"他们怎么就没有一个人跟我打招呼呢?怎么就没有一个人要给我让座呢?说明他们早就把我给忘掉了。本来也没什么,可现在这样一比较,分明你是天鹅,我是土缸,我坐不住啊!"我再次被魏老师的幽默逗乐,多么有意思的省中心带队老师啊!

车启动了,魏老师语重心长地告诉我,要我一定要记得做业务,当名师,最好不要去当领导。他笑着说:"你看,老师只记得上课好的老师,而不去记讲话精彩的领导。这就是最好的证明。"

魏老师用他智慧的话语提醒和鼓励我,你在教学之路上已迈出非常有力的一步,获得一线老师的认可,一定要沿着这条路坚持走下去,并且努力做得更好。

坐在飞驰的大巴上,两岸青山飞驰去,无边绿野扑面来。我像一位凯旋的将军,第一次享受到"名师"的礼遇,深刻感受到一线教师的热情,切身体会到专业水平的重要。我暗暗告诉自己,认准这条路,勇敢往前走。

在教师专业成长之路上,谁都渴望被肯定,被鼓励,被表扬。那天在会场上找我签名的老师,那天在车上和我打招呼、要给我让座的同行们,你们朴素的举动,慰藉了一颗年轻的心灵,让我享受到成功的喜悦。

烂柯山下衢江畔,青春潇洒走一回。

南宁传佳音

2012年7月中旬，太阳明亮亮地照耀着火热的大地，暑假已然开始。我乘车来到杭州南站，和杭州师范大学王瑾老师会合。我们坐上绿皮火车，差不多一天一夜，来到南宁，参加全国高等师范教育小学语文教学研究第17届年会。

此行我有一个重要任务，作为浙江选手参加年会活动的教师课堂教学评比。

上课地点设在广西教育学院大礼堂，来自全国各个高等教育院校的教授、专家以及听课的小学语文教师集聚一堂，把偌大的场地坐得满满当当，如同南国的树一样茂盛、热烈。这是我第一次到省外参加如此大规模的现场教学活动，在南宁清新、明净的南风里，我的心是宁静的。

我上的是五年级冯骥才先生的《珍珠鸟》。为了准备这节课，我认认真真地阅读了冯先生的散文集《珍珠鸟》，将课文和原文反复比较阅读，并写下近四千字的文本细读文章。这是我多年来养成的一个备课习惯。

恰逢暑假期间，主办方好不容易东拼西凑地拉了二十多个来自不同学校、不同班级的五年级学生（后来才得知，有好几个还是现场听课老师的孩子临时加入的），他们究竟具备什么水平，是个未知数。而且也没有布置预习，因为根本不知道能来几个学生。

好在课前跟他们一聊，这批学生还挺会说。这让我放松不少，赶紧趁课前时间让他们认真读了3遍课文。

正是从《珍珠鸟》一课开始，我的教学有了两个重要转向。一个转向是，教学追求清简，学习路径清晰，板块设计简洁，努力做到大气而不失精致，灵动而不乏严谨。另一个转向是，指向写作的阅读，重点关注课文作者是怎么写的。前一个转向受《道德经》影响，"为道日损""大道至简"，我力求把复杂而富有内涵的语文课上得清晰、深刻。后一个转向是阅读潘新和先生的《语文：表现与存在》一书获得的启发。

这节课的核心板块有两个。第一个板块是引导学生去发现课文"线索的巧妙"。冯骥才先生巧妙安排了"'我'怎么对待珍珠鸟"和"小珍珠鸟的活动地点变化"这两条线索。教学时，先引导学生通读全文找出"'我'怎么对待珍珠鸟"的所有句子，用横线画出，得出"'我'爱鸟、关心鸟"的结论。第二条线索，让学生自己读课文去发现，并进一步确证作者以"小珍珠鸟的活动地点变化"为线索来写。两条线索交叉，如同两根血脉，让文章气韵生动，流畅通透。

发现的课堂让学生们越学越兴奋，越来越投入。发言的人也越来越多，课堂氛围也变得越来越活泼。

第二个板块是"感受语言的精彩"。这个板块设计追求灵动、大气。我无法确定学生能否领略、发现文章真正精彩之处，也无法保证学生发现精彩之处的先后顺序，需要在教学时临场应对，随机点拨。我把第1自然段作为"学习示例"，和学生共同赏析课文语言的精彩之处。

> 真好！朋友送我一对珍珠鸟，放在一个简易的竹条编成的笼子里，笼内还有一卷干草，那是小鸟舒适又温暖的巢。

我让学生反复读这段话，告诉他们："这段文字隐藏着作者写作上的精彩秘密，看你们谁能发现？"开始时，学生很难感觉得到。我不急，请他们放开声音再认真去读，并特别提醒："你一出声读，可能就有感觉了。"学生再次放声朗读，我静静等候。果然，有一个男孩站起来，带着无限的惊喜，大声说："我发现这段话中，作者用了押韵的手法。"我一听，大喜，赶紧请他说出来。那孩子说出这段话中的"好、鸟、草、巢"四个字。话音刚落，整个会场响起热烈的掌声，老师们纷纷为这个孩子的精彩发现鼓掌。

接着，我和学生一起分析、讨论作者这样写的目的，让学生明白作者对语言的绝妙驾驭和匠心所在。随后，放手让学生自学，试着再去全文中寻找和发现自己认为作者语言精彩的段落、句子或词语。结果令人欣喜无比，有学生发现写小珍珠鸟样子这段话中，作者用了大量浓墨、明丽的色彩描写，写出小鸟的可爱。也有学生发现作者对小珍珠鸟的称呼在不断变化，从中体会到作者对小鸟的喜爱。还有学生发现课文中反复出现了精准的动词描写，写出了小鸟活泼、有趣的生命力……

我满怀欣喜地倾听着，慢慢地享受着来自学生的不同的学习之声。同时，快速地展开思考，希望从学生的话语中准确地读懂他们。我牢记佐藤学先生说的那段话："在'学'为中心的课堂中，我们应当仔细地关注每个学生在理解上、感受上的差异，'理解'学生的发言。这种'倾听方式'不是只听学生发言的内容，而是听其发言中所包含的心情、想法，与他们心心相印，产生共鸣。"在这一教学环节，我和学生的对话真诚、真实、即时、即兴，不时引发现场听课老师的掌声。

这节课最终获得一等奖，评课环节还幸运地得到著名教授杨再隋先生高度赞赏。杨教授连用几个"想不到"来形容自己听课的感受，他说："想不到《珍珠鸟》一课可以这样来上，这节课的理念很新颖；想不到课堂的学习氛围如此愉悦、轻松，这节课学生学得很快乐；想不到学生的表现会这样出色，这节课充分地给予学生思考的时间和空间，提供了学习、展示、交流的平台和机会……"得到知名专家如此肯定，我真是太开心了。

从会场出来，不时有不认识的老师过来，和我谈听了这节课的感受，表示这节课让他们很受启发。有老师还要了我的电话号码。那天中午就餐时，黄亢美先生让我坐在他边上，也和我聊了好多，鼓励我继续在教学上不断努力，继续勇猛精进。我非常感动。

南宁上课之后，我陆续接到一些高等院校的讲课邀请。先后去了湖南、湖北、河北、辽宁、安徽、山东等地上课、做讲座，让自己拥有了更广阔的锻炼、学习平台。

南宁一行，《珍珠鸟》一课，让我不再仅仅把自己当作"泥土"，铺成学生成长的路，还把自己当作"珍珠"，享受磨砺的辛苦。更梦想自己能成为一只"智慧鸟"，飞向语文的山峰。而这一切，都要深深感谢王瑾老师，正是他的厚爱和信任，才让我有了这样弥足珍贵的平台和机会。

我当再磨砺

在广西教育学院上《珍珠鸟》一课后的第二天，一大早，我就在南国特有的花香草气、鸟鸣水声中惬意醒来。对于陌生的地方，我总满怀无限的欣喜，总想挤出时间来多看它一眼，多深入了解它一点。我第一次来南宁，对这座美丽的南国城市自然充满无限期待。

刚一出宾馆的门，就有了特别的惊喜。昨天在大会上评课，并给予我充分肯定的大名鼎鼎的杨再隋教授，正微笑着从外面走进来。杨教授起得更早，都已散步回来了。

和名家如此面对面、近距离接触，真是机会难得。我主动请教杨教授一些课堂教学的问题，请他对我昨天上的课再进行深入指导。杨教授儒雅地笑了笑，亲切地告诉我，《珍珠鸟》一课的教学指向课文作者"写作上的秘妙"，这一方向是对的。无论从课程内容，从课文本身具备的学习资源，还是从学生对于这篇课文的理解、学习层面，这一教学目标定位都值得充分肯定。他说，从中也可以看出教师个人对课文理解的深度和文本细读的能力，这很难得。当然，杨教授也真诚地指出我课堂教学上的不足及商榷之处。他认为，这节课在主体设计上大气、开放，但在具体的教学路径铺设上，比较强势地折射出教师的个人意志。在对文本的理解上，更多地展示教师个人的解读。如果能够更多地从"学"的角度去思考、解读、设计，体现"教"与"学"之间的互动、对话、协调、同化的过程，这或许会更贴近课堂教学的本质。

杨教授不急不慢，从容宁静，徐徐道来，让我听得如沐春风。临了，杨教授忽然问我："小黄啊！你的课上得很不错，有没有在千课万人上过课？"我回答没有。杨教授说："有机会你可以去锻炼一下，那个平台很大。"按说，我应该赶紧提出请杨教授代为推荐的请求，因为杨教授经常在千课万人活动中点评和专题讲学。但是，我的回答却是："杨教授，我还需要再磨砺、学习，等以后再说吧！"杨教授笑了。

不是我不想拥有更大的锻炼平台和展示舞台，而是我的内心确确实实告诉自己，凡事慢慢来，不宜求速度。在朱光潜先生的《谈美书简》里，我读到一句非常喜欢的话语："慢慢走，欣赏啊！"我常常把它更换成这样几句话："慢慢走，思考啊！""慢慢走，磨砺啊！""慢慢走，完善自我啊！"对于自己目前的状况，我已经够满意的了。想当年师范刚毕业，分配到村校教书，在3所村校一教就是9年，我哪里想过自己会到外省、市去上这么高级别的公开课啊？先前我只是告诉自己，做一个负责任、有良知的小学教师，对得起学生，对得起这份工资，不要被家长和同事说就行了。哪里想到自己如今会在这条路上走到这个地步呢？语文教学是一条蜿蜒、崎岖的山路，现在的我已在这条山路上登攀了一些时日，已然爬到了一定高度，但最多还处在半山腰。我极其幸运地在山路边上采撷到几朵烂漫的山花。这山花自然是我所取得的荣誉。在我看来，荣誉如同鲜花一样，你刚拿到的时候，它是新鲜、艳丽的，但是，它的保鲜期有限，时日一久，它会枯萎、凋零。我提醒自己，登山的目的是为了不断向上，为了尽可能地爬得更高，再说，不是所有的山路两旁都开着花朵，不是所有的登山者都能遇到花朵。

我已足够幸运，在登攀途中，竟然好几次遇见明艳的山花。我还有什么奢求的呢？我要享受这登山的过程，感受不断上升、达到新高度的喜悦，也去发现和感受这一路的风景。如果可以，我倒是希望自己走得慢一些，再慢一些。

　　一个真正热爱语文教学的教师，在乎的不是自己能获得什么荣耀，而是享受自我内涵不断丰盈，精神不断丰赡，思想不断拔节的过程。我有一挚友解卫军，学识、人品俱为上乘，教学水平堪称一流。但他最令我佩服的，是如落花生一般"藏而不露"，他是真的做到了才华不显，功名不争，荣誉不追。由于教学极其出色，所带班级年年优秀，上级领导让他去当校长，被他婉言谢绝；让他去担任教研员，被他找个托辞拒绝；让他去评特级教师，也被他以种种理由推掉。不是说他消极，不上进，反之，他把所有的心思都放在语文教学上，把所有的情感都倾泻在班级管理上。他如果要获得新的荣誉，根据文件要求，就必须离开现在的班级，调到乡村学校去。他没有去，他要对学生负责。他没有去，他把一切功名看得云淡风轻。他是真的了不起！在我心中，解是一个君子，他不像一个器物那样，为任何特定目的而生。君子的人生目标就是成为一个更好的人，所以我们说"君子不器"。我佩服他！我也或多或少地受他影响，从他身上汲取了一种事业和生命的无形力量！这股力量不是敦促我走得更快，而是教会我，慢慢走，不急啊！

　　杨教授肯定理解我此刻的心理，我感到，他的笑意里充满了赞赏和期待。这是南宁的一个早晨，这是南方的一个宁静的早晨，而我的心头，分明已然升起一轮热烈的太阳……

小语"千万"情

我是听着"千课万人"名师课堂教学，不断成长的。真心感谢学校，给予年轻教师如此珍贵的学习机会。外出听课学习，会让教师思想上不闭塞，视野上不狭窄，同时会有一种自我发现和定位的欣喜。我对语文教学的感悟，对语文名师的崇拜，对语文舞台的向往，就在一次又一次的现场听课学习中，悄悄滋生。

"卷首语"的书写

那时候，每年的春、秋两季，我基本上都要往杭州跑一趟，去浙大华家池的邵逸夫体育馆赴一场语文教学的盛宴。我称之为"语文春秋"。其中，有两件事情特别难忘。

2010年4月，我们一批区骨干教师在刘亦农、林赛君老师的带领下，声势浩大，坐一辆大巴车，一骑绝尘，赶往杭州，参加"千课万人"听课。组委会为了鼓励大家认真听课，同时又让教师及时发表自己听课的感受、心声，增进相互思想上的交流，每天举行一次"卷首语"写作评比。选中者，将获赠一套本次活动的光盘。

那时，网络远没有现在这样发达，教学光盘是非常重要的学习资源。一次活动的整套光盘，价值在1千元上下，这样丰厚的奖品自然非常诱人。

第一天上午听课结束后，我和刘亦农老师一起走在回酒店的路上。刘老师忽然极其认真地对我说："我建议你写一篇卷首语，一投必中，肯定获奖！"我看着刘老师真诚而满怀期待的笑容，犹豫着说了句："刘老师，这太难了，这么多来自全国各地的听课老师啊！"刘老师接了一句："你试一试，不要管结果怎么样。"他黑色的大眼睛闪烁着期待、宽慰和信任的光芒。刘老师总是不断地给我信心和力量。记得参加区骨干班培训后不久，他和林赛君老师就安排我在育才小学上习作课《让座》。那天，上课结束后，我还站在讲台前，刘老师就微笑着走上来，带着赞许的语气，大声对我说："你的课绝对具备全国一等奖的水平！你要相信自己！"天哪！我有那么好吗？要知道，我是一位名不见经传的农村完小的语文老师啊！刘老师的话语就像一团熊熊的火，让人听了无比温暖。

　　现在，刘老师再一次点燃了我的希望火炬，试试就试试，不管能不能获奖，写了再说。那天中午，我没有休息，坐在酒店的房间里，在手提电脑上，写下这样一篇文字：

　　　　未曾去过布达拉宫，但知道藏民对佛祖的虔诚和膜拜，三跪一叩头。没有到过麦加，然常常憧憬穆斯林汇聚圣山的庄严。虽不能感受孔夫子的耳提面命，却一遍又一遍地让向往的心飞回那久远的天空。朝圣，多么美好。

　　　　生命需要朝圣。因为朝圣，生命就有了方向，灵魂就有了皈依。每一个语文教师都需要有一种朝圣气质，因为朝圣，就有了语文智慧的大彻大悟，就有了语文精神的醍醐灌顶。

　　　　向每一位语文界的名师们投以朝圣的目光，静静地将他们凝望吧！语文的圣者，老者白发如雪，老骥伏枥，激扬文字，耕耘不辍；壮者声若洪钟，站立如松，潇洒飘逸，衣带当风；少者目光如电，激情似火，英气逼人，才情横溢……教学的舞台上，他们匠心运作，激情演绎。一次次语文教学观摩的盛会上，他们美丽的现身，经典的课堂，让与会的朝圣者如痴如醉。置身于静静的会场，面对一双双沉思的眼睛,一张张欣喜的面孔,那一刻,我心向往之,朝圣如痴。

以无比崇敬的心,打开一本本浸润着大师智慧的教育教学专著。以无比欣喜的心情,阅读一篇篇语文教学的奇章美文吧!透过或温软灵秀,或犀利如钩的文字,我们似乎听到了教育圣者殷切的叮咛,深情的呼唤,严厉的棒喝……

朝圣,因了对语文的热爱。因为你我同是语文人,今生注定要和语文结一段不了的尘缘。更因为人生有梦,你和我,渴望做一个语文的圣者,渴望在语文之河里游得更远。

一位智者说,拥有宗教情怀是热爱事业的最高境界。所以,你,我,他,一群语文的朝圣者,为了一次语文的盛会,为了语文的相聚,不远万里,风尘仆仆,行走如风。带着北国的气息,沾着南国花草的芳香,携着大西北日光的温暖,在晨光熹微中,在语文的圣殿里相聚。那一刻,空旷的场馆里霞光普照。

语文的朝圣,是一种信念,是一种信仰。基于这份朴素而伟大的信仰,一个个语文人才可以身处闹市而心如止水,脚踏大地而仰望星空,扎根海岛而守望田园,处穷乡僻壤而不知其孤,居茅屋寒舍而不知其贫。星空月如钩,屋内灯如豆,但是我们的心头却依然揣着红豆般不灭的晶莹的幽思。心,有了向着明亮那方的梦,就会变得通明、敞亮、开朗。

朝圣,莫问身在何方,只问心归何处。朝圣,不只是为了睹名师、大家的风采。高山仰止,朝圣如痴,虽不能至,然心向往之。今日的朝圣,只为他日的圣者归来。每一个语文的朝圣者都应该有这样的信念和梦想,做一个语文的朝圣者,是每一个语文人不竭的追求!

还等什么,从现在开始,就让我们许下一个共同的愿心:做一名语文的朝圣者吧!

写好后,我拿过去请刘老师指导。他一边读,一边脸上露出兴奋的笑容，用他特有的大嗓门说："绝对获奖！绝对能获奖！赶快发过去吧！"我当即按"千课万人"组委会留的号码发过去。

到了第二天上午，主持人宣布昨天的"卷首语"评选结果，果然，我的这篇文字被选中了。一时大喜，不仅是获赠本次活动光盘，拿回去可以再好好学习，更是给自己增加了写作的信心和勇气。这篇文字后来我重新投稿，发表在2010年9月的《小学语文教师》"卷首语"栏目。

2010年下半年，秋风吹起满地金的日子里，我又一次来杭州参加"千课万人"学习。组委会又安排每日"卷首语"评选，这一回，我抽一个晚上时间，写了一篇关于听课感受的文字，并加了题目。

观"千课"而识课

课有境界，有境界自成高格。王崧舟老师认为，课有三重境界。分别是，"人在课中，课在人中"；"人如其课，课如其人"；"人即是课，课即是人"。讲得真是精彩！

受王老师的观点启发，予以为观课亦有三重境界。

一重境界，观课之"术"。观名师课堂教学之"剑"如何出招、用招、应招、拆招、化招、收招……感悟名师课堂之"剑法""技法"，讲求实效，拒绝华丽，招式简单，出乎意料。教学招数，普通寻常。朗读、对话、感悟、发现、理解……教学环节干脆明洁、流畅自然。

大"术"至简，精"术"无痕。运用之妙，存乎一心。名师课堂之"术"简约而不简单。简单之招式，含千钧之内力，教学之"剑"，无不浸润名师个人之独特的个性、主张、思想、道行、道统。观课，当由外而内地咀嚼、琢磨、品悟"术"背后的"思"和"道"。你会发现，课堂上那不经意的一个招式（一句应对，一次提醒，一声追问，一个眼神），却起到了四两拨千斤的作用。如行云流水，似羚羊挂角。随心所欲，随性随情，精彩不约而至，魅力无法阻挡。你用心凝思，悠然心会，名师之课，"看山还是山，看水还是水"，然而其中有名，有道。此名可名，非常名；此道可道，非常道。

"做有思想的教师,追求有思想的课堂",你忽有所悟,心澈神明。此时,你已然进入观课的第二重境界。

帕克·帕尔默说:"一切教育教学的终极指向,不是技术,而是人的心灵。""人",是教师,是文本,是编者,是作者,更是学生。学生是根本,是核心。"以人为本",就是以学生的发展为本,就是"生本"。"心灵",当指向于生命层面。我们观"千课",发现"千课"有"千面",课课呈现教师的生命色彩,绽放文本的生命莲花,凸显作者的生命轨迹,体现编者的生命意图。然而,一切都是为了教学的根本——学生的生命发展。尊重、养护、促动、唤醒、激励、点燃学生的生命言说、言语的热情、梦想和激情,告诉他们文字的精妙,人性的美好。让他们体会母语的精彩、博大与精深,把这群快乐的小羊羔带到文字的草地、文学的草原和文化的天空上,让他们自由自在地在母语的世界里吸纳倾吐,感悟积累,熏陶感染,潜移默化,自由快乐地成长。让他们沐浴灵府,丰赡精神,拔节生命,成为一个个语言人,精神人,语文人,诗人……这是语文的生命活力所在。

观课到此境界,教室、黑板已不再存在,一切皆生命舞台。观课者的心中会油然而生敬畏,敬畏课中一切之生命。那一刻,观课者的眼眸中流露出一股崇拜、叹服的眼神,教学如此美好,教师的生命可以如此诗意地栖居。那一刻,你,我,他,来自天南海北的小语同行们,仰望名师,心头滋生这样一种情怀,"高山仰止,景行行止,虽不能至,然心向往之"。这一刻,我们的生命已被感动、唤醒,我们已然进入了观课的第三重境界。那是一种"诗"的境界。

观"千课"而识课,聚"万人"而化人。用心观课,用心悟课,"千课万人",实乃课课动人。

发出去之后,时隔一天,再次获奖,又获得一套光盘的奖励。大家得知后，都笑着说："你参加'千课万人'听课，是来挣钱的。"这确实是一件让人感到快乐的事情。

由"听课者"到"上课者"

更快乐的事在后头。2018年暑期的一天，我突然接到"千课万人"组委会电话，诚挚邀请我在下半年的秋季活动中上一节展示课。当时的感觉，就像是自己买彩票中了大奖一样激动。不过，主办方在电话里明确表示："上课内容我们已定。是三年级的一组课文《富饶的西沙群岛》《海滨小城》和《美丽的小兴安岭》，你上《海滨小城》一课，可以吗？"机会难得，良机莫失，我当然毫不犹豫地接受了这个光荣而艰巨的任务。尽管我很少上三年级的公开课，更不要说是被指定，而且在如此"大规模"听课老师面前上这样的课。我只是觉得自己必须这样做。

后来，我才知道，自己能够在"千课万人"上课，多亏了王崧舟、汪潮两位恩师背后的倾情力推，感谢他们，我多么幸运。

门已推开，路已走对，心已沉醉。接下来的日子里，我多次参加"千课万人"的线上、线下上课、评课和专题讲座。如此高端的平台，如此广阔的舞台，对我的专业发展而言，真是受益无穷。

2020年是"千课万人"成立20周年，组委会让我写一篇纪念文章。怀着对"千课万人"的感恩，怀着对恩师的深深感激，我写下了这样一篇文字。

我们的梦想大课堂
——"千课万人"20华诞有感

常常，人称教室为斗室，举讲台为三尺。再加小学语文姓"小"，不知不觉地，我们伏首方寸书本之间，行脚方块汉字之中，栖居四角灰墙之内，徘徊规整应试之场。我们所拥有的，似乎真是小课堂。

然而，西子湖畔，"千课万人"横空出世，如风云呼啸，似惊雷裂炸，若金阳万丈……那一刻，成千上万小语同行欣喜自豪地发现：原来小学语文也可以成为气象万千的大课堂。

其名"千课万人"，给人以无比宏大、雄浑、辽远之感，让人想起"千军万马、千山万水、千言万语、千变万化……"一类颇具气势的汉语词汇。自然，也会让我们记起那一个极为温润、优雅、古老而年轻的称呼——"迁客骚人"。

20年来，每一个参与、投入"千课万人"怀抱的语文人，哪一个又不是迁客呢？从雪域高原、茫茫戈壁、千里草场、南方椰林、北国边陲、中原大地到东海之滨……是"千课万人"的深情呼唤，让万千语文人每年春秋两季翔集、麇至，共话小语精彩，齐享春华秋实。一拨拨迁客，像潮水，像群鱼，像闲云，像候鸟……这分明是"千课有魅力，万人无限迷"。

20年来，每一个席卷、融入"千课万人"浪潮的听课者，哪一个又不是骚人呢？他们的目光里闪烁着孔孟老庄的气质，他们的言说语词间传递着秦砖汉瓦的铿锵，他们的血管内流淌着唐诗宋词的风雅，他们的灵魂深处散发着丝丝缕缕挥之不散的文化芳香……如此场景，会让人想起"同行者数千人，浴乎西子，风乎舞雩，咏而归"的潇洒、酣畅，会让人想起"兰亭雅集"之乐和"曲水流觞"之趣，也会让人想起这是一场和谐愉悦、基于智慧追寻的"语文论道"。这真是，"万人风雅观千课，千课如雨润万人"。

试问，又有哪一间教室能如此辽阔呢？顶似穹庐笼盖四方，人影绰绰观者茫茫。在这里，天、地、人经由课堂已然融为一体。在这里，儿童与成人，事业与生命，古老和现代，梦想和未来已然融为一体。这不就是"天地一课堂，课堂有天地"吗？

这是"课堂的江湖"。20年来，这里云集了全国小语的各大流派和高手，或诗意，或素朴，或灵动，或扎实，或大气，或精致，你方唱罢我登场，一展身手真本色。直把场下那万千观众看得如痴，听得如醉，目光如炬，身姿若倾，时不时地，掌声如雷，如轰，如大海的歌唱……

"永忆江湖归白发，欲回天地入扁舟。"每次看到李义山的这两句诗，就想起了"千课万人"这个"语文的江湖"，就想起了在这片江湖上引领小语同仁不断前行精进的大师们。他们发如雪，鬓如霜，声若清越洪钟，身似高崖孤松；他们人即是课，课即是人，人课合一，已臻化境；他们衣袂飘飘，淡然从容，个性淋淋漓漓，智慧俯仰自得；他们学养如大河，德行如高山，举手投足之间，尽显儒雅之道。"千课万人"是大师引领的大课堂！

大师来自学术的江湖，来自小学一线，也来自象牙塔深层，来自语文江湖的"千山万水"之间，来自语文求索路上的"千锤百炼"和"千磨万击"。正是在一次次的观课赏课、聆听报告和互动交流过程中，成千上万的听课教师知道了名师、大师们精彩课堂的背后，付出了无数的艰辛和汗水；知道了"每一个成功的背后，都有一个咬紧牙关的灵魂"；知道了"成功的花儿，人们只惊美她现时的明艳，然而当初她的芽儿，浸透了奋斗的泪泉，洒遍了牺牲的血雨"。那一刻，台上讲课人，惊醒梦中人，千万听课人，都是悟道人。"千课万人"的课堂，是唤醒、激励和鼓舞我们的大课堂！

20年来，"千课万人"培养、造就了多少一线老师和名师。它播种梦想，凝聚力量，把握方向，吸引、召唤着一批批有志于在教学之路上行走得更远的一线教师。他们见贤思齐，树立了自己专业发展的榜样，他们从此有了一个成为名师的梦！他们在这里集结，又从这里出发，回归到各自的精神地盘，他们又会影响、引领着千千万万的学子。他们所站立的地方，就是教育的主阵地；他们怎么样，教育就怎么样；他们是什么，教育就是什么；他们有光明，学子的童年就更美好！

是的，"千课万人"让成千上万的教师和学生们，从此过上了更加幸福的教育生活！千万里我们追寻着你，我们一直都很在意你，你一直都在我们的梦里，在梦里你是我们的唯一！二十年风雨相随，一辈子为您沉醉！

"千课万人"，我们所有教师的梦想大课堂！

这么多年来，我从"千课万人"的一个普通观众，到幸运地成为一名忝列其中的"上课名师"，心生无限感慨。正是"千课万人"的舞台，让我在语文教学之路上"千锤百炼"，在一次又一次的学习过程中"千磨万击"，让我得以在语文的江湖里穿越"千山万水"，也让我从一位位名师的课堂和学术报告中，不断领略到语文世界的"万紫千红"。

特殊一节课

在寂静的冬天，接到好友仙居县教科所李雄伟先生的电话，邀我到溪港学校送教。雄伟是一位才华不凡、富有情怀的美术老师，我俩曾一起到台湾省访学两周，彼此结下深厚友谊。接此电话，便欣然答应。

我们在电话里谈到送教的具体内容和方式，雄伟建议我给溪港学校的语文老师作一个专业发展的讲座，另外再带一两个老师过来上课。我随口说了一句："要不，讲座就不安排，我也上一节课。课后再和大家简要交流。"雄伟一听，非常高兴，激动地说："那太好了！你自己上课，是最好不过！"我当即告诉他，准备上六年级的《少年闰土》。电话那头，雄伟愣了一下，然后郑重告诉我，这所学校地处仙居西部山区，是九年一贯制学校，但是学生数很少，全校只有二百多人。我要借班上课的六年级只有十二个学生，而且其中有三个学生基础较弱，可能根本不会参与学习。他委婉告诉我这些信息，意在提醒我，如果要上六年级的课，可能真的有点困难。

我想了想，坚定而明确地告诉雄伟："没关系！十二人就十二人，我就上这节课！""好！非常期待！"雄伟高兴地说。

按理说，我完全用不着去上这样一节课。邀请方没有要求，自己主动提出，朋友又善意提醒，特殊的学校，特殊的班级，特殊的学生，定然给上课带来很大困难。从某种程度上说，这是一种冒险，这节课完全有可能上得不尽如人意，甚至"一塌糊涂"。这完全有可能影响到大家对我课堂教学能力的看法，似乎犯不着做这样的事情。

但我还是决定上这一课。我是这样想的，自己是到过好多学校上过好多公开课，可是，到哪里去找这样一个特殊的班级呢？我是个喜欢挑战的人，觉得这是一次非常重要的锻炼和学习的机会。到偏远山区学校送教，对上课教师和当地师生都是好事。在城区优秀学校，我们面对优秀学生把课上好，当然很好。但同时，我们也要在乡村、山区、海岛的薄弱学校、特殊班级，尽力能够把课上好。经历过乡村、城区工作的真实体验，让我深刻体会到，乡村教育教学生活更弥足珍贵，更具"人间烟火味"。

现在，有这样一个绝佳的锻炼机会，我怎么能轻易地把它放过呢？即使课上得不成功，至少会让我获得教学上新的思考和启发。

其次，从听课教师角度思考，他们希望听到送教老师的专题讲座，也希望听到他们带来的示范课堂。作为一个工作近三十年的小学语文老师，对一线教师的学习心理，我是非常熟悉的。我应该力所能及地展示自我能力，尽可能满足听课教师的要求。所以，我应该去上一节示范课，哪怕面对重重困难。

第三，我更多要考虑山区的孩子，他们才是送教活动的主角。由于地域原因，他们少有机会能听到校外老师来校上的课。至少，我觉得自己这节课的教学精心准备，具备一定深度，能给这些山区的孩子带来语文学习上的一些新鲜感。或许说不定，我的这节课会给他们留下一辈子的回忆呢？我有一个习惯，每次上公开课时，总会让一些孩子大放异彩，成为课堂的焦点，让他们充分地被唤醒、激励和鼓舞，享受语文学习的快乐。

当然，还有一个重要原因。就在接到雄伟电话邀请的前几天，我阅读到凤凰卫视《世纪大讲堂》徐庆平先生的演讲实录《审美需要真诚和自信》一文，讲述米开朗琪罗创作西斯廷教堂"天顶画"的故事。整整四年，米开朗琪罗每天站在脚手架上不停地挥动画笔。为了抓紧时间，他经常和衣而睡，口袋里揣几块面包，饿了，就随便吃一下。等到这项伟大工程完成的时候，由于长期仰着头对着教堂的天顶画画，他的颈椎已严重变形，头已经低不下来了，他的眼睛已经看不清事物了。画画就是他的全世界，他是用生命在作画。是什么力量驱使着米开朗琪罗克服重重困难，呕心沥血去完成这一艰巨任务？答案大大出乎意料，他没有任何功利目的。在接受这一任务前，他只提出一个条件，就是不要一分钱的报酬。如果给他一分钱的报酬，就是对他的侮辱。徐庆平先生说："米开朗琪罗是以他全部的真诚、全部的精力，去从事这项工作的。"美来自真诚，力量源自信念。

看了这个故事，我感慨万千。世间所有伟大的事物、伟大的人物，都必然历尽百难千辛万苦。我暗暗告诉自己，如果工作上、生活上遭遇困难、挫折时，我一定要勇敢地面对挑战，我要做一个勇敢的斗士！绝不回避，绝不逃避，迎难而上！

而现在，去山区学校借班上课，面对这样一个特殊的班级，一次特别的挑战机会，我反而是一阵欣喜。这正是考验我的一次绝佳机会！我又怎么能轻易地错过呢？

2019年12月20日，带着这样的目的，我来到偏僻、宁静的溪港学校。在近百位听课教师的见证下，我和六年级十二位学生一起开启《少年闰土》的学习之旅。在我的鼓励下，他们由开始的拘谨、紧张、羞涩，慢慢地变得大胆、放松、自信。特别是一位穿着灰色衣服的男孩子，他发言的时候，口齿都不清晰，却一字一顿地努力表达自己的观点。我庄重而虔诚地注视着他，就像望着一位天使。我静静地听他把话说完，然后激动地说："讲得真好！我们为他鼓掌三秒！"结果，不仅是其他十一位学生，连全场听课的老师都自发地鼓掌了。这位被我称之为"灰小伙"的男生，高兴而激动地坐下，他的如永安溪溪水般澄澈的眼睛里，闪烁着明亮的夜空里的星光。这或许是他读书以来，获得的最高礼遇。因为课前我就清楚地知道，这个孩子是班里三位"特殊生"之一。

连这样的"特殊生"都被激发出来了，其他学生更是积极思考，大胆发言。课堂渐入佳境，十二个人的课堂丝毫不比四十多个学生的课堂逊色。带着感动，带着欣喜，我和学生结束了这一课的学习。预期的学习目标都顺利达成，学生的表现让在场听课教师无比惊喜。

下课后，雄伟走上来，握住我的手，激动地说："太好了！这节课学生已被你点燃！"我也激动地说："雄伟，谢谢你！给了我这么一次难得的学习、锻炼机会。"那节课上，我点燃了学生，学生照亮了我，他们用自己的质朴、纯真、善良和热爱，照亮了我。天使不只是栖居在城里，也隐藏在偏远的乡间；天使不只以成绩优异、才华横溢的面目出现，也以懦弱、落后甚至无知的情形存在。后者更考验为人师者的智慧和良知。

我很高兴，自己在课堂教学上又有了一次新的突破。不仅仅是我给只有十二个学生的班级上了一节公开课，更重要的是，这十二个孩子给我的人生上了一节哲思的课。

大学小老师

台州学院教育学院特聘我为兼职教授。在2018、2019的下半年，2021、2022的上半年，我在台州学院教育学院为师范生上文本细读这一门课程。开始是每周三下午讲1个半小时课，后来因我较忙碌，时有事务冲突，经常调课不便，就改为两周一次讲课，每次讲3个小时。

一个小学教师给师范院校的大学生讲课，面临诸多困难。困难之一，每次上课，我必须在午饭后，从自己工作的城市椒江驱车1小时左右到达讲课所在城市临海，每逢这个时间，我不得不取消午休计划。我是有午休习惯的人。讲完课之后，我再开车1个小时回来。一个下午，开车2小时，讲课3小时，定然很累。困难之二，上课对象是一群大学生，而且不是小规模，是几个班级学生集中在一间大教室上课，足有100多人。拿什么来吸引他们？我能胜任吗？困难之三，没有教材。我给学生讲的是"文本细读"这门课程，完全是自主开发。困难之四，不是讲一次、几次，而是每学期至少要讲10次以上。

一句话，一个小学教师去大学兼职，是需要智力、体力和实力的。教得好，可以胜任；教不好，只会灰头土脸地逃回来。好在，我的文本细读研究了十几年，有属于自己的诸多真实思考和见地。还有，我也动了一个小心思，趁着给大学生讲授这门课程的东风，将相关讲课的例子整理成文，出版我在文本细读上的专著。岂不两全其美？

开始讲课之后，我倒是多了几分信心和热情。台州学院教育学院学习氛围浓郁，一众学子十分好学，每次我掐着点迈进教室，而100多位学生早就静坐一室，恭候我的到来。上课时，他们每个人面前都放着一本笔记本，手里拿着笔，一边认真地听，一边熟练地记。一双双如灵湖水般清澈的目光，散发着青春的气息和求知若渴的神情，深深触动我心。当然，偶尔也会有学生看一下手机，和前后桌交谈几句，或者把目光投向窗外等等。面对这些情况，我倒是不焦急。反而提醒自己，是不是我的课不够吸引他们？是不是学习内容过于浅显？是不是我讲得不够风趣、生动？

几次尝试后，我开始调整讲课策略。原先把自己的课定位为讲座形式，我站在讲台上滔滔不绝地讲，学生坐在下面认认真真地听课、记录。现在我作了改变，从"一己独白"的课堂，走向"互动对话"的教学。提前一周，布置学生先去预习、细读哪几篇课文，让他们带着自己的学习成果走进课堂。

我让大学生们提前知道，这一学期要学习的文本细读课程由哪几个模块组成？每次学习的主题、内容分别是什么？上课时，我们都带着自己的储备、积累和见解会聚一堂。这样的学习不再仅由我单向讲述，学生被动接收，而是师生、生生之间开展就某一话题、问题、主题进行的"主体对话"。学生有发言的机会了，作为教师的我"让学"了。原先基本上由我一个人讲2个多小时的课程，现在变成可能我只讲其中一部分，多数时候，更多的学生站起来，表达自己的思考、观点和想法。他们是学习的主人，我是他们学习的合作者、评价者和引导者。

几次下来，在大学里的上课渐入佳境。我越来越轻松，学生越来越开心，课堂的氛围越来越愉悦。学而时习之，不亦说乎？真好。

大概在第三次上课结束之后，我跟教育学院教导处提了一个小小的要求，请他们为我配备一个无线话筒。这之前，用的是安装在讲台上的有线话筒，教师讲课受话筒束缚，只能站在讲台上，靠近话筒，稍稍离开一点都不行。我觉得这样老师和学生隔着一段距离，不能融入。教导处办事效率很高，等我下次再来上课时，讲台上多了一个玲珑精致的黑色手持无线话筒。那天的课堂上，我拿着话筒，像平日里给小学生上课那样，在教室里四处游走。哪个学生举手要发言，我就跑过去，把话筒交给他（她），然后微笑着，认真地看着、听着，不时地点头表示赞许。临了，接过话筒，及时加以肯定、鼓励和引导、点拨。渐渐地，我在大学课堂上把一个小学语文教师的课堂行为暴露无遗。我一点都不吝啬自己对这些年轻大学生的溢美之辞："凭我直觉，你肯定会成为一名优秀的语文老师。""天哪！这样的回答只能是一个思想者才能抵达的境界！""我敢断定，再过几年，我们会在一些报刊、媒体上经常看到这位同学的名字。""这样的回答，我只能请大家用一个行动加以回应。"我顿了顿，"那就是，让我们为这位同学的精彩发言鼓掌3秒吧！"掌声如潮水般响起，寂静的教室里，盛开了一朵朵芳香的白莲花……

在我多种方式的鼓励下，本来就有着很好学习劲头和习惯的教育学院的师范生们，学习更认真了，我和他们之间的关系更和谐了！后来，我又有了新的举措，凡是上课举手发言的同学，下课都要到我这里签名留存，作为平时学习成绩的重要参照指标之一。发言特别精彩者，将获赠我写的一本书籍，并签上学生和我的大名。

这一举措推出之后，每次上课，大学生的发言和小学生一样积极。大家争着说，比着说，一个比一个说得深刻，一个比一个说得出彩。有时，由于发言人数过多，放学的铃声响起，我们此次的学习内容还没有完成，学生们就纷纷要求："老师，拖堂吧！""老师，没关系的，还早着呢！"我就顺水推舟，和着学生意愿，继续和他们一起学习。

自从实施请发言学生在我本子上签名这一行动，下课后的一幕，实在令人难忘。我在讲台上拿出签名本，学生一个个在下面排成队，他们一个个笑着在我的本子上写下自己的名字。我发现，他们一个个认真地写着，力图把自己的名字写得好看一些，再好看一些。这时候的名字，分明就是一朵他们儿童时代的小红花，就是他们在学习之路上获得的一枚军功章，他们非常珍惜。等写完名字，有同学还不愿离去，悄悄地跟我说："老师，其实我今天还有很多次举手，没有被您叫到。"我连忙道歉。他们赶紧笑着说："老师，没事的。"还有人偷偷问我："老师，平时成绩需要签名几次，就可以获得优秀啊！"我笑着回答："多多益善。谁签的名字多，谁的成绩就越高。"他们听了，带着青春的欢笑，在夕阳慈爱的目光里，像飞鸟一样，消失在大学的丛林深处。

而我呢，这时才关掉课件，拔出U盘，断掉电源，收拾起我讲课的行囊，放回遥控笔，拿上开水杯，拎上电脑包，步出阶梯教室，穿过楼谊，走过广场。在两旁大树的目视下，来到我的老狮子（我的汽车）边上。夕阳已西斜，晚风正吹拂，三三两两的青年学子，欢乐地行走在去往食堂或者宿舍的路上。他们的身影，被阳光投射在平坦的路面上，和树的影、花的影和高大的楼房的影子，交织在一起，像一个抽象的、浪漫的梦想，浮现在我眼前。远处的球场上，隐约传来一声声青春的呐喊，还有鼓点般激越的篮球拍打地面，以及足球被人的肢体碰到的声响……多么美好的大学校园啊！多么可爱的台院学子啊！多么迷人的大学生活啊！对我这个仅以函授方式获得大学学历，没有正儿八经享受过大学学习时光的中师生来说，感慨万千。我从来没有想到，有一天我会以大学老师的身份融入象牙塔内。我很感激台州学院教育学院领导、老师对我的信任和厚爱，感激椒江区教育局领导的大气和支持。

就这样，我在大学里教了四个学期的课，受疫情影响，2020年没有去兼职。2021年，在整理大学课程讲授的基础上，我出版了文本细读著作《文字味道》。根据教育学院领导、小教系主任和相关老师的反馈，我的课受到了大学生们的欢迎。不妨举几个例子，有好多次，因我所在学校公事影响，和大学讲课时间冲突，未能按时给学生们上课。学院就安排我在晚上或者周日下午给学生补课。每次补课，我都真诚地向学生表达歉意，学生们都用掌声和笑声表示不介意，让我深深感动。

更让我感动的是，每到学期结束，或者是最后一堂课后，或者是这门课程考试结束之后，都有学生围住我，表达着依依不舍之情。有学生会加我微信，希望以后有机会在教学上请我指导，有学生会和我商量，如何更好地应对毕业后的就业问题。还有学生送我他自己写的书法作品，我庄重接过这份非常珍贵的礼物。

　　我告诉这些优秀的学子们，大学生活可能是他们人生当中最为精彩、难忘而重要的时光，希望他们好好珍惜，努力学习，不要虚度如此美好的青春岁月。我把一些自己觉得好看的、重要作家的书籍推荐给他们，期待他们手不释卷，每天阅读，借助阅读不断提升自身学养，不断丰厚生命内涵。

　　我和学生依依惜别，我也和台院依依惜别。因为实在过于忙碌，也因为我深知自己还有很多事情要做，精力不能过于分散。我牢牢记着周一贯先生说的话："一辈子，一件事。"在接下来的时光里，我要专注做好一件事，我要听从内心的呼唤，到应该去的地方，做自己可以做的事情。

　　我婉言谢绝教育学院领导、系主任和老师们的真诚挽留。深深感谢你们，给了我一片思想行走的自由天空，让我遇见了如此好学、优秀的台院学子。四年大学的兼职生活，让我不断历练，深入思考，收获很多。

　　背起行囊，带着美好，朝着前方，我将继续前行。

第二辑:
在感恩的心灵中不断精进

春天的故事

　　有时候，一件看似细小的事情，却可能在不经意间改变一个人的前行道路。

　　那是2000年4月28日，星期五。要问我为什么记得这么清楚，因为第二天就五一放长假了。那天，在洪家镇中心校举办一次区级教研活动，我参与听课学习。

　　上午听了三节语文课。其中，东道主语文教师代表也是我的初中同学杨秀珍上《庐山云雾》一课。三节课上得都可圈可点，尤其是杨秀珍这一节，更是上得有板有眼，非常从容，显示出她强劲、扎实的教学功底。

　　中午，我们在镇中心校食堂吃过饭。时间尚早，天气正好，春意浓浓，阳光明媚，我和一群语文老师一边聊天，一边惬意地晒着太阳。这时候，中心校语文人组组长急匆匆地赶来，看到我之后，一脸惊喜，连忙把我叫到一边，恳切而焦急地说："下午我要评杨秀珍的课。这么多人，我担心自己说不好，你来评好了！"让我评课？我一愣，连忙予以回绝："不行！我是来听课的，领导安排的是你评课，我可帮不上你的忙。"她是我好朋友的爱人，所以彼此很是熟悉。她一看我如此坚决的态度，慌了，再次恳求道："你是星级教师，又能说会道。就当帮我一次忙，好不好？"看她真的如此焦急，我不由得心一软，但嘴里仍然说："你的任务是领导安排的，领导又没有让我来评课。如果我去评课，岂不是让人笑话？以为我出风头呢！"她一听，赶紧接着说："好吧！我去跟领导说一下，让他安排你来评课！"不等我回答，她就一阵风似的跑了。

我也没有当一回事，毕竟这是中心校的公事。回到太阳底下，继续和大家一起聊天。

哪里知道，才一会儿工夫，教研大组组长竟然真的叫来镇中心校的教导主任，再次把我喊到一边。教导主任王正只比我大一岁，是我初中的上届校友，平时关系也很要好。他嘴巴一咧，微笑着说："吉鸿，这样吧，下午还是由你来评杨秀珍的课吧！都是洪家老师，你也不要推托。"仿佛怕我不答应，王正又加了一句："你是星级教师，评课更有水平，更能体现洪家实力。"我还要推却，边上的教研大组组长连忙说："好的！你刚才说领导没有安排你评课，现在领导当面跟你说了。就这么定了，你来评。我谢谢你！"如此一来，我也就接下了这个本不属于我的任务。

这一下，有任务了。我也就不敢晒太阳、聊天了，看看时间，还有半个小时多。说句实在话，我也是有点恐慌的。从上午的听课现场来看，这次全区来听课的人还真不少，足有 100 多人。更重要的是，区小语会会长、人民路小学业务副校长陈锦芬老师也在，还有区小学语文教研员张雪清、刘崇真老师也在。她们让人敬畏，万一说不好，还真的是丢脸，砸洪家小学语文的牌子。《庐山云雾》，可不能变成"炉灭了"，山倒了，云飘了，雾罩了。一定要认真对待，确保出色完成重任。我赶紧躲到安静的一角，找到一间空荡荡的教室，拿出上午的听课记录本，开始准备。我一边阅读，一边回忆，经过一番思考，搜肠刮肚，把自己知道的有关教学理论知识和这节课尽可能地进行对接，终于拟定发言提纲。

下午活动开始，先由其他两位老师评上午的一、二两节课。他们评课完毕，主持人宣布我的名字。我大踏步走上讲台，开始评课。我讲了杨秀珍这节课的三大优点：一是注重课文朗读。老师安排了充分的朗读时间，让学生在读中感知，在读中感悟，在读中获得情感的启迪和心灵的感触。二是重视情境创设。老师借助图片和音乐，结合精心设计的教学语言，绘声绘色又入情入境地带着学生在字里行间畅游，让学生沉浸课文美好意境。三是精心设计问题。整节课围绕"庐山云雾美在哪里"这一核心，引导学生去感知、发现、体会和品味，教学重点突出，目标明确，既显大气，又不失精细。

最后，我提了一点小小的建议，意思是说，这节课设计得非常精妙，实施得也非常精彩。但是，老师主导、控制得还是过多，如果给予学生充分的自由、自主的话，课堂定然更加精彩。

我的发言时间有点长，听课老师一个个望着我，静静地听着。结束时，下面老师热烈鼓掌。我分明看见，坐在第一排的陈锦芬校长、张雪清、刘崇真老师也为我鼓掌。

在掌声中，我轻松地走下讲台。在经过坐在第一排过道边上的陈锦芬校长身旁时，她微笑着，非常高兴地叫住我："来！小伙子，把你的姓名、电话告诉我。"一边说，一边把笔递给我，并把摘记本放在课桌的边沿。我知道她就是大名鼎鼎的陈校长，连忙道过谢，赶紧抓起笔，在她的本子上写下自己的姓名和手机号码。然后，走回自己位置，刚坐下，边上的老师就笑着说："讲得好！你小子，有水平！"又是一番道谢，心里十分欢喜。一抬头，发现有很多双赞许、佩服的眼睛，正微笑着，望着我……

最后，由陈锦芬校长作总结。陈校长先表扬了此次上课的三位老师，说她们的课上得非常不错，给在座老师以很大启发。紧接着，她激动和欣喜地说："但是，最为精彩的是黄吉鸿老师的评课，有理有据有深度！……看来，洪家还真是个出人才的地方！"陈校长的讲话赢得了一阵阵热烈的掌声。

那天活动结束之后，几位中心校老师就围住我，像谈论热点一样，一个个带着羡慕、佩服的神情，对我说着一些他们预测的话语。"你这家伙，这下子要走上正轨了！""下学期要调到人民路小学工作了，祝贺！祝贺！""洪家的池小，养不住你这条大鱼啊！"……我听了，内心自然高兴，但也不能确定，只是一个劲地说："不见得！不见得！""开玩笑！开玩笑！"

果然，2000年的9月1日，我真的调入了人民路小学工作。后来，我得知这样的事实。那天洪家教研活动结束之后，陈锦芬校长、张雪清、刘崇真老师同坐一辆面包车回城区。在车上，陈校长就跟两位教研员说了，回去立刻跟张学球校长汇报，要想办法把我调到人民路小学去。她还特别表示："这次教研活动，最大的收获是发现了这么一个优秀的青年人！"

事后想想，还真的要感谢中心校教研大组组长，是她给了我这么一个难得的展示机会。还要感谢中心校的领导，大气、大度，对我这个完小老师充分信任，"关键时刻"委以重任。当然，也要感谢"星级教师"这个称号，如果我不是星级教师，教研大组组长可能也不会想到我，中心校领导可能也不会轻易同意由我来担纲主评。

任何事情之间都有着丝丝缕缕的联系。那个春天，星光再次照亮了我，书写了一个足以温暖我一生，改变我一生的动人故事。

见贤当思齐

2001年4月，浙江省第四届小学语文课堂教学评比在南湖畔的嘉兴科技馆举行。我作为一名年轻的观摩者，静静地坐在会场里，认真听完所有选手的精彩课堂。

就在这次听课过程中，发生的一件事情，令我终生难忘。

会场很大，足足坐有六百多人。我的位置相对靠后，这样既有弊，也有利。不足之处在于离舞台有点远，或多或少影响到听课效果，好在我以认真的学习态度予以弥补。有利的地方在于后面听课人数相对不那么密集，边上并没有坐满人，有几个位置空着。这样倒让人能够放松，这非常适合那时候的我。30岁不到的我，刚从乡村完小调到百年名校人民路小学一个学期多，参加区小学语文骨干培训后，我对语文课堂教学有着无限的期待和向往。这样的学习机会，多么难得。

我一边听课，一边努力地思考、分析选手的一节节精彩课堂。这些年轻的参赛选手都是在各自地区一路过关斩将，一番激烈打拼后，冲出来的优秀代表。他们的课堂经过各自教研员、名师团队精心指导，反复打磨，展现出来的教学个性、风格可圈可点。比如绍兴金明东老师的《鸬鹚》一课，他抓住"渔人用船篙轻轻地在船舷上一抹"一句，追问学生："这一'抹'，抹出了什么？"引导学生展开多元思考，呈现答案丰富多彩，让听课教师深深佩服其设计之精妙。再比如嘉兴张滔元老师的《小音乐家扬科》教学，紧扣课文中的细节展开学习，让学生通过品字析词，感受监工、管家、仆人和更夫的冷漠、无情，印象也极为深刻。其他的还有《燕子过海》《动物过冬》等课，让见识有限的我大开眼界。

我的边上坐着一位近50岁的女教师，她听课也非常认真。听到精彩处，她情不自禁地说出声来："这个细节处理得真是了得！太好了！"我闻听，也接上一句，把自己的感受说了出来。那位女教师听了，频频点头，说："你讲得很有道理，确实如此。"于是，我们边听边交谈。一边听课，一边开始议课、析课。不知不觉间，一个上午就在这样紧张而愉快的听、评课中过去了。临退场的时候，这位女教师忽然说了句："我觉得你对教学理解很深刻！说不定，下一届就轮到你上台比赛了哩！"我一听，赶紧摇摇手，说："不可能不可能！想要冲到省级赛场，没有三板斧是不行的，我可没有这样的能耐！"那位老师再次认真地说：

"我就凭直觉，你肯定行！"我不好意思地微笑着谢过，就告辞了。

说者有心，听者也有意。听了这位陌生、热情的女教师这番话后，我开始有了一个看似不切实际的梦想：要是真的有一天，我也能站到省级赛场上，那确实是人生一大幸福！

类似这样的话语，在区骨干班培训时，刘亦农老师也对我说起过。那是去年骨干班在育才小学开展习作教学研讨活动时，我上了一节《让座》。刘老师评课的时候，给予高度评价，说我这节课实际上已达到全国一等奖水平。直把我听得又惊又喜又惭愧，自己的课真有这么好吗？应该是刘老师太会鼓励人了，他总是像一团火，熊熊燃烧，照亮、温暖他人。

如今这位陌生的女教师一脸认真、庄重地告诉我，说下一届我可能会出现在省级比赛的舞台上，不由得让我多了几分向往和渴望。

人是需要有梦想的，梦想就是方向，梦想就是力量，梦想让你变得不一样！我小心翼翼地将这个梦想珍藏于心，就像我童年时代所看到的那一幕：祖母用手帕层层叠叠，将一片小小的饼干包裹起来，放进衣兜。这个听起来有点"伟大"的梦想，让我时不时地想着，憧憬着，期待着梦想实现的那一天。这让我浑身充满了前进的动力，这种动力又让我投身到每天坚持的阅读、思考和实践中。

从那个时刻开始，我就认准了自己接下来要走的路。只要有机会上课，或者有机会外出学习听课，哪怕是让我听课之后当即评课，我都视为绝佳学习、锻炼机会，丝毫不推，欣然接受。

果然，两年半后（2003年10月）我代表台州市，出现在浙江省第五届小学语文教学大比武的赛场。你说这是不是一件很神秘的事情？我有一种做梦的感动，觉得有不可思议的感觉，那位给予我莫大信心的女教师是不是命运的特使呢？

借由自己这一段特殊的心理经历，我想告诉年轻的同行。第一，有机会一定要多听课。听课不仅仅是习得教学技术，它还能让你产生一种"见贤思齐"的心理。只有心向往之，才能行随而至。王阳明说的"知行合一""知"包含了心灵的觉醒，包含了梦想的萌发，你觉醒了，有梦想、目标了，你的行动也就有方向，有动力了。你会努力行动，哪怕终不能至，至少也能靠近一些。第二，一个人一定要有自己的教学梦想，并愿意为梦想而竭尽所能，不断努力。要做一个勤奋的"追梦人"，不管梦想最终能否实现，至少我们要全力以赴。记得朱永新先生曾说过这样一番话，他说许多中小学教师因为自己工作的岗位极其普通、平凡，不敢对自己的前途有任何的奢望，渐渐地甘于平淡，最后终究平庸。朱先生是希望一线教师做一个理想主义者，也做一个梦想主义者，他要告诉一线教师，"你选择，你喜欢！""一切皆有可能！"

第三，一个教师在自己的专业成长之路上，需要有重要他人给予激励、唤醒和鼓舞。尤其是像我这样，工作前九年都待在宁静而沉寂的乡村完小，虽然过着像桃花源一样纯净、安然的教育生活，虽然我也尽心尽力地教好每一个学生，但是试问，如果没有骨干培训，如果没有区级教研会上的评课发言，如果没有省级赛场上那位陌生教师真诚的期待和认同，我能走到现在这个地步吗？答案肯定是未必。

所以，我们如有机会外出听课，如有机会参加各级培训，如有机会获得他人肯定、赞赏，是幸运的。对于现在的我来说，有机会为年轻教师提供培训、展示机会，有机会给予他们表扬、肯定、赞赏和鼓励，那自当不遗余力！

我希望我的故事，能够得以延续。

"周游"各名校

区小学语文骨干教师"学导双师型"培训模式，非常有创意。二十多年来，这一模式扎实、有效地锻炼和培养了一批椒江小学语文优秀教师。

2000年5月至6月间，林赛君、刘亦农两位班主任老师发起"优秀骨干学员夏季巡讲行动"。他们在八十多位骨干学员中精心挑选出十几人，作为"小学语文教学技能和素养巡讲员"，到全区各小学进行专题讲座。对骨干学员来说，既是挑战，又是机遇。说是挑战，因为派出去巡讲的学员多了一重身份，是区里的讲课专家。既然是专家，讲课的要求就高了，别的不说，单时间就至少要讲1个小时以上。这对于很少甚至没有做过专题讲座的学员来说，难度较大。说是机遇，这是一次极其难得的自我锻炼和学习机会，同时也是学员展示自我水平的一个重要平台。

选拔之前，林、刘两位班主任老师对全体学员做了精心指导。先由学员根据列出的讲座专题，自主选取主题，做好充分准备。然后分小组试讲，由组员选出优秀者。接着，组内优秀者在班级里试讲，再考虑是否入围。入围之后的学员，继续进行强化训练，由两位班主任导师精细指导后，再到指定学校开展正式巡讲。期间准备的过程相当繁复，可以说是精雕细琢，目的是确保质量，维护骨干教师良好形象。

经过一番"过关斩将"，我幸运入选巡讲团。更让人激动的是，我被两位老师"特别照顾"，委以重任。他们安排我先后去三所城区第一层次名校讲座，分别是区实验小学、人民路小学和区第二实验小学。那天的骨干培训活动结束后，林老师和刘老师特地把我叫住，郑重其事地告诉我，这次的巡讲活动一定要认真对待。我能懂得他们这样安排的良苦用心，他们希望把我这位来自乡村完小的"山野之人"推介出去，主动展示自我。希望我能被这三所学校的领导了解、相中，然后把我调入城区学校，在语文教学之路上好好发展。所谓良禽择木而栖，良师择校而事啊！林老师语重心长地告诉我："一个人目前在哪里，不重要。要看到自己今后的发展方向，接下来要往哪里走？怎么走？你放心，只要努力进取，城区校长一定会争着调你到他们学校。"刘老师也大着嗓门对我说："到时候不是你自己想不想调的问题，而是城区校长会请你去。你相信我说的话！"好老师总是给予学生很高的期望价值，我就是罗森塔尔效应最真实的受益者。

林老师和刘老师安排我到三所学校讲三个主题，分别是《教学语言》《教学板书》和《教学设计》。

第一站，我先到人民路小学讲《教学语言》。那天上午，我骑着摩托车，开进人民路小学大门。在第一幢楼前，我把车停稳，正准备拿下头盔时，隐约听到有人在喊我的名字。连忙摘下头盔，清晰地听见，确实有人在叫我，声音来自头顶上方。抬头一看，三楼阳台上站着赫赫有名的张学球校长，是他在呼唤我！我连忙应道："张校长，是我！""好！我马上下来！"张校长一晃，消失不见了，紧接着，耳畔传来一阵跑楼梯的声音。等我从摩托车上下来，把头盔在一只观后镜上放好，人刚站定之时，瘦长、峻拔得像一棵大树的张校长，带着智慧、亲切的笑容，出现在我的面前。

张校长和我热情握手，开口第一句话就是："黄吉鸿，我知道你，很优秀的小青年！想不想到我学校工作？"一向籍籍无名来自乡村的我，今日竟然受到名校校长如此直率、真诚、主动的邀请，我真有一种"受宠若惊"之感。"当然愿意！能到人民路小学工作，求之不得，我原先想都不敢想。谢谢张校长！"张校长听了，非常高兴。他询问我的相关信息，得知我已经评上星级教师，他自信而果断地告诉我："这样更没有问题！只要你愿意来，下学期我就把你调到人民路小学。我们非常欢迎你！"然后，他一本正经，压低声音，仿佛怕别人听见似的，特别叮嘱了我几句，意思是我们今天的谈话就是君子协定，说到做到。工作调动的事由他来负责落实，如果其他学校也提出要调我过去的话，我必须予以回绝，信守承诺。我当即表示，君子一言，驷马难追，一定恪守诺言，绝不反悔和变更。

在我准备去一楼阶梯教室讲课之际，张校长再次一脸严肃，带着一副神秘的表情，极其认真地对我说："还有，今天我们两个人的约定属于重要秘密，你不得告诉任何人。"我用力点点头，请他放心，我会保密。然后，我就给老师们做讲座去了。

从那天起，我的心头就有了一个温暖的秘密：下学期我将直接从村小调到城区名校人民路小学工作了。我的心头充满了期待，这种期待化作了一股巨大的力量。那年我在村小正带着一个毕业班，我更加用心地教他们，更加开心地和我的村校同事们相处，因为我知道，下个学期我就离开这所学校了。在这所学校的四年时光，给我太多美好的记忆。而我终将离开这里，内心自然依依不舍。

我悄悄地享受着属于我的幸福。我真的做到了守口如瓶，谁也不告诉，就连如此关心我的林老师和刘老师，我也没有告诉他们。

我去的第二所学校是区实验小学，讲《教学板书》专题。这一次，有同组骨干学员一起参与。我在上面讲，他们坐在下面听。实验小学陈凌峰校长也在，陈校长是非常有名的语文老师，他亲临现场，让我未免有点紧张。好在我准备比较充分，讲座顺利地进行。准备离开时，同组一位骨干学员惊喜地告诉我："陈凌峰校长可能想把你调到实验小学来，你小子要交大运了！"我闻听，不由一惊，没有回答。我马上想起自己和张学球校长的约定，不能再有另外想法。感谢陈校长，我已经答应人民路，就不能选择育才路（实验小学的另一名称），面前有两条路，只能选择一条路。赶快撤，免得陈校长等会儿找我谈话，我不知该怎么回答。匆匆和那位骨干班同学打了个招呼，我就骑上摩托车，一溜烟地跑了⋯⋯

估计那天陈校长临时有事离开了会场，否则他肯定会把我叫住，和我谈调动的事。因为，在接下来的六月份和七月份，陈校长专门打电话给我，诚恳地邀请我下学期到实验小学工作。我因为心里有"鬼"，在电话里只能遮遮掩掩，支支吾吾，既不能拒绝陈校长的一番好意，又不能明说自己已有约定。后来，陈校长派出两个副校长做说客，多次打电话甚至上门劝导，做我的思想工作。见我仍不答应，陈校长真诚地许诺我一些附加条件，比如：可以让我当学校的中层领导啦，省级课题让我参与一起做啦，职称评定可以优先考虑啦等。

无论两位副校长怎么地"晓之以理，动之以情"，我依然不为所动，因为我必须信守承诺。我不能见"利"忘"义"。最后，实在被逼得没有退路了，我只得婉转地告诉他们，我已和另外一所学校"签约"，我不能毁掉约定，否则就是一个不讲信用的人。他们闻听，惊讶地问我，到底和哪所学校"签约"了？我的回复是"不方便透露"。他们一个劲地向我劝说，告诉我区实验小学是最好的学校啊！我笑着回答："确实最好！但可能还有并列好的学校，谢谢你们！"从我的回答中，他们大概已知我要到哪所学校去了。也只得作罢，只得长叹一声，不再联系我了。真心感谢他们对我的信任和器重！

六月的一天，我接到林赛君老师打来的电话。在电话里，林老师认真而急切地问我："你后天要到实验二小讲《教学设计》，是吗？""是的。""那你一定要再次充分准备，这次讲课可能对你很重要！"原来是这么一回事，林老师告诉我，后天我去讲课的时候，第二实验小学吴宏保校长、於阳春副校长都会到现场试听。如果他们对我的讲课满意，很有可能就把我调到他们学校去；反之，如果我讲得不够好，他们不满意，摆在眼前的机会就会失去。因此，这次讲课其实等于是一场面试，我必须高度重视。

林老师又特别提醒我:"於校长说,讲课结束以后可能要留你一起吃饭。会在饭桌上和你谈工作调动的事。你事先有个准备。"下雨天,留客天,"天留我不留"?那天如果留我吃饭,说明要调我;如果不留我吃饭,说明不调我。大概率上讲,他们留我吃饭的可能性更大。怎么办?事情都到这份上了,我再不告诉林老师自己和人民路小学"签约"的事,是不行的了。我想了想,把自己和张学球校长"签约"的事,一五一十地告诉了林老师。电话那头,林老师听了,非常高兴。她马上告诉我:"既然这样了!你那天讲课结束后,如果学校留你吃饭,你见机行事,要找个理由推掉於校长的邀请。"我心里有数了。

那天在第二实验小学讲课,吴校长、於校长都在现场听。结束之后,他们笑着走到我面前,热情地邀请我留下吃晚饭。我既感激又难为情,不管两位校长怎样挽留,我都婉言相拒。然后,匆匆道过谢,骑上摩托车,赶紧"落荒而逃"……

每当回想起这些往事,我的内心感慨无比。在成长的道路上,有这么多的良师赏识我,帮助我,关心我,肯定我。他们的厚爱和器重,像一阵强劲的风,似一股巨大的洪流,鼓荡着我,推动着我,不断向前,向前……

幸运遇严师

说句实话,一开始让我参加"台州市知名专家工作站",开展为期3年的学习活动,我还不是很愿意。主要原因在于,我刚对小学语文教学有了一些感觉，或者说渐渐地找到了一点门道。说渐入佳境也好，确定了研究方向也罢，一句话，我是越来越觉得语文教学如同一座高耸入云的山峰，如今自己在山路上走了相当长的一段时日。向下，依然可以清晰地看见山脚。向上，却云遮雾绕，不知顶峰在何处。但对我而言，充满无限向往。我渴望在接下来的日子里，尽可能地在这座山峰上走得远一点，再远一点。

可现在，要参加一个以"如何更好地做好教师培训工作"为主题的学习团队，成员是台州各县（市、区）教师进修学校的负责人或者是副校长（主任）。我觉得自己的精力肯定又要分散相当一部分，就向领导请求，能不能换一个人去？领导说已经决定了，让我认真参与学习。还特别告知我一个重要信息，"市里对这家工作站非常重视，领衔人严华银教授是国内非常有名的专家，机会难得，好好学习。"

"严华银"，一听这个名字，我的心头怦然一震，似乎在哪里看见过？好奇之下，上百度一搜，天哪！此人不得了！头衔一大串，发表文章数百篇，出版专著几十本，江苏镇江人，教育经历极其丰富，先后担任一线教师、校长、市教研员、市教科所、省教师培训中心主任、国家级教师培训项目首席导师等。更让我佩服的是，他是全国著名的高中语文特级、教授级教师。获悉自己要跟从的师傅原来如此厉害，我之前的不愿意全部化作了幸运、期盼和感激。感谢市、区两级教育局及教师培训部门的良苦用心，为我们搭建了一个绝佳的学习平台。

2020年12月12日，"台州市严华银名家工作站"隆重启动，我们10位来自台州各地的弟子从此开启了师从严帅的幸福学习旅程。在接下来的一次次学习活动中，我们深度感受到严老师学识、人格上的巨大魅力，大家对他真是佩服不已。

严老师有着怎样的迷人魅力呢？

一、突然的智慧

严老师的即兴点评功夫，令人拍案叫绝。工作站的学习模式是下沉到学校一线，或是高中、初中、小学、幼儿园，或是教师进修学校（教师培训部门），先进行现场文化考察，听取专门汇报，召开师生座谈以及课堂教学观摩。接下来我们学员分组讨论，再集中反馈，由严老师点拨。等一切程序完成之后，最后一个环节，是向所在学校（单位）领导班子、教师面对面反馈。

反馈环节，非常庄重。先由我们学员代表发言，对学校的文化理念、办学思想、管理方法、课程建设、课堂教学及教师队伍建设等全方位展开谈自己的印象，并提出一些真诚的思考、建议和困惑。最后，请严老师作高位指导和智慧引领。这也是最激动人心的时刻，所有人都全神贯注地聆听，生怕错过精彩内容。

这绝不是恭维严老师。你想，最能考验一个人真实水平的方式是什么？是现场的即兴点评。一天的学习内容安排得满满当当，基本上没有思考、梳理、提炼的时间，听了、看了、感受了之后，马上要指出人家的做法好在哪里？不好在哪里？还要提供建设性的意见和建议。关键是人家听了之后，真觉得你讲得好，讲得对，讲得很有味，有一种茅塞顿开、醍醐灌顶之感。可以说真是难啊！

严老师做到了！而且不是一次，是每一次，每一次他都给我们带来了无限强大的智慧冲击和惊喜。不妨举几个例子：

在天台县石梁中学考察，严老师对这所学校的校训谈了自己的思考。他说："校训代表着学校核心价值观，重点解决'培养什么人'的问题。要有境界，可以从家国层面考虑，可以联系天、地境界。"他以广东中山纪念中学的校训为例，"祖国高于一切，才华贡献人类"，让我们明白校训的重要意义所在。

然后，他由"石梁"两字，巧妙地展开了分析，指出"石"是发展之基，夯实基础；"梁"是发展目标，成为栋梁。最后，他给这所学校的建议校训是："做基石，成栋梁。"所有人听了，都豁然开朗，欣喜无比。仔细咀嚼这六个字，真觉得有一种妙不可言的境界！严师，厉害啊！

临海河头镇中心校环境极美，学校树木葱郁，满目花草繁茂，再加四周群山耸立，一溪如带迂回而过，真有一种世外桃源之感，是读书的绝妙场所。我们跟着严老师沿着校园漫步，边走边看，纷纷感叹如身在画中游一般。走了一圈，严师在一棵树下停住脚步，神情庄重，稍加思索，说了这样一番话："学校绿化相当之好，但是，你们看，随之而来的是，学生无法到绿化带中去玩耍了，因为密密麻麻层层叠叠的绿草碧藤繁花已占据空间，人无法经过。这些绿化仅作为一种摆设，学生只能远观而不能近玩。"他建议学校适当对这些绿植进行"裁剪"，留出空间，让学生课间能够亲近树木花草，融入绿色自然。我们听了，暗暗赞叹。

　　等到得涌泉中学，同样是环境清雅之地，漫山全是绿色，遍野都是碧畦。我们随严师一起走到学校的东面，一道石墙壁立眼前，把学校和自然生生隔开。从我等角度来看，这样做，不受外界风景干扰，学校会更加安静。但是听了严师一番话，我们立刻明白自己的短视和浅薄。严老师说："从传统道家思想来说，道法自然，大自然是无言之师。亲近自然，和自然对话，会让我们有很多启发。从近代教育思想来看，苏联著名教育家苏霍姆林斯基把大自然称为'思维的教室'，经常带学生到大自然中去走一走，转一转，甚至住一住。从当下教育的现状来看，我们和自然太过疏远了。有些学校出于安全考虑，竟然连春、秋游都取消了，平时学生忙于学习，特别是中学生，更是难得有时间到旷野上、山林中、田园里、水池边一走，远离大自然是不对的。"临了，他又笑着说了一句："别的不说，我们都说'紫气东来'，那总得打开门窗，让这股生气、吉祥气能吹进校园啊！"他建议学校把这个严实厚重的石墙拆建为格栅、通风、透气，能够观景的空灵式围墙。我们觉得极有道理。

　　在黄岩北城中心校，这所学校的一大特色是"寓言"创作。严老师指导他们如何在传统和现代、继承与发展之间做好衔接，他高屋建瓴地指出，一所学校最成熟的标志是课程建设。他建议学校尽早建立属于自己的校本课程体系。他甚至当场拟定了名称——《以寓言为重点的阅读与创作（双语）》课程，希望学校上至校长，下至每一位教师，都必须明确这一门课程的意义和价值，思考课程的内在本质，究竟要教给孩子什么？然后再因地制宜，因校制宜，不断开发课程资源，要有专门的寓言创作场地等。最后他强调这一课程的教学实施，一定要让学生自主阅读，在他们广泛阅读之后，再跟进教师在写作上的专业指导。

那天，从北城小学出来的时候，已是秋夜7点左右。夜色已深，而每个人的心头却亮。抬头看夜空，分明看到了北辰高挂。坐到车上，大家才觉饥肠辘辘，不由得无比感慨，严师不正如那颗夜空中最亮的北辰星吗？他用智慧指引着我们不断前行！

二、过人的识见

和严老师交流，或者听他说话、讲座，每次都让我们觉其学养之丰，见识之广，累积之厚。

人文学科的学识自不消说，文学名作、经典文章的引用自是不在话下，严师文字功底极其深厚，所写文章沉郁顿挫，笔力千钧，深情却又洒脱，温润然而深刻。《论语》《道德经》《庄子》等传统文化典籍，他更是熟读深思，内涵自知。在讲座或谈话中，时不时地，他引用一句，背出一段，加以佐证，极是精准，甚为精彩。

都说文史哲不分家，严师在历史、哲学上有着同样精深的积淀。他推荐我们多读一些科技类、哲学类书籍，希望我们学会理性思考问题，辩证看待事情。他曾专门给我们作过题为《教育变革，理性何为》的专题学术报告，在报告中他从世界发展的现状，科技变革的未来，国内、外教育变革的趋势，谈及一线教师、校长如何更好地在新一轮教育变革中实现自我价值。他让我们读《像哲学家一样思考》，读《科技创造未来》，读维克多·弗兰克尔的《活出生命的意义》。他给我们讲任正非的创业史，讲华为的核心理念，深入浅出地分析华为的企业精神，讲"向上捅破天，向下深扎根"这一思想对于我们所有人自身在专业发展、生命成长上的重要意义。

严老师也一再指出，在这个科技迅猛发展的时代，网络一方面带来了人们交往、生活、学习等方面的便利、轻捷，另一方面也造成了少部分人的虚无、浮躁和轻浅。他一再提醒我们，任何时候都不要忘记教育的初心、使命，不仅仅是为了发展个人，更重要的是为了整个国家、民族的更加强大和伟大复兴。

严师的理性思维、理性目光、理性思想给予我们的冲击力是巨大的。从他身上，我们看到了思维和思想的力量！后来在一次交谈中，我们从严师口中得知，在学生时代，他的数学成绩同样拔尖。缜密的理性思维加上深厚的人文底蕴，理性和感性的双弦琴鸣，弹奏出动人的生命乐章，智慧和情怀的两条河流，流淌出开阔的人生风景。

严师既给我们生命的火炬，又给我们思想的冰块。在冰与火的考验中，我们一次次觉醒，一次次奋起，汲取力量，不断前行。

二、温润的灵魂

严师在治学上极其严谨，工作室的每一次活动都安排得非常严密、周全。三年来，我们的足迹遍及台州各地，跨山越海，城市乡村，走进中学、小学、幼儿园及进修学校。为了开阔我们的眼界，提升我们的境界，严师又精心安排我们参与国家级项目培训，组织我们去苏州、常州、池州学习，每一次都收获颇丰。他要求我们坚持阅读，热爱阅读，努力追求深度阅读，要求我们经常写作，把思考、思想化为文字、文章。有时候要求确实严格，态度相当严肃。

然而，严师更有一颗极其有趣的灵魂。在不探讨学术，不讲求学习之时，他没有一点架子，倒是经常和我们开开玩笑。

白天，我们工作室忙于学习，是没有时间聊天的。何况，有时候晚上我们也在紧张地培训。不过，还是有几个晚上，和严师在一起聊天，极为有意思，极是难忘。

在临海安基山顶，有一晚，我们师徒十多人，围坐在露天小木台上。是夜，凉风习习，夜幕如蓝，星辰满天，月亮在白莲花般的云朵里穿行，严师给我们讲他自己成长的趣事，讲他父亲的往事，讲他母亲的故事，讲到动情处，声音低沉，一脸深情。我们静静地听着，默默地想着。这场景，很容易让人联想起孔子和弟子坐一起谈天说地的情景，只不过，我们这些弟子显得愚鲁了一些。

严师如兄长，知心把话讲。我们明白，严师作为过来人，他给我们讲这些事情的用意。在生命的夜空里，他希望我们争做一颗闪亮的星辰，即使不是最亮的那颗。

那晚，我们坐在高高的山顶，听严师讲那过去的事情。夏夜的风轻轻地吹，抬头望，北斗星正静静地垂着。正前方的山谷里，灯火灿然，仿佛有人把一堆铁花，撒向那里，在黑夜中，显得更加明亮。

严师望着这山谷里的灯火，他的眼睛也像灯火一样，在黑夜里闪烁。他语重心长地告诉我们："你们知道吗？古时候，很多人一辈子就生活在闭塞的山谷里，过着日出而作、日落而息的农耕生活。但是，一部分人在耕作之余，还会努力读书。这就是中国传统的'耕读传家'文化。"他深情地告诉我们，很多优秀、伟大的作品就诞生在偏僻、寂静、闭塞的山谷村寨、荒郊野外。

我们听懂了严师的话外之音、言外之意，他是在提醒我们，在当下这个最好的时代里，在灯火灿烂的日子里，要想在事业上有所收获，还需要做到一个"静"字。安静不浮躁，寂静不喧嚣，幽静不纷扰，宁静自逍遥。他希望我们能够像大山一样沉稳，像夜空一样深邃，像溪流一样流淌，然后才有可能像星星一样明亮，像灯火一样灿烂，放射出自我的思想光芒。

严师是这么说的，也是这么做的。他身体力行，在学术的原野上，像一架尖利无比的犁铧，东奔西走，翻卷出思想的沃土。他不但在学术、思想上引领我们，在人生规划、为人处世、人格磨砺等方面，同样深深地影响着我们。

每次工作室里有学员换了新岗位了，取得成绩了，严师都发自内心地高兴，真挚地表示祝贺。有几个学员回归一线担任校长，接受全新挑战，严师就带领工作室全部人马进驻他们任职的学校，下沉课堂，深度调研，为其学校发展把脉问诊，提供智力支持。在全校教师集中一室的反馈会上，严师更是倾其智慧、真情，全方位肯定这名新任校长的学员，告诉相关学校的全体教师，一定要相信在新校长带领下，这所学校定有更加美好的未来。这让我们所有学员都感动不已。严师就像亲切的兄长一样，给我们以无限深情。某一次，在一学员新上任的学校，白天听课、讨论了，晚上把学校全部教师集中起来听取反馈。严师带领工作室全体学员，一起在主席台上就座。这一阵势，更是工作室前所未有，这让台下这所学校的全体老师为之震撼。严师是用心用情来为学员站台，希望他们做得更好！有学员在生活、工作上遇到困难了，他听说后，主动打电话关心，并询问需要什么帮助。这份浓浓的情谊，让人温暖和感动！

遇见一位好老师，是多么幸福的事！我很庆幸，在教育生涯的重要时刻，遇见了严华银教授。我崇拜他，学习他，我要努力学到他的一部分，尤其是他为人的品格，为学的精神，让自己变得更好！

严师好读书

秋日，在师傅严华银带领下，我们来到东海之滨温岭的一所小学，开展实地调研、考察。

在辽阔无垠的大东海映衬下，箬山小学就像一汪清泉，静静地躺在礁石的怀抱中，安静，清澈，散发着独有的清新气息。就在这次活动中，一个看似不经意的细节，深深触动我。

那天中午，在箬山小学食堂吃了有着地道风味的饭菜，我们在二楼会议室稍作休息。靠在温软、厚实的皮椅子上，空调送来凉爽的风，我们一个个昏然欲睡。隔着宽大的会议桌，严老师坐在斜对面，也靠着椅子，不说话。我们礼节性地和严老师打了招呼，意在提醒他辛劳了一个上午，下午还要继续讲学，趁中午时间，好好休息一会儿。严老师干脆地回了声："没事！好的。"

我们在昏沉中，睡去了。十几分钟后，在蒙眬中，我听到有人轻敲会议室的门。扭过头，透过窗玻璃，看到一个孩子的半个身影。他站在门边上，略弯着身，手上似乎抱着东西。我站起来，轻轻走去，扭开了门。一个四五年级模样的男孩子抱着一叠半尺多高的《英语作业本》，正一脸犹疑地看着我。我压低声音，指指会议桌，问他："是要放这儿吗？"孩子一边点头，一边小声应了声："嗯！""好的，我来。"我从孩子手中接过本子，蹑手蹑脚地走了几步，把它搁置在会议桌的一角。那孩子很懂事，掩上门，像小鱼一样，悄然游走。我怕影响到严老师休息，悄悄地瞥了一眼他坐的方向，他静静地斜靠在皮椅子上，略微低着头，垂着眼，两手应该放在膝盖上吧！似乎也睡着了。我也没在意，准备回到位置上继续小睡。

就在把目光收回来的那一瞬间，我分明觉察到严老师的头稍稍抬了一下，他的眼睛在盯着桌子下面的什么东西。严老师没睡？我马上反应过来。那他在干什么呢？读书，我做出第一判断。沿着会议桌的边角，我悄悄地踱到和严老师一侧平行的一端。定睛一看，确实没错，严老师是在看书。他两手捧着一本打开的书，轻轻端放在两个膝盖上，极其专注地看着。正因为那样专注，所以我们从对面，隔着会议桌看，还真以为他也在休息呢！

我悄悄地退回到位置上，坐下。心却像不远处的海面一样，不平静了。

自2020年12月认识严师以来，历经十多次工作站培训、学习活动,师傅严华银带给我们众弟子一次次震撼,一次次冲击。严师为人谦和、正直,学识渊博、深厚,表述清晰、理性而不失生动、幽默……对我们来说,每次工作站的学习活动都是一种享受,如沐春风,如吮甘霖,如电光石火划亮暗夜,如长风冷雨涤荡荒原,如智慧法师当头一记棒喝,让人顿悟豁然。尤其是每次深入学校一线参观、听课后的现场诊断,在根本没有任何准备的情况下,在极其短促的时间之内,严老师都能切中肯綮,一语中的,在如庖丁解牛般深入剖析之后,又能立即给出充满灵性、智性的高品质建设性意见和建议。令相关区域的教育部门领导、学校校长、一线教师以及我们工作站所有弟子深深折服,叹为观止,如痴如醉,不停回味。

有好几次,我们弟子在深深佩服严老师水平的同时,又暗暗在想:严老师如此精醇、深厚的功力是如何炼成的呢?应该是见得多,读得广,思得深,写得博这些因素吧!继而,我们又在思考一个问题:严老师身兼数职,讲学、指导、工作等事务繁多,经常如空中飞鸟往来全国各地。每到一地,主办方觉得机会难得,如此名家,当让其多作贡献,过了这村,没了那店,下次再请,实属不易。于是,专题讲学、实地指导、现场诊断、主题研讨等各种学习方式齐齐进行。严老师往往忙得连休息时间都不够,他还哪来的时间阅读、写作呢?有几位弟子曾经"望师兴叹",说严老师这样的大家是钢铁铸成的。有一位弟子曾发出幽默言论:"如果让严老师过飞机、高铁安检,说不定会发出警报声呢?"问其为何?这位仁兄一脸庄重、严肃地说:"严老师有着钢铁一般的学习意志,他本身就是一块钢铁啊!"闻之,我们大笑;随之,默然。心头充满了对严老师的无限敬畏和深深崇拜。

这一回,偶然间,我亲眼见证了严师如此好学这样一个事实,从一个平凡的细节中,我看到了一个名师名家无比广阔的精神世界。连这样一个本该作简单而必要休息的时间里,严老师都争分夺秒、见缝插针地看书,何况平日里的其他时间呢?那天中午,大家休息结束后,我特地向严老师讨教并深入了解。他那天读的书是《张居正和万历》,因为之前他读了《张居正传》。他的包里任何时候都必然至少藏着一本书,以便即使外出时,也能确保随时随地有书可读,享受阅读。

可以预想,坐在呼啸奔腾的高铁上,严师手不释卷,静静阅读,意绪如脱缰野马,任意驰骋,思接千载,视通万里;或许,他打开电脑,宁然端坐,调动慧思,敲打文字,如同一位久经沙场之将军,指挥千军万马,笳鼓齐鸣,列阵出击。铿锵激越声里,一篇高质量文章,一挥而就。或许,在穿越云层的飞机上,严师一边阅读,一边沉思,他从思想的天空俯瞰现实的大地,用一双深邃、智慧的眼眸,用一颗仁慈、素朴的心灵,满怀关切地回望教育的家园,时而微笑,时而严肃,时而欣慰,时而忧伤。他的言说里,对个别地方某些不当教育行为,常伴有深深的叹息。这一切,只因他深深地爱着这片火热的土地。他读得深刻,读得广博,每次聆听他的真知灼见,那广博磅礴的信息量如强劲天风,从海上迅疾而来,让我们清灵、觉醒。他的讲座深入浅出,通俗易懂,却拥有山海的高深辽远厚重。或许,在每一个晨昏,严师一人一书一电脑,一茶一笔一世界。他身体力行,深度实践着六百年前钱塘骄子、大明英雄于谦所说的"书卷多情似故人,晨昏忧乐每相亲"的读书境界,享受着学习带来的无限乐趣。

严师因厚积而薄发,因博观而约取,他用实际行动告诉我们,时间就像海绵里的水,只要愿意挤,总是还有的。

《三国志·魏书·董遇传》里,记录了"当以'三余'"读书的故事。董遇刻苦好学,无论采摘还是挑担贩卖,都常常带着书,一有空就读。有人问董遇:"我也想读书,但苦于没有时间。"董遇怎么回答呢?他说:"应当利用'三余'时间学习。即:冬天是一年之余,夜晚是一天之余,阴雨天是好天之余,利用好这'三余',你就会有时间了。"

现在看来,还要加上一句:午休、乘车、坐飞机等都是工作之余,皆为生活的边角料时间,我们如果像严师一样,充分加以利用,定能过得更加踏实,活得更加精彩!

我们都知道北宋欧阳修的"三上"一说:"余平生所作文章,多在三上,乃马上、枕上、厕上也。"却可能有所不知,欧阳修实乃受到其上司兼老师钱惟演的深刻影响。钱惟演曾对欧阳修说过这样一段话:"平生惟好读书,坐则读经史,卧则读小说,上厕则阅小辞,盖未尝顷刻释卷也。"

"盖未尝顷刻释卷也",一定是这句话,深深触动了当年的欧阳修。是的,人生当勇猛精进,惜时如金,生无所息。今日,师傅严华银"箬山午读"这一细节,深深打动我。我想告诉各位师兄弟,也想告诉所有立志在教育之路上行之愈远的年轻人,见贤当思齐,师傅能做到,弟子当效仿,虽然不能至,吾心向往之。

梅贻琦先生说:"学校犹水也,师生犹鱼也,其行动犹游泳也,大鱼前导,小鱼尾随,是从游也。"师傅在前走,我们随其后,跟随师傅,快乐学习!不负师恩,一路向上!

深深地感激

在我有限的校长生涯里,我的价值观是:教师第一,学生第二。这不是说我不关心学生,不尊重学生。实际上,我把教师放在第一位,就是在重视学生和为了学生。一所学校,只有教师发展了,变得更优秀了,学生才能享受到更优质的教学和更智慧的教育。

校长的责任、使命和担当,就是想方设法把教师工作和学习的热情调动起来,把全体教师团结起来,心往一块想,力往一处使,拧成一股绳。如果能够做到这样,学校就更充满活力和希望。

2016年2月，一到海门小学，我就给每位教师送上1本自己写的教育随笔集《语文漫笔》。副校长一看，120多本，价值4000多元，建议我通过新华书店来销售，报销回去。我婉拒了，告诉他们这是我的心意，权当见面礼。否则，新校长一来就推销自己写得并不怎么样的书籍，老师们会怎么看？人生在世，钱很重要，但绝不是最重要的。"衣沾不足惜，但使愿无违。"精神第一，物质第二，陶渊明的人生观，我非常推崇。他写的另外两句诗，"多闻素心人，乐与数晨夕"也令人印象深刻。"素心人"确实是一种人生境界，但恐怕我们这些凡夫俗子很难抵达，那就尽力而为，用一生的时间修炼吧。

　　我们都以为物质和精神是两个有所对立的层面，实际上不是。我们也都以为那些商人、企业家都是把利益看得很重的"功利"之人，而在精神层面上少有追求，其实也不是。

　　红太阳汽贸集团老总王于康先生就是典型的代表。2016年3月，我在参观一所学校时，得知他给这所学校捐款的事迹。当即思考，王总的公司在海门小学所在属地，而且他是海门小学学区内的原住民。回到学校后，竟然获悉，王总当年的小学班主任竟然是现在海小的王仙法老师。我就把想找王总捐款一事，和王仙法老师商量。王仙法老师非常热心，当即表示自己先去和王总沟通一下。未过几日，王仙法兴冲冲跑到办公室，说王总很爽快，这事可以考虑，具体让我到公司和他面谈。

　　过了几天，我和副校长、王仙法等一起到红太阳汽贸集团拜访王总。一见面，就觉王总身上有一股侠义气质，精干朴实、豪气正直。他快人快语，没说两句，就表示完全可以支持海门小学办学。那天下午，我们边喝茶边聊天。王总愉快地决定，接下来的三年中，每年捐助海门小学人民币10万元。具体如何使用，由学校自行决定。我当场表态，这10万元一定用在对海门小学发展的事业上，决不随便乱用一分钱，到时一律以正式发票到红太阳公司报销。当天晚上，热情的王总邀请我们在他公司食堂吃饭。就这样，跑一趟，说几句，人家就给你送了30万元，还请你吃饭，你说能不感动吗？

4月份，由于我个人身体出了状况，住院1个月。等出院后，又恰逢"六一"慰问等重要事宜，就把这事给搁置在一边了。暑假期间，王总主动打来电话，说今年的10万元赞助金让我们想办法用掉。我仔细想了想，学校活动越来越多，教师整体形象自然重要。如果给全体教师每人制作一套校服，每逢重大活动，教师统一着装，更能体现海门小学良好精神风貌。再说，这样做也会一定程度上提高教师工作积极性，增加集体凝聚力，岂不两全其美？我把这个想法在班子会上一说，大家听了都表示赞同。当即安排工会和后勤线一起落实预算及服装品牌、款式等事项。不到几天，经过一番实地考察，并在学校微信群里进行集体讨论、商议，决定为全体教师每人购买雅戈尔西服1套，衬衫2件（长短袖各1件）。再次经过集体磋商，选定蓝色为教师校服主体颜色。男、女教师的西装均为蓝黑色，典雅中显出庄重，和职业身份很吻合。长、短袖衬衫则是淡蓝色，如天空一样，又像大海一般，悠远中散发出一种宁静的气息，温润中体现出一种刚毅的韵味。这一切都和海门小学的名字、内涵高度和谐，而且这一种颜色又适合各年龄段老师穿着，大家一致通过。负责购买的几位老师和销售人员一番讨价还价，另外赠送男教师领带1条，女教师蝴蝶结1个。总价控制在10万元以内。一切停当之后，我再和王总电话沟通，说了这件事。他豪气表示："就这么定！"拿来衣服后，钱由红太阳公司直接打到雅戈尔椒江专卖店的账户。

　　不久，全校教师就穿上了定制校服。海小教师原本就有的朴素气质，又增加了几分儒雅谦和。接下来，参加重要活动时，大家着装一致，气氛更加庄重，整体感更强。老师们走在校园里，蓝色的身影和灰色的墙、绿色的植物以及青灰色大理石的地面相互映衬，这番景致，看上去是如此清新、明净。

　　而这一切，都要感谢王于康先生。他的公司名为"红太阳"，确实像太阳一样，给学校，给区域教育带来了温暖。在这个美好的时代里，那些艰苦创业、努力搏击商海，致富之后又不忘热心公益事业，主动捐款捐物的企业家，令人肃然起敬。他们身上具有的坚毅、豁达、热情、豪气，正是我们教师群体需要认真学习和努力践行的。的确，从王总这样的企业家身上，我看到了自身所缺乏的一种大气和洒脱，一种超然和淡泊。

受人滴水之恩，当以涌泉相报。拿什么来回报呢？正好海门小学一直以来坚持足球特色学校建设，拥有一支非常优秀的男、女生足球队，特聘校外专业教练负责训练。对了，就以王总集团的一家下属子公司名称冠名——"海门小学修车仔足球队"。这是一种知恩图报的举措，同时，也让全体足球小队员们学习企业家商海搏击，不惧风浪，勇立潮头，奋勇争先的高尚精神，奋力征战球场，最终笑傲群雄。那几年，海小足球队一路披荆斩棘，突出区内重围，杀进市级赛场，一举拔得头筹，代表台州角逐省级比赛，最终夺得第五名的历史最好成绩。"修车仔"的品牌传遍了省内，我们也倍觉欣慰。这是对王总豪侠之风、菩萨之心的最好回报。

在接下来的两年里，王总及时兑现承诺，分别再给予每年10万元的资助。这笔钱被学校用于足球教练奖金发放，用于教师参加区内体育比赛的服装添置，以及用于学校相关办公设备的购买等。总之，我们慎重使用这笔弥足珍贵的经费，绝不乱花一分钱。这是一种尊重，一种敬畏！

三年来，我们不仅仅获得一家公司30万元人民币的捐赠，更是感受到一颗赤诚心灵的温热，一种高尚品质的光辉。我被王于康先生的人格魅力深深折服，原以为有钱的企业家多数是我们通常所说的"土豪"，现在我深刻感受到了他们身上的"豪气"，如果说也有些许的"土气"的话，那这种"土气"绝不是贬义词，而是他们对这片土地以及这片土地上人们的热爱气息。他们的眼里并没有含着泪水，但他们的血管里流淌着热爱的血液，他们同样对这片土地爱得深情。

我深深地感动着，也默默地学习着，什么时候，让我这一介书生也拥有那样的豪气和放达呢？我常常提醒自己，精神第一，物质第二。为人之道，绝不可把物质、名利看得过重。超然物外，又深情热爱自己的事业，热心助人，又积极提升自己的修为。这也是我从王于康先生学习到的重要品质。

自认识王总以来，他经常打电话给我，要我到他公司享受免费修车、年检的待遇。我婉言谢绝。后来，他又让副总打电话给我，我一再表示感谢，但始终一次没去。我和王总打交道，为的是学校，而不能为自己。在王总面前，我哪怕有一点点的自私，也会变得无地自容。

我要让自己变得更好，不为别的，只因为我从王总这样的企业家身上学到了很多。

一个人在生命旅途中，不断地向前走去。他会不断地遇到那些值得自己学习的人，他会停下来，学习他们，然后努力地让自己成为他们。

方远的深情

学校里要放置几块文化石，让校园变得厚重。我和班子成员在校园里一处一处地观察过去，最终确定要放六块大石。其中一块放在学校行政楼前的广场上，作为镇校之石，其余五块分别放置在各幢教学楼之间。

为了进一步验证这样放置是否合理，我让电脑专家、总务主任陈斌制作了效果图，并彩印出来。大家一看，一致通过。

可这些只是"纸上谈石"，这么大的六块石头，需要一大笔资金购买。由谁来出钱呢？向谁去要钱呢？一时间犯了难。向区内、外的好几个校长朋友电话征询了相关石头费用。却也价格不等，有学校的石头来自遥远的外市山区，经载重汽车长途跋涉，搬运而来，光运输就是一笔不小开支。几经打听、盘算，大致的价格心里有了底。

　　转机很快到来。2016年10月，我成为光荣的区党代表。在参加区党代表活动中，我和方远集团副总缪军雄先生同在一组，小组讨论时恰好坐在一起。趁休息的间隙，我向缪总表达了自己的想法，希望方远集团能够赞助海门小学一笔资金，用以购买六块文化石。缪总人如其名，非常豪气、爽快，他告诉我，到时可以陪我一起到董事长陈方春先生那里去请示，还热情地说："我们董事长一直非常热心公益事业，尤其是海门小学，他自己老家的学校。这事估计能成！"我向缪总道了谢，要了电话号码。

　　这次交谈之后，我心里踏实了许多。2017年元旦，我和班子成员一起开车前往黄岩宁溪，寻找心中的六块文化石。为什么要去宁溪找石头呢？出于以下几点思考：其一，大海的源头是溪流，椒江人民饮的是长潭水库里的水，长潭水库的水有一部分来自宁溪，这叫乡土文化寻根。其二，我特别喜欢"宁溪"二字，宁静的溪流，当是生命应然的存在姿态。作为学校、教师以及学生，在这个美好的大时代里，需要像溪流一样，宁静而静静地流淌。其三，宁静的溪水必然滋养出温润如玉的石头，这样的石头放置在校园里，本身就是一种无言的教育，让人亲近之，敬畏之，向往之。其四，还要思考一个运输成本的问题，从宁溪到椒江，虽说有一段路，但毕竟还是台州市内。第五个原因，和我个人有关。我是中师生，上世纪90年代初毕业于浙江省黄岩师范学校，内心深处有着莫失莫忘、不离不弃的黄岩情结。还有，宁溪有我师范同窗好友，到那儿找石头、买石头，不会吃亏。

　　那天，我们一行人在师范好友的陪同下，沿着宁静的溪流，一路找寻。在多处溪石销售点观看、比较，一番精挑细选，最终确定了六块溪石。最大一块重达28.8吨，其余五块大小不等，相对小一些，却也各具姿态，令人赏心悦目。经过和卖石者的一番商谈，最后以10万元的总价谈妥。说是总价，包括把石头用载重汽车安全运到海门小学，并放置在相关位置上的一切费用。

中午，师范好友请我们在宁溪镇的一家风味餐馆吃饭。事已办妥，又逢元旦，心情大好。

在明确购买六块文化石需10万元之后，2017年1月27日，学校工作结束，寒假已经开始，我和缪军雄副总通了电话。他让我下午到方远总部，一起找董事长谈捐款这件事。那天下午，我和副校长陈玲玲、总务主任陈斌一起，开车去方远集团总部。陈斌带上早就准备好的彩印校园文化石放置效果图。

到了那里，缪总带我们一起乘电梯到达位于顶层的董事长室。我们见到了朴实、和蔼，浑身透着智慧的、大名鼎鼎的实业家陈方春董事长。缪总先向董事长作了介绍，陈董亲切地和我们一一握手，并热情地请我们入座。我知董事长忙碌，就开门见山，简洁说明此行目的。陈董听后，非常爽快地说："海门小学对我们方远集团有帮助之恩，而且自建校到现在，不断发展，越来越好。我们要支持！"确实，区委区政府对"四龙企业"非常关爱、支持，每年都会根据实际情况，合理、规范解决相关企业员工子女的入学问题，海门小学有幸成为其中完成光荣使命的学校之一。

随后，我拿出校园文化石效果图，简要向陈董作了汇报。并告诉他，这些文化石的购买、安装，共需10万元人民币。陈董二话没说，拿笔在上面签好字。然后对缪军雄副总说："后续事宜，你来落实。"极是干脆、利落，真是大企业家风范。

短短不到10分钟时间，这件大事就这样轻松、愉快地搞定。我们深深谢过陈董和缪总，内心高兴极了。

在回来的路上，我们不由得感慨："这就是方远集团，这就是杰出的民营实业家，这就是心系教育、情系乡土，台州的山魂海魄气度，在陈董身上体现得淋漓尽致！"

2017年春天的一个美好日子里，那六块大溪石被装载上汽车，从宁静的溪畔出发，迈着稳健的步伐，爬过山坡，穿越田野，走过城市，终于到达海门小学。那一天，对海门小学全体师生来说，是一个重大的节日。看着这六块稳重、伟岸、厚实、坚毅的大石头，从百里之外的青山脚下赶来，从此和美丽的校园、可爱的学子、可敬的老师相依相伴，风雨同在，海小师生们一个个面露欣喜之色。

是的，有了这六块大石头，海小教师的工作作风必将更加朴实，海小学子的学习风气必将更加扎实，我们在这里度过的每一天都将更务实，更真实。

我要告诉海小全体老师和学子，这六块石头是方远集团赠送给我们的礼物。六块石头代表着方远集团对地方学校的无私援助，对莘莘学子的无限期待。海小学子，学必有方，行必致远。厚重大石，来自远方，终将致远。六块石头，一片冰心，万般感动，无限力量！

方远集团对海门小学的关爱还在继续。2019年5月，方远集团为海门小学的二楼报告厅免费安装了分辨率最高的一块LED大屏，价值人民币15万元左右，让这个使用频率很高、可供200多人坐的报告厅脱胎换骨，华丽升级，彻底告别幕布投影时代。

深深感激陈方春董事长，感激方远集团对海门小学的倾情支持和厚爱！海不会枯，石不会烂，六块大石头作证，海小将永远铭记这份恩情！全体师生会将感恩之心化作事业、学业上的不竭动力，把握人生的正确方向，追求远处的瑰丽梦想！

如此动我心

我有过两次当校长的经历。一次在椒北乡村一个校区担任负责人，另一次在城区一所大规模学校任校长、书记。有意思的是，任期均为三年半，结果都是我主动提出辞职请求，每次领导都非常理解并予以支持。

在城乡两校当了七年校长，我多少也算是一个"公众人物"。其实，开始我没有意识到这一点。直到经历了一些事情之后，我才有所感悟，提醒自己，今后在公众场合更要注意自己的行为、形象，免得有熟悉的人看见。

先说第一件事。那时，我正担任乡村一所校区的负责人。某年秋日，桔子像早晨的太阳一样，红了。受一朋友邀约，前往他家摘桔子、吃桔子。车子开到临海境内，离桔子产地愈来愈近时，遇到路堵，走不动了。正是双休日，前往蜜桔产地吃桔子的人和桔树一样多。一时间，公路上车辆如金龟子趴伏，一辆接一辆，甚是热闹壮观。开始还能降低车速，慢慢前行。接着只能如蜗牛般，移动一会儿，停一会儿。到后来，干脆停住，开不了。只得在车里等着，就像桔子在树上等我们一样。等得急了，我就打开车门，走出来，往前走几步探探情况。其余的车子里也陆续有人出来，有人絮絮叨叨，有人骂骂咧咧，有人则阴着脸，沉默不言。毕竟今天开开心心来赏桔、吃桔，心头有无数的期待，甚至可能咽了不知多少次的口水。而现在却车陷堵境，寸步难行，焦虑心情，可以理解。

　　我走过两辆车后，忽然从对面也堵着的一辆车内传出几声欢快的叫声，很明显是当地人的口音："校长！校长！"我刚猜测是不是在叫我时，车门推开，一个四十岁左右的男子出来，冲我挥手，打招呼。"哦？你是——""校长，我儿子在你校读四年级的。你吃桔子去？"我连忙称是。那个家长一听，二话不说，转身从车内拿出一捧新摘的桔子，穿过马路，塞到我手中。"你先尝几个吧，车堵了，正好解解渴。"如此热情，不好推托，只得收下。这一幕引得边上的几个人一脸羡慕。哈哈，当校长还真不错。

　　这么一个小插曲，一下子把我那天堵车的坏心情给冲得烟消云散。

　　第二件事还是跟吃有关。2022年5月，一大早，我到光明路口一家早餐店。四十多岁模样的店主一见到我，就笑着打招呼："校长好！怎么今天有空来我这儿吃早餐了？"我一脸惊疑之后，随即反应过来："你小孩子在？""海门小学读书的，五年级了。"原来如此。对于当过校长的我来说，家长可能都认识我，而我却不一定都认识他们。哈哈，他们在暗处，我在明处。我点了豆浆、小笼包，店主热情地送到我面前。

　　吃完后，我拿出手机，准备扫玻璃窗上的二维码缴费。店主一见，连忙走过来，急切地说："校长！你不要付，你到我小店里吃，我们开心。下次来吃就是！"这时，在里间卖早餐的老板娘也走出来，笑着说："校长！真不要客气，难得来我店里吃早餐！"我还要拿手机扫二维码，老板一把按住我的手，另一只手轻推，把我送到店门口。老板娘、老板都笑着挥手说再见，我也只得作罢。

　　谢谢你们！可亲可敬的家长！尽管我已不再是你们的校长了，可你们依然如此尊重我。

　　再说说另外一件事。那是2016年的夏天，我离开椒北那个校区两年多了，已在另一所大规模学校担任校长。一个晚上，我在父母亲那儿吃了饭，就散步回到自己住处。走到十字马路口，远远看见，邮电局门口的路边支起一排简易晒衣架，上面张挂着各色衬衫、T恤……原来是勤劳、吃苦的摊贩趁着夏夜乘凉、逛街的人来来往往，在此临时摆摊兜售。等到走近，我看到了摊主，一个四十多岁模样的男人，戴着一顶黑色运动帽，穿着一件花色短袖，仅扣着一粒纽扣，一个黑色斜挎包耷拉在胸前，遮住了露出来的大半个圆圆的肚子。下着一条红色休闲短裤，趿一双塑料大拖鞋。古铜色的皮肤，极为壮实的身材，很有一种墨西哥人风格。摊主站在那儿，眼睛打量着来往的人群，嘴里不时地吆喝着："哎，来看一下，有无合适的？价格便宜，质量保证！"

一抬头，摊主和我四目相对。奇怪的事发生了，他一看到我，脸上就露出了亲切的笑容："校长！这么巧，在这里碰到！"我一愣，听他的口音，一下子判断出，他是我曾经待过的椒北校区家长。一问，果然是。赶紧客气地询问他生意情况，他笑着说："还行！还行！"紧接着说了一句："校长！你不要嫌衣服档次低，给我面子，尽管挑几件，拿去穿就是！"透过街灯，我分明看到了他一脸的坦诚、真挚，从他闪烁的眼睛里，我感受到了急切和期待。质朴、敦实、重情重义的椒北人，在用他特别的方式表达对我这个校长的尊重。尽管我早已不是那所校区的负责人了。我婉言谢绝，笑着告诉他："我不太喜欢买衣服，家里衣服够我穿了。要是你卖书并送我书的话，我一定很高兴地接受。"他一听，乐了。"校长啊！我没文化，卖不了书。""没事的，有文化，没文化，都要生活，都会好好地生活！你觉得文化不够，就让孩子多读书……"我这个人啊，就是好为人师，一讲，话就多，一谈，就谈到读书。他笑着听我讲完，然后我们笑着道了别。他继续卖他的衣服，我继续走回家的路。走出一段距离，耳畔传来那位家长的叫卖声，竟是那样的悦耳、动听……

再说一件事吧。那是2022年5月的一个双休日，我去台州书城买书。车停得远远的，我沿着人行道，信步向书城走去。迎面走来一对母子，母亲牵着孩子的手，说着什么。那孩子应该只有六七岁的模样，我也没在意。等到走近，那母亲抬头看到了我，显得有点激动，立刻笑着打招呼："黄校长好！"我一愣，反应不过来。我调入教育教学发展中心都快3年了,这孩子也不像是小学生啊!怎么会认识我呢?会不会是我给幼儿园家长讲课时,她听过?我犹疑着,回了一句:"哦?你是——""我是海门小学的家长,我家大儿子读四年级了。校长给我们家长讲过课,到现在我们都记着。"原来是这么一回事,我笑着和她聊了几句。然后说了再见,就继续往前走。未走几步,那位家长转过头来,笑着大声说:"校长,我们都很怀念你——"闻之,我差点笑出声来。哈哈,"怀念",我都成了被怀念之人了。不过,我更多的是感动,短短的一句话,家长发自内心,非常真诚。能够做一个被人怀念的人,是幸福的。

最后还要讲一件事情。2022年12月的一天,我手提电脑的充电器坏了。对我而言,手提电脑就像工人的锤子、农民的锄头、士兵的枪一样,每天都要带在身边,每天都要使用。下班后,急匆匆地开车到金三角一处电脑器材大卖场。停好车,从门口步入,里面全是卖电脑及相关配件的摊位,或大或小。有的摊主静静坐着,有的摊位上正做着买卖。我很少来这里,一时不知去哪家买为好。一边慢慢走着,一边东张西望。

还没走几步,入口边上一家摊位的老板娘笑眯眯地站起来,对我打招呼:"校长,你来买电脑?"我一愣,马上应道:"你是……""我孩子原来在海门小学读书,现在已经读高中了。你来他班上过课的。"原来如此。

我告诉她自己来买手提电脑电源线,顺便再买个无线鼠标。她说没问题,她的店里都有。她让我拿坏了的电源线来看一下,是哪个型号。然后,她去仓库拿货,让我稍等。很快,她就拿来电源线,又给我挑了一个无线鼠标,告诉我这个品牌质量好,放心使用。因为是家长,我也不讲价格,问她一共多少钱。她笑着说:"校长,难得您来买,送给您!"这怎么行,我当即表示,如果不收的话,我就不要,到别家去买了。她一再说不值几个钱,难得我来买一次,让我不要客气。我跟她解释,如果这个电源线、无线鼠标是她家自己生产的,我今天白拿,也未尝不可。问题是你这个货物是从人家那里进货,需要一定成本,我怎好意思不付钱呢？在我的一再坚持下，最后她只得按进货价收了钱。对我来说，这已经非常感激了。

这样的故事还有，就不再一一说了。每当想起这些事情，我的心头有一种说不出的感动。感动于这些质朴、善良、热情的家长朋友，他们对我的态度和情感，完全真诚，摒弃功利。虽然隔了一段时空，有些已是10年之多，但他们对我尊重依旧。我也感动于自己当年身为一校之长之时，真心付出，真诚待人，才能获得这些家长对我的尊重和感激。

从事教育工作是有意义的，因为它是人和人的交往，是真情、心灵和生命之间的交往。这些交往是相互的，不仅仅是身为教师、校长的我、你、他在教育学生、家长，反过来，学生、家长用他们的真心、真意给予我们生命的感动和人生的启悟。

谢谢你们，亲爱的家长朋友们！

无穷的力量

何其有幸，我曾多次得到全国著名特级教师张化万先生现场听课、评课指导。在一个年轻教师的专业发展之路上，这样的机会弥足珍贵。何况，先生一次又一次地肯定我，鼓励我，不断地给予我前行的力量。

第一次是2004年12月，在浙江台州仙居。安洲小学百年校庆隆重举办教学研讨活动，邀请全国著名特级教师张化万老师上课、讲学。我很幸运地作为本土青年教师代表，在此次活动中执教《祖国，我终于回来了》一课。

这是张化万先生第一次现场听我上课。课前得知先生在现场听课，并将对我的课作点评、指导，既激动又紧张。好在我一上讲台，就浸入课堂，物我两忘。

课间休息的时候，张先生特地把我叫到一旁，笑容满面、无比亲切地跟我说："黄吉鸿，你的课很有自己的想法，相当不错。继续努力，一定会有成果！"然后，他又跟我详细地谈了一些听课的真实感受，真诚地提出合理的建议和意见。比如，在肯定我的教学很有个性的同时，张先生又含蓄地提醒我，这是一个教师自身风格形成必须经历的过程，但课堂还要朝着为学生而教的方向发展。课堂教学是教师、学生、教材和编者等多个要素之间协同、对话的过程，最终的结果是各方面关系的和谐妥协，过于强调、凸显教师个人的思考、想法，不是教学的上乘境界。他真诚地告诉我，教学到了一定阶段，老师要学会必要的克制，刻意地示弱，主要目的在于把思考、学习、实践的时机、平台让给学生。

你想，一个工作才十多年的年轻教师，能够有机会获得一位全国著名特级教师如此真诚的肯定、热忱的鼓励和精心的指点，那是多么幸福的事情啊！那天聆听张先生的指点后，我的心被一种力量激荡着，内心快乐极了。从上课会场出来，走在回宾馆的路上，冬日的太阳暖暖地照着，我的心像永安溪的水波涌动，水面上闪烁着一片灿烂的金光，我对语文教学有了更新的渴望。这种感觉在我后来教学一篇课文《那片绿绿的爬山虎》时，一下子被唤醒，一下子就想到张先生和我谈话的场景，一下子就走进肖复兴的内心世界。对这篇文章我是由衷喜爱，某种意义上是感同身受。

时隔两年不到，2006年5月，我受好友嘉兴平湖叔同小学校长、特级教师张韬元邀请，在他们的课堂教学艺术节上和张祖庆、金明东一起上公开课。到现场后，才惊喜地发现，张化万先生也在，他要听课并作专题讲学。我很激动，又能得到张先生的现场指导了。

这一次，我上的是《五月端阳》。课一结束，我快步走下讲台，来到张先生身边。还没等我开口，他已然笑着请我在身旁坐下，第一句话就是:"黄吉鸿,非常好,你这节课比上次仙居上得还要好!祝贺你!继续加油!"又是让我好一阵激动。随后,他亲切而睿智地和我交谈,非常委婉地提出自己的建议。我记得最清楚的是,张先生首先肯定我在文本细读上具备一定实力,课文钻研得较为深入,尤其是对"龙舟"这一意象的把握、挖掘,体现了一个小学语文教师应有的文学功底。同时,他指出,老师自己能达到的文本理解高度,学生的理解水平不一定能够抵达,两者之间要求得适度的均衡。他给我一个重要建议:老师必要的时候,要主动"蹲下身子",贴近学生,既和学生保持一定的"知识层差",又不能和学生"隔"得太远,处理好师生之间的"认知距离",不近不远,不高不低,若即若离,当为最好。

那时,我开始对文本细读产生浓厚的兴趣。尤其是对一些经典课文、名家作品抱持一种敬畏态度,总觉得在备课时,自己有必要竭尽全力去发现文本的秘妙之处,然后在课堂上把这些发现教给学生。这样做的结果,课堂自然多了一些厚度,拥有了一定的高度,具备了必然的深度。然而,正如张先生所说,老师站得过高,目标定得过深,学生会有一种"距离感",甚至是"恐慌感"。在这种情形下,他们只得听从老师引导,亦步亦趋,慢慢跟进。这样的学习显得被动,不是学习的应然状态。

先生的一番指导,让我对文本细读有了新的思考。从原有的"文本中心、作者中心和读者中心"三个角度解读基础上,对"读者中心"有了进一步深刻的认识。教学中的"读者"不仅仅是教师,更重要的"读者"应当是学生。语文教学要充分确立学生才是课堂学习的主体地位,确保从学生的角度去细读课文。

在平湖叔同小学再次得到张先生的指点,使我在备课的首要环节——文本细读上,逐渐强化了生本意识。这一正确的研究方向,改变了我的语文教学品质,有着重要意义。

张化万先生第三次现场听我上课,是 2010 年 10 月在杭州。导师汪潮教授让我在"西湖之秋"小学语文智慧教学峰会活动中上一节课,我上的是习作课《美妙的短信》。这节课的教学设计意图是立足生活，链接课堂，着眼语文，关注学生。张先生坐在第一排正中间位置，非常认真地看我上课。这时候的我，紧张感倒是少了，取而代之的是，我有一种兴奋，在这样大规模的场合，我一定要把自己的真实水平给发挥出来。整节课，我上得极为投入，也极是放松，师生之间的对话完全来自即兴生成。我见招拆招，使出浑身解数，不知不觉地，下课铃声响起……

课后，当着全场几百人的面，张先生再次给予我高度肯定。他特别指出，我这节课中表现出来的师生对话的灵动，学习氛围的轻松，对小学习作课来说，值得一线教师学习和思考。他表扬我在一些细节处理上折射出来的教学机智，说这是一种"语文真功夫"，非经历反复磨砺，不会轻易拥有。活动结束后，我来到张先生身旁，继续请他指点，他笑着告诉我："我很高兴，你的课又有了进步！说明你在不断地学习和成长……"

我真是太幸运了！每一次张先生现场听课之后，总是给予我满满的信心、鼓励和力量。我知道自己的课实际上存在着这样那样的不足，然而，张先生总是以肯定为主，表扬我在不断进步。这中间，蕴含着一位前辈对一个晚学的多少期待和厚爱啊！除了这些，还有智慧的点醒、委婉的批评和科学的指导。面对如此关爱你的名师、大家，你还有什么理由不努力精进，不断前行呢？

都说好学生是夸出来的，对此我深有体会。作为张先生的学生，我对教学的兴趣、热情、执着和热爱，就是这样一次又一次被唤醒、激发、被推动、鼓舞。

后来，我评上了特级教师。再后来，在浙江省特级教师工作室联盟首次活动上，张先生让我上了一节导师示范课《一件运动衫》。他再次表达了对我课堂教学的认可，其实，在这么多的特级教师中，让我有上台展示的机会，本身就是一种莫大的认可。这一次上课后，张先生说我课堂的感觉已经相当不错，如果还要往前走，进一步提升更高层次的话，一定要走向理觉，拥有理思，培养理性思维。张先生在提醒我，要多阅读一些前沿的理论书籍，不断地改变自己的教学理念，与时俱进，与时俱新。教师成长到一定年龄，教学达到一定层次后，当由"术"的层面向"道"的境界迈进。在我的教学成长之路上，这又是一次极其重要的生命点醒。

或许是为了检验我是否沉浸在理论阅读中，或许是为了锻炼我的评课能力，在省小学语文特级教师工作室联盟第二次年会活动中，他安排我和其他两位特级教师评课。当然毫无疑问，这是张先生对我的器重。

那天，我上台点评杭城一位非常优秀的年轻教师的课堂。从台上下来后，张先生再一次热情地表扬了我："我又看到了你的进步！在评课上可以看出一个人的理论水平，我很高兴！"

我再一次被幸福的电流击中，每一次张先生都给予我无尽的信心和勇气。他的话语就是我前行的加油站，正是在他一次次的鼓励下，我才得以从容、坚定地朝着语文教学的前方，不断精进。

2021年，历经多年的聚焦阅读，艰辛写作，我的文本细读集《文字味道》终于完稿。我打电话给张化万先生，想请他帮我作序，先生极其爽快地答应了。不到一个月，他就发回写好的书评，而且还半开玩笑半是认真地问我："不知这样写，可否？"我仔细读毕，感动得无以言表。岂是可否？当是精彩无比。和往昔一样，先生再次给我以高度肯定和评价。每一个语词，每一个句子，每一段话语，我读了一遍，又一遍。每个字词都是那样的温热，像跳动的火苗，像翻腾的浪花，像敲击的鼓点，给我力量，催我奋进，让我心灵无比热烈地跳荡，让我的心房遍洒金色的光芒，让我对教学的未来充满无限的希望……

当我看到序言的落款："辛丑年头伏六月初六于三宝斋"，我深深震撼。那么热腾的天，那么热烈的情，那么热忱的心灵，那么热情的文字，都给予我无言的热爱。

感谢您，张先生！我当努力精进，不断前行，不负您的厚爱！我当像鸟一样，带着您给予我不断前行的无穷力量，飞向生命中的下一座高山。

难忘同行路

2003年10月，在特级教师李彩娟老师带领下，我代表台州赶赴衢州，参加浙江省第五届小学语文课堂教学评比。23日上午，柯城区大剧场座无虚席，激烈的课堂角逐拉开帷幕。

我第二个出场，上的正是市里大比武那节比较有个性的《月光曲》一课。结果，发生了一个小插曲。点评专家对我这节课并不看好，并表达了自己的真实想法，认为这节课在文本处理上过于大胆，没有考虑学生实际。这当然无可厚非，课堂本身就是多面向的存在，允许大家仁者见仁，智者见智。问题在于，这是一个省级大赛现场，我们担心专家充满个性的主观点评会影响到评委的打分。与之相反的是，听课老师认为这节课非常有新意，没有想到教材可以如此处理，文本解读如此深刻，他们深为佩服。尤其是来自台州的亲友团们，听了点评后，更是异常急切，生怕我这节课被刷下来。他们纷纷聚集到台州小语新任教头李彩娟老师身边来，讨论如何应对这一不利局面。

李彩娟老师当即去找首席评委特级教师沈大安先生，向他说明情况并转达了大家的担心和意愿。上午赛事结束后，沈老师作特别说明："请选手和老师们放心，评委一定会公正、公平打分。本届安排专家点评，目的是引发大家对课堂的深度思考和探索。专家从自身角度出发，实话实说，这是一种可贵的学术精神。大家听了之后，有想法或者有不同看法，很正常，真理需要辩论。但是，专家的点评不会影响到评委的打分。"沈老师爽朗、豪气的一番话语，让大家的心渐渐平静下来。

深深感谢沈老师！不过，作为一个地区代表的参赛选手来说，此课结果未定，舆论褒贬不一，自然颇感压力。人生能有几回搏啊？要是这次成绩不佳，我可没有再度参加省赛的机会了。

和我一样，李彩娟老师也有点担心，因为事关台州小学语文参加省级赛事的结果。

上午活动结束，众人离场之时，李老师对我说："王崧舟老师也在现场听课，我们去听听他对这节课的看法和指导。"

我一听，既欣喜，又紧张。欣喜的是，能够如此近距离、面对面聆听王崧舟老师的指导，自是机会难得。那时我已是王老师的铁杆粉丝，他的《威尼斯的小艇》《长城》等课教学，真可以说横空出世，精彩无比，让人折服膜拜。紧张的是，以王崧舟老师如此高深、精湛、厚重的语文功力，看我这个初出语文江湖的新手之课，会不会"千疮百孔"，不忍目睹呢？

李老师带着我，找到了正从嘉宾席准备离开的王老师。我们和王老师打了招呼，李老师简要说明来意。王老师脸带微笑，亲切地和我们一一握手，热情地说："走，我们边走边聊。"

我们一起走出剧场，秋日的中午，阳光灿烂，暖暖地照着大地。王老师在中间，李老师在左边，我走在右侧。三个人，两位著名特级教师伴着一位教坛新秀，在柯城区宁静的街道上，慢慢地走着。李老师请王老师对我这节比赛课进行深入指导，王老师脸含笑意，一边走着，一边像和家人聊天一样，娓娓道来。他的目光里满是真诚、鼓励和关切，时不时地还笑出声来。我认真地听着，用心地记着，不时地感动、鼓舞着。

带着对一个小语教坛新进的厚爱和期待，王老师告诉我这样几个重要信息。首先，他认为我这节课文本处理非常独特，很有个性，富有见地，这非常难得。其次，他充分肯定我的课堂教学语言，指出我的评价语言丰富灵动、真诚生动，又有幽默感，这很难得。他也指出一些不足之处，比如，课堂教学的"操控感"过于明显，有些环节可以教得更洒脱、更大气，给予学生更广阔的学习时空。但是，他很快就给予我理解和安慰。他说："当然，这毕竟是省级比赛课，要考虑时间上的规定和限制，当然要先求平稳，再求灵活。你这样教，我们完全理解。"

王老师的话语，就像清澈、明净而静静流淌的衢江水，滋润、抚慰我紧张、忐忑的心。李老师一边听着王老师对我的指导，一边向王老师介绍我的优点。李老师说我特爱看书，功底很好，关键是喜欢语文教学，她真诚请求王老师以后有机会多多指导我。王老师微笑着说："好的好的。"让我又是一阵惊喜。

就这样，我们走着，聊着，笑着。我们走在衢州街头安静而热闹的氛围里，走在无数双投向王老师、李老师两位特级教师的小语人的目光里。我知道，那些目光里肯定充满羡慕，充满期待。我更知道，如果不是看到王老师和我们聊得这么投入，肯定会有人来找王老师请教、合影。

就这样，在阳光和无数双阳光般热烈的目光的注视下，我跟着王老师和李老师，从衢州柯城区的大剧场走到入住的宾馆。

我深深地记得，在岔路口，临分别时，王老师笑着说："《月光曲》这课，应该会拿一等奖。当然，即使拿三等奖，也没有关系。因为，一切都只是暂时的。"我笑了，李彩娟老师也笑了。

这条路应该属于衢州最繁华地带，不过，一路上的风景，我无暇观看、欣赏。这条路叫什么名，长什么样，我都没有印象。我只知道，这是一条水泥铺就的坚实的路，这是一条人来人往、车流不息的路，这也是一条曲曲折折、左拐右弯的路。

我只深深地记得，在这条路上，王崧舟、李彩娟两位著名特级教师带着我，一起走过。"三人行，必有我师焉"，每当我看到、想起、听见这句话时，我就情不自禁地、深情地想起我和两位老师一起在衢州街上走过的美好记忆。

也就是从这条路开始，在李老师、王老师的引领下，我逐渐走向更为漫长、高远、广阔的小学语文教学求索之路。

那条从剧场走到宾馆的路，让我难以忘怀。在这条路上，我汲取了智慧，生成了力量，找到了方向，拥有了梦想……沿着这条充满希望的路，我将坚定而执着地走下去。

那一道"闪电"

参加过汪潮教授培训班的学员都有这样一个同感，听汪老师讲课，你可千万分神不得，因为他随时可能会叫你站起来回答问题。回答得可以，倒也没什么；如果回答不到点子上，他会当场不留颜面，指出你的不足，提醒你要努力了。这确实是一种巨大的压力。

然而，还有更"可怕"的事等着你呢，即使是在没有培训期间，甚至培训已经结束之后，汪老师还会随时来电"约你"上课、讲座。一切都是那样的突如其来，不可预测，弄得你"措手不及"！

2013年10月20日，星期天，7点多一点，我收到一则短信："没事吗？给我回个电话，有事找你。汪潮。"我一看，心里说，噢，汪老师找我，肯定有重要的事。而且肯定是好事！

怀着欣喜、激动的心，赶紧拨通了汪老师的电话。"汪老师您好！""是这样的事！下星期五，有个活动，你到浦江上一节课，怎么样？"原来是让我上课啊！我赶紧回答："汪老师，没问题。谢谢您！""是这样的，这次活动是同课异构，你和另外一个老师同上一课。课已经定好，是三上第20课《一幅名扬中外的画》。""啊！三年级的课！"闻听之下，我不由一阵发怵。在此之前，我上过的公开课最低是四年级的。怎么办？可能已经感觉到我的惊慌了，汪老师接着说："怎么样？省级公开课的机会是难得的。再说，你需要锻炼锻炼！"我一下子听懂了汪老师的良苦用心，连忙说："汪老师，没问题。我好好准备就是，到时请您批评、指导！"汪老师说了句："好的。你快点准备去吧！"

离上课只有5天时间了，时间极紧。这是一次省级观摩会，到时会有全省各地的语文教师来听课，规模较大。两节同课异构的课堂呈现之后，接着听课老师发表观点，最后由汪潮教授作精彩点评，压力巨大。临了，我打听到和我同课异构的老师教学水平极其厉害，真是来者不善啊！汪老师啊！您怎么总是喜欢这样地"逼人"啊！记得2010年春天，首届高端班的最后一次活动，是模拟"特级教师评比"。朱柏烽和蒋军晶"不幸"被选为"标本"，当天晚上告知上课内容，明天上午就正儿八经地上课、答辩。那天晚上，他们辛苦地闭门备课，我们开心地等着"大戏"上演。

没想到，今天轮到我"上台"了。

在接下去的几天时间里，我真是把一切都献给了《一幅名扬中外的画》。朗读课文，把课文逐字逐句地打字下来，细读课文，完成对文本的直觉体悟——抓住阅读初感、新鲜感、兴奋点，初步形成自己对文本的真实认识。细读的结果，却让我觉得这篇课文似乎实在一般，似乎看不到精彩的秘妙之处所在。

接着，我开始从学生层面思考：这篇文本究竟有着哪些教学价值？有哪些思想情感、阅读策略和表达智慧？一时间游离不安，把握不定，一连两三天，我的心绪不宁。

思前想后、百般折腾的结果，我想起了汪老师一直提醒我们的几句话：文本，乃语文之本，不加以深入钻研，不吃透它，是不能急着设计的。语文是有学理的，语文是有大量感性成分，但不要忘记作理性分析，切记切记。

于是，重新回到第二阶段的文本细读。我有意识地进入当代三步分析法的第二步：文本内外部矛盾、关联的深入分析。

在第四个晚上（周三），在离上课时间还仅存两天的黑漆漆的夜里，我终于找到了一簇火光：这是一篇"看图写话"，是作者介绍一幅画。通常情况下，介绍一幅画要求具体、详细、完整。但是，这幅画不一般。"在五米多长的画卷里，共绘了五百五十多个各色人物，牛、骡、驴等牲畜五六十匹，车、轿二十多辆，大小船只二十多艘，房屋楼阁三十多栋……全图大致分为汴京郊外春光、汴河码头场景、城内街市三部分……"如此宏大的规模，繁杂的内容，是由不得一一完整介绍的，除非把它写成专门的一本书来介绍。而现在作者仅用553字介绍这么一幅名扬中外的画，究竟是怎么介绍的呢？即作者是怎么写的，这是学生理解的难点，也是课文表达的隐秘之处。

火光越燃越亮，渐渐地让我拥有了火把。细读课文，我发现作者在第1自然段概括性地介绍了这幅画的"作者、名称、大小和内容、历史及目前保存情况"。第2、3、4自然段分别选择介绍了"人物多""街市热闹"和"桥北头场景"三块内容。由此，"有选择地介绍"这一写法初露端倪。

作者"有选择地介绍"是有依据的。（1）"三百六十行，哪一行的人都画在上面了。"（2）"别看画上的人小，每个人在干什么，都能看得清清楚楚。"（3）"你看，张择端画的画，是多么传神啊！"这三句话都紧紧围绕"名扬中外"一词，可见作者是围绕主题进行选择的。

再次细读课文，会发现，作者的"有选择地介绍"不仅在"全篇"上实施，在"段落"上同样贯彻这一写法。

写"人物多"，五百多个人物，只用了99字进行介绍，只是"有选择地介绍"了一部分。写"街市热闹"，只用了122字，"有选择地介绍"了一部分。写"桥北头场景"，同样如此。

在此基础上，我梳理出了作者"有选择地介绍"的载体，借助两个重要的句式，"有……，有……，有……，有……，有……，有……，有……""有的……，有的……，有的……，有的……，有的……"。

145

教学重点聚焦到这两个句式的分析、品味、理解和运用上。在进行第三层次的文本细读之后，我又有了新的发现。7个"有……"，5个"有的……"，作者在数量上是进行过设计的。第一，两者不重复；第二，这样的数量不多也不少，刚刚好。第三，每句的末一个都有变化。"有官吏和读书人……"是一句介绍两种职业的人，而先前都是只介绍一种职业；"有的悠闲地在街上溜达"出现了人物的神情描写"悠闲"，而先前是没有的。

……

火把熊熊燃烧，照亮了前路。教学目标已然非常清晰，一课一得，语文教学务求简约，这是汪老师提出的"素课"思想的重要内涵之一。

教学的思路已经清楚，文本细读的过程，就是教学展开的过程。周四上午把课案粗粗地写下来，再做好简易的课件。已经没有试教的时间了，因为下午就要出发去浦江，明天就要"粉墨登场"了。

一路风尘仆仆，和几个高端班的同学一起赶到浦江，已是黄昏7点多。汪老师和同学们边吃边等我们。汪老师特意在身边给我留了个座位，招呼我坐下，他拍了拍我的肩膀，微笑着说了句："辛苦吧！"我听得出他的话外之音，笑了笑说："汪老师，不辛苦，很幸福！"

当晚，我约了几个同学到房间听我说课，征求他们的意见和建议，对教学作了一些调整。

第二天，"同课异构"拉开帷幕。有意思的是，我和另外一个上课的老师上的课竟然迥异。我们的教学内容取向不同，对教材的理解不一，教学路径选择不一样。我抓的是"有选择地介绍"写法，重点教学2、3段，另一位老师抓的是"连接词的妙用"，重点教学第4段。双方各有各的思考，各有各的个性，各有各的见地。

用汪老师评课时的话来说，就是一位优秀的语文教师，要有自己的教学追求，知道自己要教什么，更知道自己为什么要教这些。他说："我们举办这样一个教学活动的目的，不是为了比较谁的课好，谁的课不好。这是次要的，重要的是我们要看教学的主张、思考和思想。重要的是上课老师在准备过程中的体验、感知和感悟……"

当然，根据以往的经验，"暴风雨"总会来临的。评课中，汪老师也"声色俱厉"地指出了我这节课的不足，教学的视野过于局促，要再高远一点。不要仅盯着"实用"的语用，也要思量"无用"的语用，还有"非语用"的语文教学价值等。我一一铭记在心。

活动结束，返程之时，汪老师把我叫到跟前，笑着说："总体还不错，要继续努力！下次有机会，再拉你出来！"我真诚地表示感谢。这样的机会真是锻炼人，这样的机会弥足珍贵，尽管这样的机会可能真是"折磨"人。但在我眼里、心里，这样的机会是"哲磨"人的，是"哲人"来"磨练"我的，是用"哲理、哲慧"来"打磨、磨砺"我的，是幸福的辛苦！

我期待着那"幸福的闪电"再次到来，我愿意被那道"幸福的闪电"一次次地击中……

流淌的大河
——写在周一贯先生从教 65 周年之际

2016 年上半年的一天，正　人静坐　室，手捧一书享受阅读。好友张祖庆来电，用异乎寻常的庄重语气给我下达一个重要任务。尊敬的周一贯先生从教 65 周年，浙江小语人想为先生举行一次隆重的庆典，以表达我们共同的仰慕和爱戴情谊。经过商量，想邀我为这次活动写一首朗诵诗。闻之，我内心激动不已，想也不想，一点也不推，就满口答应下来。事后清醒过来，才知道自己有点不知天高地厚。确实，这样重要的场合，周先生这样巍峨、雄浑的小语界顶级人物，令我们所有小语人景仰、膜拜，得有怎样的诗意语言才能与之和谐相称啊！

一连几天，我情绪激动，心思难平，几欲动笔，终难写就。反复静心思考之后，决定先不急于写，得先对周先生有一个更为深入、全面的了解，尤其是寻找自己和周先生曾经有过的"交集"印痕。先走近周先生这个人，打开记忆这扇门，等有了真实的情感触发之后，再尝试写下这篇文。

在我的教学成长过程中，周先生是一个极其重要的人物。虽然我不是他的弟子，甚至我还没有到过他家，尽管我一直很想去现场看看他的书房——"容膝斋"，我曾经在书里看过，但是，我却觉得周先生无数次指导、教育、唤醒过我。

我最早认识周先生，是读先生写的书籍。记忆中，读得最早的一本应该是《语文教学优课论》。读了这本书后，渐渐清楚地知道好课有哪些特征，慢慢地有了对上好语文课的向往。之后又连续读了《小学语文尝试教学设计》《教师教学写作360°》《周一贯语文教育60年》等周先生的著作。可以说，每读一本先生专著，我都会在语文教学的登攀之路上迈进一级台阶。

在读著作的同时，也读先生发表在各类教学杂志中的文章。先生对小学语文教学研究的深刻，对教学中存在问题分析的深入，对一线教师寄予厚望的深情，让我深深膜拜。

极其幸运，2001年下半年，我第一次参加台州市级教学竞赛，先生是评委之一，另有一位是我后来的恩师汪潮先生。我是在开始进入上课场地时，悄悄地往评委席上瞥了一眼，凭记忆和感觉，那位儒雅智慧、气质不凡的长者应该是周一贯先生。上课结束后，和陪同我前往比赛的刘亦农老师一说，他说自己也看到了，正是周先生。等到比赛结果出来，我幸运地拔得头筹，内心自是激动无比。自己的课堂教学得到了周一贯先生的认可，这怎么不是一件高兴的事情呢？

我有幸和周先生近距离接触、面对面交流是在2005年10月。正是金秋时节，我当时所在的人民路小学在椒江剧院举办隆重的"全国小学语文名师课堂教学观摩活动"，邀请到王崧舟、虞大明、蒋军晶等一批小语名师，也请到周一贯先生来现场点评、讲学。就在这次活动中，我才有机会和先生共餐，发现先生在饮食上要求很低，不喝酒和饮料，菜也吃得很少。还有，给人的感觉非常平易近人、慈祥亲切。那时我就在思考这么一个问题：一个人在物质和精神上的追求定然是一个常数，两者有着此消彼长的一种关系。如果在精神上有极其丰富、精彩的追求和享受了，那自然在物质上就显得极为简朴、素淡了。周先生恐怕就是陶渊明笔下"素心人"的现代范式。

  2009年11月，我非常荣幸地参加汪潮教授组织的"浙江省首届小学语文高端培训"学习。我们这个班共39位学员，来自全省各地。上午在浙江省教育学院芳草苑二楼报告厅举行隆重的开班典礼之后，下午我们马上进入学习状态。高端培训规格就是高，第一个请来为我们讲学的就是周一贯先生。那天，先生在其弟子季科平（也是我们这班同学）的陪同下，精神矍铄地走进我们的教室。和往常一样，他不用课件，不用粉笔，不用任何资料，端坐讲台，用他洪钟般高亢的语调，有着浓郁绍兴韵味的声音，如行云流水一般，似骏马奔腾一样，为我们讲述《教育应当是开发生命的事业》，连续两个多小时。先生把教育提升到生命的高度，提点我们要用自己的生命去融入自己的事业。他深情地回忆了自己在语文教育道路上走过的历程，经历的风雨，付出的心血以及收获的成果。我们终于明白，先生的语文之树为何如此高大挺拔，如此枝繁叶茂，只因先生对语文爱得那般的沉醉和深情，语文早已融入他丰富厚重的生命。先生的语文教育境界已然臻于"化境"，在语文的天地里，他潇洒遨游，自由不羁。在《中国艺术意境之诞生》一书中，宗白华先生谈到中国艺术意境的创成，需要具备两个关键因素。"既须得屈原的缠绵悱恻，又须得庄子的超旷空灵。缠绵悱恻，才能一往情深，深入万物的核心，所谓'得其环中'。超旷空灵，才能如镜中花、水中月，羚羊挂角，无迹可寻，所谓'超以象外'。"周先生不正是同时具备两种精神气吗？他对语文教育爱得缠绵悱恻，一往情深，他对名利等身外之物又是如此的超旷空灵，大气洒脱。正因如此，他能够抵达语文教育的艺术境界。

那一天，我们这批高端学员静静地坐着，认真地听着，不断地感动着。仿佛有一股巨浪冲击着我们的心灵，鼓荡着我们的胸膛，推动着我们热情的生命和美丽的梦想。那一天，我们的生命受到了唤醒、激励和鼓舞。那一天，我们真真切切地得到了生命的教育。

……

一连好几天，一次次深刻地感受、体会着周先生的博大、精深，惊叹着周先生"吾道一以贯之"的执着和热爱，庆幸着小语界有这样一位无论学识，还是人格皆为楷模的长者、智者、开拓者、沉潜者，他以自己精彩的生命行动，来引领我们，作为一线语文教师的我们，多么幸福啊！

当对周先生钦佩、崇拜的情感像酒一样酝酿到一定程度后，在某一个安静的下午，我关上门，关闭手机，坐在书桌，打开电脑，一气呵成下面的这篇文字。

　　认识周先生，经由文字。膜拜周先生，因为文字。65年，168本书，1400余篇文章，这是何等的精神气象？文字堆砌成通向思想峰峦之石阶，仰之弥高。语文千里沃野之上，周先生壁立如山。

　　然而，在我看来，周先生更像一条大河。大河之滔滔，雄阔，深彻，激荡，灵秀，润泽，乃先生也，乃先生之自由之精神，独立之思想也，乃先生之不朽之文字也。

　　先生栖居于古越江南水乡。那里有一座城，灰瓦白墙乌篷绿柳曲水幽巷，景致独特。因为有了先生，这座城成为全国小学语文教师的精神高地和灵魂故乡。先生一个人，撑起一座城。

　　城里有一条河，如玉带迂回，水汽氤氲，波光粼耀，蜿蜒其间，无声流淌。先生依水而居，近水而思，润水而智，几十年来，先生日夜翰墨蘸水，挥洒墨香水韵，书写水墨华年，先生，不就是一条河吗？

先生年已八旬，鹤发童颜，温润祥慈，这是越水赐予的生命之相。

先生才识敏捷，文思如泉，目光清冽，这是秀水赐予的智慧之质。

先生扎隐乡村，诗意栖居，宁然默然，这是静水赐予的灵魂之光。

先生若水，上善，处恶，不争，澄明，大气，包容。

先生的文字亦如水。

65年笔耕不辍，先生的文字早已流成大河，奔腾在小学语文大地之上。气蒸古越，波撼神州。荡涤尘埃，洗濯污浊，泽润干涸，滋养生灵，所经之处，一派生机。

65年奔流，文字大河，涛声依旧。涛声里，有先生温情的叮咛、真诚的提醒、严厉的棒喝、激越的呐喊、热情的赞赏和拍案而起的叫绝。

65年来，先生苦心孤诣，殚精竭虑，目光如炬，行走如风。容膝斋，智慧不老神泉的源头，日夜不停地冒着汩汩清泉。先生手中的笔，是一把神奇的智慧之镐，不停挖掘，一头连着先生的心灵，一头接着语文的大地。笔尖流淌的文字如水，干净，轻灵，清明，透亮。却又似脉管滴血，每字每句每投每篇都饱含着先生的缕缕心血。没日没夜，每时每刻，直到先生满头乌丝化作天边的积雪。

然先生不老，永远。

每次看到先生的文字，总会给人以生命无限的脉动。先生的生命必和文字一样长青。

每次聆听先生的声音，总会有一种心灵的强烈震撼。先生特有的高八度的绍兴口音，如古越战士吹响的冲锋号角，如钦板叫西风，激越，昂扬，催人奋进，听之通身都充满了不可阻挡的力量。

151

先生不老，因为他是一个醉翁。他一辈子沉醉在小学语文的天地里，沉醉在教学写作的快乐里。他是一个智慧的统帅，在容膝斋，他大笔一挥，激扬文字，指点江山。先生每发表一篇文字，生命之河就会浪花激荡，风生水起。每出版一本专著，都会引发小语界的思想震动，人人争买，一睹为快。

先生，您静静地站在大河之源，用手中的笔，呼风唤雨，纵横捭阖，改变着小学语文的精神气象。

先生，我们为能穿越您的文字之河而骄傲。我们静静地站立在您这条大河的边上，远远地望着您，祝福您！

先生，愿您永远年轻！

等完成后，自己读了几遍，作了一些微调，再发给祖庆。祖庆读后，给予肯定，并作了一些润色，电话中告诉我："这首散文诗将作为这次活动开场的朗诵诗歌，献给尊敬的周一贯先生。"闻之，我好激动。

能有机会向自己崇拜的人表达内心真实的声音，我们是幸福的；能用生命去热爱自己钟情的语文教学事业，我们是幸福的；能像周一贯先生说的，"一辈子，一件事"，坚持这样的追求，我们一定是幸福的。

第三辑:
在责任的担负下倾情付出

人鸽情意深

  我第一次看到鸽子，是在五六岁的时候，祖父带我去路桥集市。

  那一天，祖父牵着我的小手走在一条老街里。一抬头，我看到了一群在天空中盘旋飞翔的鸟，它们一会儿飞过东，一会儿飞过西，飞累了，就在一户人家的屋顶上落下来。我呆呆地看着，发现原来那里就是它们的家，它们是那户人家养的鸟儿。祖父告诉我那是鸽子，我羡慕极了，自己虽然也养了一群小鸡、小鸭，但是光会在地上跑，不能像鸽子那样满天飞。要是能养几只鸽子，那该多好啊！我依稀记得，自己向祖父提出过买鸽子的要求，至于祖父怎么回答的，我已记不清了。反正，我是依依不舍地离开那群鸽子的。

  童年的印记极为重要，如同惠特曼在诗里所写的，"有一个孩子每天向前走去，他看见最初的东西，他就变成那东西，那东西就变成了他的一部分，在那一天，或者那一天的一部分，或者几年，或者连绵很多年……"从那之后，我对鸽子就有着一种特别的喜爱。

  初中时，我读到毕加索和他笔下鸽子的故事。那时，只知道鸽子被称之为"和平鸽"，是和平的象征，和橄榄枝一样美好。

  随着阅读的推进，我知道了毕加索创作"和平鸽"的来历。1940年，德国法西斯攻陷法国首都巴黎，一个法国小男孩的父亲在巴黎保卫战中壮烈牺牲。小男孩内心满怀对法西斯的无比愤怒。他养着一群鸽子，平时都用白布条来招引鸽子。现在，他知道白布条代表投降，不能这样做。于是，他改用红布条来呼唤鸽子。结果，被德国鬼子发现，残忍地把这个小男孩从楼上抛下，活活摔死。还把男孩养的所有鸽子，一一用刺刀捅死。这个小男孩的祖父找到毕加索，声泪俱下地说："先生，我请求您给我画一只鸽子，好纪念我那惨遭法西斯杀害的孙子！"毕加索怀着悲愤的心情，挥笔画了一只飞翔的鸽子。

愈是了解得多，我愈是倍增对鸽子的喜爱。

台州市民广场新建之时，听人说，那里养有一群广场鸽，我特意跑去看，还高兴地买了鸽食喂它们……

后来，我发现有些寺庙里也养鸽子。比如说，我家附近枫山顶上的清修寺，就养着一群鸽子。不过，我一直没有发现鸽笼在哪里。有时我去山上散步时，就很喜欢在寺里逗留一会儿。而且，一定要看到鸽子，看鸽子在那里自由地觅食、跳跃、盘旋之后，我才心满意足地信步走下山来。

冥冥之中，我认为，鸽子有佛性，有灵性。当鸽子出现在寺庙里时，寺庙就增添几分空灵和缥缈。鸽子在袅袅香烟和缕缕钟磬声里，也多了几分圣洁和神秘……

我甚至以为，真正有内涵、层次的寺庙，会常有一群鸽子出现。

这个想法很快得到了证实。2018年2月初，快过年时，我和一众朋友冒着严寒参观陕西法门寺。被法门寺恢宏的建筑、古老的历史震撼的同时，我发现寺门口广场上有一大群的鸽子，寺门口建有两个巨大而对称的鸽舍。因为鸽子，我在法门寺门口停留了好长时间，我再一次沉浸在喂鸽子、看鸽子的快乐之中。

我一直想养鸽子，由于种种原因，都未能实现。刚工作时，我住在村子里，一动这个念头，立刻遭到父母亲的反对。理由是，鸽子乱飞，鸽屎像飞机扔炸弹一样，万一不小心掉到人的头上，或者是哪家的衣服、被子上，那有多不好！只得作罢。后来，搬到城里住，尚存的星火念头也彻底熄灭了。

但我终究还是养了鸽子。2010年8月，我到椒北一个极其僻静的校区马家湾当负责人。开始，我的心是落寞的，孤身一人跨江北上，又逢那里的村民不满意撤并村校，舍近就远送孩子上学，耿直的人们一个个吃了火药似的，说话像吵架。得知我要到那里就职，城里的兄弟姐妹、领导同仁反复叮嘱："到了那里，要好好照顾自己，凡事小心应对，千万不要被那里的人欺负了！"真有一种"风萧萧兮易水寒，壮士一去兮不复还"的悲壮。

到了那里，看罢校园环境，却有一种窃喜，这应该是全区最宁静的校园了。校园三面环山，山上桔树成片，樟树点缀，绿意盎然。山势浑厚俊秀，如同水墨印染，山间石径镶嵌，空中浮云飘荡，四周碧野无垠。一条溪流从两山之间蜿蜒而下，沿着围墙根淌过校园南端，溪水清澈，明如琉璃。更妙的是，在教学楼和操场之间，长有一大片树林，虽说杂树野花纷繁荫郁，却也葱葱茏茏，泼泼洒洒，掩饰不住一股蓬勃生命的自然狂野。

校园的西面全是绿色的田野。是的，不是人家，校园离村庄有点距离，最近的人家也至少有四五百米之远。仅五百多学生，却拥有近三十亩土地，多么空旷，多么大气。整个校园恍如海洋中的一个孤岛，真有一种遗世独立之感。此地适合隐居，隐入乡村的寂静田园，不错，我就在此安心地栖居吧！几乎在第一次拜访校园后，当天开车回家的路上，心中那个如已灰之木的念头复又燃起希望的星火：我要养鸽子，养一群鸽子，这真是天意！那天回来时，我的心情竟然是出奇的好。

9月6日，开学典礼之后，我让总务主任抽个时间，买一群鸽子回来。很快，总务主任买回整整60只鸽子，基本上都是灰色的，也有几只白鸽。问哪儿买的，说是菜市场。原来这些都是供人吃的肉鸽。有老师大笑着说："校长难道养肉鸽给我们吃吗？那我们就盼着过年到来吧！"我也笑着告诉他们："别'吃心'妄想了！我们这样子做，是拯救这些鸽子。救人一命，胜造七级浮屠。救鸽子六十命，同样胜造七级浮屠。做点好事，积点德吧！""哈哈——"大家又是一阵大笑。

鸽子有了，没有鸽舍啊。没关系，校区有的是房子，整幢宿舍楼底楼朝北间全都闲置着，找一间就是。在将近四分之一教室大的房间里，养这一群鸽子，还很宽敞。考虑到鸽子刚养，还不能放出去，就整天把门关着。只有等到喂食时，才悄悄推开门，把玉米、水送进去。这个工作，由54岁的老王负责。我有空没空地就往鸽舍赶。要么透过窗玻璃，要么偷偷地推开门缝，看鸽子在屋子里吃食、饮水、咕咕地叫，来回地走。

那一刻，我像一个苦盼很长时间，终于得到自己心爱玩具的孩子一样，非常高兴。

但是，不幸的事很快发生了。才四五天时间，鸽子就莫名其妙、接连不断地死去。召集大家商量，老教师们觉得可能是因为关在房子里过于封闭，空气不流通，也有可能是这些肉鸽本身就体质孱弱，经不起考验……反正，两个星期不到，这群鸽子就剩下20只不到了。

老王急匆匆地跑来，垂头丧气地告诉我这个坏消息。我安慰老王，不必灰心，不必难过，我们已救它们一命。它们终究免不了一死，与其被吃货们吞食，还不如让它们自然地、有尊严地死去。更重要的是，这些没有死掉的，都是鸽子中的勇健之士。优胜劣汰，物竞天择，自然之道，要好好对待这些历经磨难，依然活着的鸽子。

经过一番商量，我们决定把这群鸽子从房间里放出来，让它们在校园里自由飞翔，如果它们要飞走，也顺其自然。事实上，这些鸽子也没有落荒而逃。白天，它们享受着露天广场里提供的食品，吃着玉米粒。（玉米粒是我特地嘱咐门卫师傅老李从章安集市上买回来的，50斤一大袋）吃饱了，它们就在楼宇之间，树林之中，扑着翅膀，盘旋飞腾，就像我童年在路桥时看到的那一幕。这成了校园一景，一下课后，学生纷纷跑出教室，驻足观看。可惜几天过后，鸽子数量越来越少。到最后，只剩零星几只，在餐厅的铁皮顶下寂寞栖息。估计，有些鸽子远走高飞了；或者，它们有些也死了吧……没关系，顺其自然。该走的，让它走；留下的，好好照顾它。

看到仅有的几只鸽子后，我又动了心思。不能养肉鸽，这些家伙拥有沉重的肉身，缺乏特有的灵秀气质。最好养一群信鸽，它们有高贵的灵魂。但信鸽何其之贵，何其难养。我们期待看到的是鸽子在校园里飞翔的优雅身姿，看到它们翻飞盘旋的动人场景。对，要买广场鸽来养。我发动老师和朋友千方百计打听，哪里有广场鸽出售。一来二去，终于找到门路。

在联系好买家之后，我和总务主任一起，到校园的小树林里考察。我们决定这一回要好好地建造鸽舍，不再像上次一样，把鸽子们囚禁在"温室"里面。

选定地址后，我们叫来村里的泥瓦匠师傅，买来砖块、木板，还有渔网。在树林中心地带的空旷处，在绿色的树丛之间，给鸽子造了一座坚实、高大的长方体"王宫"，占地足有四五平方米。为了防止学生伤害鸽子，我们把砖头墙砌得足有一米六高，旁边安装了可以上锁的小木门。在小木门的顶端和小屋顶之间留有三四十厘米的空隙，这是供鸽子进出的门。"王宫"内，北边的墙壁放着一排木柜子，一层一格，仿照专业鸽舍设计，让它们尽可能住得舒适一些。

这还不够，我们又在树林里铺设一张绿色的渔网，把"王宫"整个儿盖住后，再另外兜围出一大片空地，这是鸽子们辽阔的庭院。

一切齐备，总务处去买回 40 羽广场鸽。这些白色的精灵开始在这片绿色的丛林深处安家。

每天中午，吃过午饭，师生们一个个、一拨拨兴致勃勃地步入丛林，来看鸽子。看它们在绿网里悠闲地散步，惬意地吃食，听它们"咕咕咕"地欢叫……

这群鸽子由校区守夜的洪用来老师照顾。洪老师年近七十，是一位为人正直、心地善良、德高望重的中学退休教师。看到慈祥、亲切的洪老师和一群天真、活泼的学生一起给鸽子喂食时，我的记忆一下子回到四十多年前，我和祖父一起在路桥卖芝桥路看鸽子的场景……真是百感交集。

但是很快，又发生了不愉快的事情。

一天早上，我刚开车进校门，门卫老何师傅把我拦住，一脸焦急地告诉我："校长，昨天傍晚我在树林里发现了黄鼠狼！""啊！那还了得！鸽子有危险！"我心里咯噔一下，"不行，必须赶快想办法"。

停车后，匆匆跑到树林里，仔细察看鸽子，似乎没有损失。可能有结实的渔网护着，比较安全。但毕竟不是铁丝网，尼龙网很容易被野兽弄破，我有一种担忧。那天，我跑步去教学楼上课的时候，经过校园中的这片树林，惊动了几只出来觅食的松鼠，它们跳跃着，闪着黑珍珠般的眼睛，耸着高高的尾巴，急速隐入绿叶深处。我望了望三面环绕的山头，望着山顶上密密麻麻的树林，似乎感觉有某种危险潜伏其中。不行，必须尽快搬迁鸽舍。否则，这些白色的精灵一定会遭到伤害甚至被全部屠杀。

我的教室在四楼。下课后，我来到五楼临时办公室批改作业。五楼是只有两间小房间的阁楼，靠东边的一间，墙上开着一扇门，推出去，整个就是四楼顶。四间教室的平顶一溜儿铺开，像飞机的跑道一样。看到这个场景，我忽有所悟。把鸽子的宿舍建到四楼顶上来，这样不光有阳光照耀，而且有高度宽度，鸽子可以自由飞翔，不会再有任何敌人来伤害它们，真正可以高枕无忧了。关键是，这就是我童年第一次看到鸽舍的样子。

说干就干，总务主任又叫来当地的泥瓦匠师傅。我们在学校仓库里找出一些旧门板和椽柱，洪用来老师提了一个极好的建议：学校里有一批报废了的金属文件柜，正好可以用来当鸽子的窝。就这样，一面是墙壁，一面是金属文件柜，把旧门板的一端固定在墙壁上，另一端呈斜坡铺架在文件柜顶。经过一天的忙碌，空中鸽舍胜利完工。

老王、门卫老何、老李和洪老师又想方设法弄来一些破旧的羊毛衫、毛线衣之类的，铺设在每个文件柜的格子里，这样硬件、软件都已具备，筑成了鸽子们温暖的新家。我们把鸽子从绿林深处的平原，搬到了空旷辽远的高原。平原移鸽，非常成功。

不久，鸽子就完全适应了"高层生活"。时常，我和学生在上课的时候，有鸽子飞下来，停在窗台边上，侧着小脑袋，睁着绿豆般的黑眼睛，静静地看我们上课，听我们读课文。学生们都喜滋滋地望着鸽子，学习更认真了……

下课时，鸽子似乎知道有人在看它们表演似的，一排排、有顺序地从教学楼顶飞起，在空中舞动翅膀盘旋着……引得学生们一个劲地抬起头，仰着脸，笑着，张望……似乎鸽子和蓝天、白云融为一体了。鸽子飞倦了，就又一只接一只地停歇在对面那幢楼的屋顶上，远远望去，像一大朵一大朵的棉花团，像一处处冬日的积雪。

接下来的事情越来越利好。有一天中午，正在餐厅吃饭，老王兴冲冲地走过来，告诉我，鸽群里发现多了好几只灰色鸽子。我们猜测，这可能是先前我们买的第一批鸽子，被这群鸽子吸引，或许是被新鸽舍吸引，主动加入到这群广场鸽的队伍里了。

有一天早上，门卫老何师傅拿玉米在校园水泥空地上喂鸽子时，惊喜地发现，鸽群里来了不速之客。一只羽毛在阳光下闪着幽微的蓝光，长得极为玲珑小巧的鸽子，它有一双玉石一般的纤脚，其中一只脚上装饰着一个塑料环，上面隐约有编号。说不定，这是一只拥有高贵血统的信鸽。它可能也是被这群清秀、灵雅的白鸽吸引，或者迷恋上校园里清新、宁静、祥和的生态环境，而加入了这支鸽子的自由部落。老何一边喂食，一边喊我们过来看。真让人开心！

又有一天上午，我上完课，从教学楼下来，穿过操场，准备回校长室。洪用来老师似乎早在一楼操场边等待，微笑着告诉我："校长，鸽子已经下蛋了！""好啊！洪老师，午休时我们去看看。"我高兴地回答。

午饭后，洪老师带我去四楼顶上看鸽子蛋。我发现鸽子们一只一只静静地蹲在文件柜里，它们在孵蛋了！看到我们，它们一个个"咕咕咕"地叫着，似乎在提醒我们，不要过去，不要打扰它们。我们看了一会儿，不想打扰它们，就回来了。

又过了几天，洪老师告诉我："校长，已经有好几只小鸽子孵出来了！""真的?！看看去！"我还真的没有见过刚刚孵出来的小鸽子长什么模样呢！我跟着洪老师来到五楼，轻轻推开门。我第一次看到了刚孵化出来的小鸽子，麻雀般大小，浑身不长毛，红红的肌肤，眼睛闭着，大大的嘴巴一张一张，发出细细沙哑的声音……看上去极其脆弱、娇嫩。大鸽子认真紧张地守护着它，见我们到来，发出"咕咕咕"的叫声。不过，我倒觉得这不是警告的话音，而像是感谢的絮语。

　　我这样想是有凭有据的，我总觉得这群鸽子充满灵性。每天下午，我基本上最后一个离开校园，我喜欢夕阳照射下的校园，充盈着宁静的诗意。风停了，校园里空了，太阳西沉了，山鸡啊，松鼠啊，各类小昆虫啊都出来了。我独坐四楼办公室，轻轻翻开书，趁这难得的静谧安详，做自己的晚课——阅读。有好几次，我正读得入神，却依稀感觉门口有什么影子在晃动。抬头一看，是鸽子！它们有序地站在阳台护栏的边沿上，再一个个飞下来，悄无声息地飘到廊道地面。然后，仿佛有谁指挥似的，排成队，走进我的办公室。一个个东瞅瞅西瞅瞅，小小的脑袋左边一下，右边一下。它们似乎看到了我，在一只鸽子的带领下，竟然朝我走过来了。我屏住呼吸，不出声，生怕惊吓了它们。我捧着书，端坐着，用眼睛悄悄地扫瞄它们，它们沿着我坐的椅子绕了一圈，又沿着刚才来的路线，悄悄地走了出去……

　　天哪！这是多么神奇的事！我相信，此刻，这些鸽子在用它们独特的方式向我表示感谢！等到它们都出去了，我激动地站起来，走到办公室门口，用目光追随它们。它们又在夕阳下的天空中自由翻飞、盘旋了……

　　它们定然知道，我救过它们的命。那是在鸽舍搬到四楼顶后不久，有一天早上，门卫老何师傅告诉我这样一个可怕的消息："校长，昨天傍晚你离校不久，就来了几个当地的村民。他们得知学校养了一群鸽子之后，特地过来看看。其中有人还放出话来，下次没有下酒菜了，到这里打几只鸽子尝尝……"我一听，急了，忙问老何："你怎么跟他们说的？"老何说："校长绝对不会同意！你们绝对不能打鸽子！他们却回答：'校长算什么东西？'"

我立即找到洪用来老师，告诉他"有人可能要入侵"的消息，洪老师说会转告他的儿子，警告这些家伙不得到学校做任何坏事！洪老师的儿子是村子里很有正能量的人物。我还不放心，立刻联系村主任、书记，他们听了，斩钉截铁地表示，有人找学校麻烦的事他们来摆平，让我尽管放心就是。

后来，这些"鸽子杀手"真的没有来过，估计是获得了必要的提醒。这要感谢洪老师和村主任、书记。

洪老师曾经跟我说过："校长，这个鸽子蛋是非常好的，清凉解毒、营养丰富，你要不捡几个回去尝尝？"我断然回绝。知道洪老师是一片好意，但我怎么可能去伤害鸽子呢？

就这样，在这个僻静的山脚下，我和鸽子一起待了足足四年。四年来，鸽子的队伍不断壮大。在飞舞的鸽群里，出现了一批非白非灰、灰白相间的鸽子，那是"混血儿"。是白色鸽子和灰色鸽子自由恋爱、通婚后的结果。它们已完全适应这里的生活，很可能成为这个乡村学校永久的居民。

而我是候鸟，不是留鸟，我终究要飞走。我终究要离开这片宁静的山坳，回到灯光绚烂、繁华喧闹的都市。

2014年7月，又一批学生毕业，也是我在校区的最后一届学生。下一学期，我将回到人民路小学了。

当真的确定回来时，我却有些留恋了。我特意在那个安静的校区住了一晚，是四年来唯一的一晚。我想留个纪念，留一份美好的回忆，我不能仅仅拥有校区的白天，我也想拥有校区的夜晚。那晚，我在校区清新的空气中，在草木树花的芬芳里，在鸽子和山鸟夏虫的鸣叫歌吟里，沉沉入睡……

离别之际，我想，除了回忆，我应该带点什么。什么好呢？鸽子，我就带几只鸽子回去吧！

离开这个学校的时候，洪老师为我准备好了一只金属笼子，它关过松鼠。洪老师曾经专门捕捉了一只小松鼠送给我当宠物，我带回家后，

163

养了没几天，觉得脏，就打开笼门，让这家伙重获自由，回归自然……

我走到四楼顶的鸽舍，精心挑选了六只鸽子，用笼子装好，放进后备箱，带回家。它们在我的车房里待了近一个星期，我觉得这样下去，会伤害它们。于是，把它们送到乡下老家，关养了几天。但终究不是长久之计。怎么办？放飞。让它们回到自然，或者回到它们想去的地方吧！

初秋的一天，我开车把鸽子带到一座山脚下。我把鸽笼打开，鸽子在地上走了一会儿，就一只只振翅飞走了……我默默地望着它们远去的身影，悄悄在心里想着当年和祖父一起在卖芝桥看到的鸽子飞翔的场景。

我相信，这几只鸽子将飞回到我的过去，我的椒北岁月，我的童年时光，我的一切记忆的天空……

学校有精神

担任海门小学校长之后，我开始思考一个重要问题：一所学校，如同一个人，需要精神气质。如同苏霍姆林斯基所说："学校必须是一个精神王国，而只有当学校出现了一个精神的王国的时候，学校才能称其为学校。"气质决定了一所学校的生命内涵，决定了其整个精神向度，也彰显了全体师生共同的人生行走方向。

海门小学拥有什么样的精神气质，要用文字提炼出来，让每个师生都能清清楚楚、明明白白地知道"我是谁？""我要走向哪里？"我的思考立足于"海门"二字。这是多么精妙、精深的名字啊！它代表了一种高贵的血统。从时间维度来说，它代表着历史、传承和文化，人们往往在其前面要加一个"老"字，称之为"老海门"。从空间维度来讲，它同样有着深刻含义。"海"代表着博大、辽阔和无垠，此外，"海"还和人生关系密切，著名作家麦加不是有一部小说就叫《人生海海》吗？知名歌手张雨生不是有一首歌称之为《大海》吗？更重要的是，"海"跟我们通常说的学问、学识融为一谈，书山学海，学海无涯，书海神游。

再说"门"字，同样意义非凡。它有一种汉字独有的画面感，似乎有一道门直立眼前，招呼我们进入。小学教育的启蒙价值是什么？是让每一个学生经过老师的唤醒、激励和鼓舞，带领他们找到适合自己的发展之门。从生命哲学角度来说，学校教育的本质功能在于为莘莘学子打开一扇成长之窗，或者推开一道进阶之门。正如朱光潜先生所说："学校教育的价值在于，其一，养成习惯；其二，指点门径。"

必须想出一句相对简洁而又深刻的话语，让所有人过目不忘，过耳即记，一读就懂，一下子明白海门小学所要涵养的精神气质。

"海纳百川"，我首先想到了这个词语，并且自我感觉非常满意。有这样几点理由：其一，作为校长，我的理念是"教师第一"。一所学校必须把教师的发展放在第一位，只有好教师，才能撑起一所好学校。只有教师发展了，教师自身想要发展了，教师发展得更好了，这所学校的学生才可能获得好的教育和教学，才能享受到非常精彩的课堂，才能最终切身感受到学校学习的快乐和幸福。这里的"百川"指的就是教师。在我看来，学校里的每一位教师就是一条河，好教师就是一条水势磅礴、浪涛奔流的大河；纵使一般的教师，至少他们也是一条迂回清澈、静静流淌的小河。"百川东到海"，一所学校里，所有的教师都拥有共同前进的方向，都目标一致地向着大海奔流。无论是哪一位教师，无论是什么样级别的教师，无论是哪一个年龄层次的教师，都必须奔流、涌动，只不过流淌的速度有快有慢而已。但绝不能不动，一旦河水不流动了，就变成一潭死水。而死水怎么会有生机和活力呢？又怎么能去带动学生呢？在我的潜意识里，教师是一条河，学生就是一群鱼。河水滋养了鱼群，河水愈宽，鱼儿愈大；河水愈"浑厚"，鱼儿就生活得愈自在。

此外，"海纳百川"的"纳"有着"容纳、悦纳"之意，学校就像一片海，容许每一位教师在这里各自展示才华、施展身手，先立德，再立功，后立言。当然，最根本的是让每一位教师都有存在感，如同张艺谋导演的那场著名教育电影《一个都不能少》。在"人人有位"的基础上，实现人人有为；在"人人有为"之后，"人人更有位"。

其二，"海纳百川"的"百"是虚指，而非实指。非常巧合的是，海门小学有一百二十多位教师，一师一河流，百师恰百川。真好！

有了"海纳百川"，接下去对应的自然是"门"字带头的四字词为好。这并非是一件容易的事，想啊，想啊，我最终想到了这样一点：一所学校的本质使命是读书，一位教师的本色呈现是读书，一个学子的本真形象还是读书。我想到自己读小学的时候，经常和同学说起的那句亲切的话语："明天读不读书啊？"即使在今天，我想有学生在上学路上遇见熟人，他们也可能会这样问："你读书去啊？""你在哪所学校读书啊？""你现在读书怎么样啊？"……学生到学校里，主要目的是读书，教师到学校来，核心工作是教书，教学生读书，不光教他们读好教科书，还要引领他们爱读课外书。不仅教他们在小学里爱读课外书，还要让他们一辈子热爱阅读、手不释卷。一所真正的学校就应该散发着浓浓的书香气息，如同一个美丽的花园，定然会散发着沁人心脾的缕缕花香，或者就像来到食堂、餐厅里，一定会闻到让人胃口大开、心情大好的食品香味一样。学校应该是"芝兰之室"，而绝不是"鲍鱼之肆"。

在《给教师的建议》里，苏霍姆林斯基说："一所学校可以什么都没有，只要有了为教师和学生精神成长而提供的图书，那就是学校了。"先生在反复提醒、叮嘱我们，学校里最要紧的事情，是校长带着老师，老师带着学生，认真地读书啊！我想了这么久，想了这么多，"门溢书香"这四个字就轻轻地推开思维这扇大门，清晰地在脑海里浮现出来了。一时大喜。"海纳百川，门溢书香"，就是海门小学的精神气质。

提炼出这八个字后，马上又思考，把它写在哪里为好呢？石头，而且必须是大石头，写在厚重、有力、坚毅的大石头上。海不枯，石不烂，这是学校永久的精神宣言。学校里必须有大石，大石上必然刻着特别有内涵的文字，这是校园里的一道绝佳风景。

"石"者，坚也。做好读书这件事，我们当坚如磐石。风风雨雨不动摇，每日每月不忘掉。"石"者，实也。我们必须实实在在做好读书这件事，不做虚的，不玩花样，不搞形式。"石"者，时也。古人云："三更灯火五更鸡，正是男儿读书时。"现在，无论教师，还是学子，每一个当下，都是读书的最好时光、时节和时刻。

生活在海边的我们，都熟知这样一个道理，空船航行时，须备有"压舱石"，以确保船只平稳航行，破浪前进。学校就是一艘知识的航船，学校也需要一块"镇校之石"，它就是全体师生心灵的"定海神针"。

后来，方远集团热心赞助六块大石，其中最大的那块就用来刻写"海纳百川，门溢书香"八个大字。那块大石重达二十八吨多，正面平如坚壁，背部丘壑峥嵘，侧看孤峰独立，横视刚毅厚浑，静静望之，正气凛冽、肃然逼人。当载重汽车把它从大山深处、溪水之畔运到学校，安放在行政楼前的广场上时，整个校园似乎一下子就安静、稳重了许多。

再后来，我请恩师王崧舟先生挥毫写就，亲赐墨宝。师母告诉我，为了这八个字，王老师几易其稿，精益求精，让我深深感动！

后来的后来，我请民间刻石大家、本土书法家邵先满先生亲自制刻，一笔一画，用锋利之刀，在巨石之上逐一刻下王老师手书的八个大字，尽可能地保留王老师书法的骨力风韵。我再请一位优秀广告人（也是海门小学的家长）精心调试好高品质的汽车烤漆，选用深蓝的大海之色，一笔一笔，描绘而就。一时，巨石增色，校园增辉，实乃幸事！

就这样，海门小学确立了自己的精神坐标，全体师生有了自己的灵魂之师。每天走进校门,迎面而来的就是这样一块巨石,扑入眼帘、映入心扉的就是这样八个大字。巨石和文字,是无言之师,提醒和敦促我们,勤学从来莫言迟,人生幸福读书时。每日轻翻数十纸,苦亦甘来已自知。

我想,一个痴迷阅读的校长,带领一群热爱阅读的老师,培养一批又一批爱上阅读的孩子,或许,这就是一所学校存在的重要价值。

情怀为第一

海门小学应该成为一所怎样的学校?作为校长,这当然要清楚。这是学校发展的共同目标和价值观,是引领全校教师共同前进的方向。

我的定位是,海门小学要把情怀放在第一位,要有大海一样的胸怀,浪花一样的热情。既要让所有孩子拥有美丽的梦想,更要给予一些不幸的孩子以温情和抚慰,给予必要的帮助,给予他们幸福成长的希望和力量。

几乎每一所学校都有"问题"学生,他们作业不做,成绩不佳,纪律不遵守,还经常闹事、出事,搞得老师们焦头烂额、身心疲惫。这些年,"问题"学生有增无减,成为摆在教师面前的一大难题。

静心想想,"问题"学生是怎么产生的?他们的问题是谁造成的?家庭是源头,家长是第一责任人,还有生活环境等因素。这中间,既有必然的成分,也有偶然的原因。有一点毫无疑问,"问题"学生本身也是"受害者",也是"苦命者",而不能把他们看作是"肇事者""害群者"。所以，我更愿意称他们为"不幸"学生。

在王崧舟先生的工作室里，有一句话语醒目地贴在墙上：教育当以慈悲为怀。我第一次读到它时，就深深震撼。这句话里蕴含着深刻的教育哲思，世间一切事物的终极境界，当是拥有宗教情怀。我曾遍读苏轼传记，从最初林语堂的《苏东坡传》，到朱刚的《苏轼十讲》、王水照的《苏轼传》，再到李一冰的《苏东坡新传》和周文瀚的《孤星之旅》，我深刻感受到苏东坡勤政爱民，为官一任，造福一方感人事迹的背后，是他有一颗悲悯、良善之心。苏东坡的文化艺术境界我们无法企及，然而他这种高尚无私的人格品质，当是我们所有教育工作者、行政人员的精神坐标。无论校长或者老师，其心灵层面修炼到一定境界，必然拥有良善，走向慈悲。通俗一点讲，什么是校长、教师的良善和慈悲呢？就是能够悲伤着师生的悲伤，痛苦着师生的痛苦，幸福着师生的幸福，能够在他们遭受不幸的时候，感同身受，并给予深深理解和尽力援助。如同孟子所言："人皆有不忍人之心。"对于校长和教师来说，恻隐之心是师德的最根本要求。学校和教师的使命在于普度众"生"，帮助所有学生树立正确人生观、价值观和世界观，帮助他们努力学习，先做更好的自己，然后尽力奉献社会、报效祖国、助力他人。学校教育的使命是引领学生从现实的此岸，走向幸福的彼岸，教师应该是一位真情和智慧同在，汗水和欢乐齐飞的"摆渡者"。

然而，这是一种理想的为师境界，我们离之尚有距离。包括我自己在内，多数时候，我们做得相对较好的是，对于优秀学子，我们往往喜笑颜开，关怀备至。而对于"问题"学生、"后进"学生等这些实则"不幸"的学生，我们做得远远不够。

有时候，我们视班里的"后进"生为"眼中钉""肉中刺"，巴不得他们自动退学，申请转学，每日冷眼看待，冷语相讥。在《给教师的建议》一书里，苏霍姆林斯基写到的尼娜老师和"差生"米哈伊尔的故事，即使在当下的学校教育中，也一定程度地存在。

每个开学初，做好一年级新生的分班工作以及其他年级的插班转学

169

工作，是学校教学线的一项重要事务。优秀的学生转进来，老师都高兴，万一有成绩不佳甚至是"极不理想"的学生放到其中一个班，那老师可能不大乐意。这些，我完全能够理解。作为教师，谁不希望自己班的学生优秀一些，谁不希望自己辛苦地付出，学生能够考得好一点，再好一点呢？

一年级学生分班后，经过一个或几个星期的接触、磨合，渐渐地，老师发现班里有"不理想的"学生了，而且可能不止一个、两个，老师失望极了，常常脸上带着丁香一样的愁怨，眼睛里散发着丁香一样的气息。在校园里遇见我，他们会借机诉苦："校长，我班的几个学生实在不行，我的运气怎么这样差啊！"我微笑着，安慰他们。然后一脸郑重而严肃地告诉他们："你要换一种思路，得天下英才而教之，当然是一种教育的幸福。而万一遇见不理想的学生，不幸的学生，你更要珍惜。""为什么？"往往老师会一脸狐疑地反问。"把优秀的学生教好，不是真教育。给予不幸的学生以温暖和关爱，帮助他们更好地成长，才是我们存在的意义和价值。"临了，我不忘说一句："一切不理想的、不幸的学生，都是命运之神派来磨练和考验我们的。我们要欣然接受，并积极行动。"

我常常想，人生不如意事十有八九，这样的人生是真实的，需要我们积极应对。不妨改一下这句话，"学生不如意之人十有八九"，恐怕说不过去吧！即使真的如此，又有何妨呢？

一所学校，一位校长或老师，要具备三种学生视角。其一，满怀欣悦之心，看待那一批尖子生，鼓励他们仰望辽远的生命星空，现在努力学习，将来报效祖国，造福人类。这是"仰视"角度，相信自己的教室里有未来的"钱学森"和"茅盾"等各个领域的精英。其二，满怀平等尊重之心，看待一大批中等生，引导他们通过不断学习发现自己的禀赋，开掘自己的潜能，找到属于自己的人生航向，努力做一个合格、优秀的社会公民。这是"平视"角度。其三，满怀悲悯怜爱之心，特别善待一小部分后进生、特殊生、困难生，了解、分析造成他们如今"生命困境"的缘由，以更热情的态度，更细致的关心，去温暖他们，帮助他们，让他们重新拾起跌落尘埃的灵魂，重新绽放久违的笑靥。这是"俯视"角度。这不是居高临下的俯视，这是"俯首甘为孺子牛"的气度和胸怀。我常常觉得，如果用一个最简单的方式来判定一个人的人格境界，只要看他（她）如何对待身份、地位等比自己卑微、低下的人就可一目了然。要想判断一个老师的师德是高尚还是极其一般，其实只要看他（她）对待"后进生"和"学困生"的态度就基本知晓了。

海门小学是一所有情怀的学校，是全体师生一个温馨的家，是所有生命航船在这里作短暂或长久停留的温暖港湾。我常常要求全体教师，我们要努力工作，无私付出，让所有学生都能在这所学校感受到学习的进步和成长的快乐，特别是那些"不幸"的学生。我们是这样说，也是这样做的。

2019年7月4日，我离开海门小学，不再任校长一职。回首在海门小学度过的三年半快乐时光，我坦然、欣慰，纵有些许的依恋和不舍。最让我欣慰的是，我和老师们一起帮助、温暖了一群"不幸"的孩子，几个特别"可怜"的孩子。我想我们基本上做到了王崧舟先生的那句话语：教育当以慈悲为怀。

我不会忘记，2016年6月，一年级新生招生时，李恩芳老师走到校长室，满脸忧伤地对我说："校长，我想请您帮忙解决一个孩子的读书问题。"这个孩子的户口不在本学区，房产也没有，唯一对得上条件的是父母在附近务工，租住学校边上小区。我当然予以拒绝，学校的生源实在太多，招生压力巨大。李老师说完全理解，她也是反复考虑之后才来找我帮忙的，只因为这个孩子太可怜了。随后，她说了这个孩子的特殊情况。3岁时，这个小女孩不慎从三楼掉落，不幸中的万幸，命救回来了，却从此瘫痪，两腿废掉，只能终身坐在轮椅上。李老师一番动情诉说，泪光盈盈。我纵使是铁石心肠也会动容，想了想，告诉李老师："这样吧，先等一等，等符合条件的学生都报名了，看是否还有名额。我们会尽全力帮助这个孩子。"

后来，这个不幸的孩子加入了海门小学这个温馨的大家庭。开学第一天，我专门去教室看她。小女孩长得浓眉大眼，清秀伶俐，极是可爱。我在心里说，命运之神啊，你终究还是有怜悯之心的，你给予一个生命以无情的打击后，再想方设法给予她必要的补偿和安慰。我把她安排在人格、学识都极其优秀的王海萍老师班级。在这之前，我和王老师做了沟通，请她转告全班学生和家长，为了这位坚强、勇敢、可爱的同学六年学习的方便，我们这个班小学六年教室不更换，都在一楼最靠近操场这间。还希望王老师带领全体学生，用六年时间，悉心照顾、呵护这位同学，共同做好这位同学的"看护人"。善良、真诚、大气的王海萍老师愉快而庄重地接受了这一"重要使命"。

一周以后，我在校园里遇见这位小女孩的母亲，她主动和我打招呼，表示感谢，我才知道，她每天都要来学校按时给孩子更换尿不湿。我问她还有什么困难需要学校解决的，她欲言又止。在我的追问下，这位了不起的母亲才说了这样一个问题：一年级小朋友好奇、纯真，她在卫生间给女儿换尿不湿时，有时会有孩子围着看，她女儿觉得很难为情。听她这么一说，我想，应该给她一个单独的、私密的空间，避免这样尴尬的局面。我马上打电话给总务主任陈斌，陈斌一听，二话不说，立马跑来，现场办公，把边上一个仓库房的钥匙给了她一把。这件事情就这样轻松解决，小女孩的母亲千恩万谢。我笑着说："这是举手之劳，都是我们应该做的。帮助你们一家，是我们学校应有的情怀。"

2019年9月开学初，已经退休的李恩芳老师给我发来一个微信短视频。打开一看，原来是这位轮椅上的可爱的小女孩，她用清脆如山泉水一般的声音，依依不舍地对我说："黄校长，听说您离开我们学校了，我很难过。我会记得您的，我会好好学习！谢谢您对我的帮助！祝您在新的单位工作顺利！"她先是一脸的凝重、忧伤，最后露出了山花般娇柔的笑脸。那一刻，我有一种说不出的感动。我感动于自己在特定的时间做对了事，我感动于一个孩子对他人相助的不失不忘，我感动于自己和海小老师一起努力，怀一颗悲悯之心，帮助了需要帮助的学生，这就是教育的幸福。

2022年7月，这位乐观、聪颖的小姑娘又通过李老师发来短视频，开心地告诉我，她以优秀的成绩小学毕业，将告别海小，踏入初中。再次感谢我对她的帮助，再次祝我事事如意。我再一次被她感动！也被王海萍老师信守诺言，付诸行动的精神深深感动，她用六年时间和全班学生一起，用心照顾这位"轮椅上的小天使"。多么了不起的好老师啊！多么有情怀的学校啊！这是教育应有的样子。

像这样帮助"不幸"学生幸福成长的故事，在海小还有好多。比如，郑敏华老师帮助、感化"何小承"（化名），阮春燕老师包容、关心"温小心"（化名），徐菊芳、朱敏老师关爱"孙小成"（化名）；在凌巧琴老师的教室里，每天都坐着一个特殊的银龄学生，是学生"周小俊"（化名）的奶奶来陪读……

我很感谢这些老师，她们是那样的理解和支持我，从来没有丝毫抱怨过我，说过类似于"校长，你怎么把这样的学生都接进来了"这样指责的话语。因为她们知道，学校要有情怀，教育需要良善，教师要具有慈悲品格。这样的教育才有意义，才是真教育，才是群众尤其是那些家里遭遇困境和不幸的百姓所需要的。

这些不幸的学生，都是经我之手，一个一个地接进来。当初，他们的家长来到我的办公室，一个个泪雨纷飞，有些甚至泣不成声，只因为他们的孩子很不幸，他们的家庭很不幸，他们都是海门小学学区内的学子。教育就是帮助，就是支持，就是雪中送炭，就是一场慈悲为怀的人道主义援助和拯救。唯有这样，我们才配得上"海门"这一名称，唯有如此，我们才能真正成为"那片爱的大海"。纵使我们未必拥有"海"的智慧，无论如何，我们应当具备"海"的情怀，张开臂膀，接纳这些孤独、破碎、游荡的生命小舟，给他们一个宁静、温馨的梦想港湾。

有一天，我在思考学校办学理念应该怎么提炼，一遍又一遍地在纸上写着"海门"二字。突然间，灵感来了。

"海"，我把它理解为"三点水"加上"每"字，意为"每一滴水"。

"每一滴水"代表着每一个学生,代表着每一个生命。每一个学生都是不一样的,首先,他们来自不一样的家庭,有着不一样的生长环境;其次,每一个学生都有不同的人生遭遇和经历;最后,每一个学生都有着不一样的禀赋与天分。无论他们过去如何,现在怎样,我们都坚信他们会有一个属于自己的美好未来。"门"字也有一个"点",也代表着"一滴水","门"就是希望,就是方向,就是美好的梦想,就是通往前行道路的入口处。

于是,我激动地写下这样一句话:每一滴水都不一样,每一滴水都有方向。这就是海门小学的办学理念。这一办学理念折射出来的,正是海门小学如水一般温润绵柔、载歌载舞的情怀。

我把这句话安设在行政楼三楼的围栏上,特地让广告公司做得很大,很醒目。让海小的每一个老师和学生每天都能清清楚楚地看见,让这两句话成为我们所有海小人学习、工作等一切行动的精神指南。也让所有到海小来参观、指导、交流的宾客、同行,都能够切身感受到,海小是一所有情怀的学校。这是海小的生命告白,这是海小的使命宣言!

六棵山茶树

春风暖洋洋吹拂的日子里,我很自然地想起海门小学那六棵高大的山茶树,它们开花了吗?如果开了,是不是鼎盛时期呢?这几棵山茶花的花期很长,足有一个月之多。

即使不在开花时节，只要来到海门小学，我都会特地去看看这六棵山茶树，如同它们是我的好朋友一样。

说起这六棵树的来头，可真不小，它们可是区府大院来客。2018年，我任海门小学校长已两年。3月的一天，英语组尹海萍老师打来电话，告诉我一个重要消息：区政府大院绿化整改，有多出的花草树木，学校如果提出，领导定会关心、支持。感谢尹海萍，她一心想着学校，真好。挂断电话后，我马上想到自己原先的一位家长，就在机关事务管理局工作，赶紧联系他。家长非常热心，让我明天一大早过去。

第二天早上7点多，我和总务主任陈斌急急忙忙地赶到区政府。家长已在那边等候，带我们去见机关事务局局长。局长得知我是海门小学校长，非常热情，把我们带到需要换栽的山茶树林前。一看，足足有十几棵。来的时候，我和陈斌已经想好方案，移栽过去的树，种在哪里？具体什么位置？可以种几棵？我们挑了最高大的六棵。细心的局长怕到时弄错了，特地拿来涂料，在我们挑中的六棵树上，一一涂上记号，让我们最好在两天内移走。

当天下午，陈斌就派人在校园里挖好树坑，然后再带专业人士开车到区政府，把六棵山茶树搬运过来。移栽的园林师傅看到这六棵高大的山茶树，笑着说："这六棵树长到这么高，非得二三十年时间不可。这么大的山茶树，市场上至少要卖1500元一棵。"这么一来，等于我们就赚到近1万元钱。这是来自区政府的山茶树，体现了政府对教育的关心，对学校的支持，其意义、价值无法用钱衡量，当为无价。

开始，我担心六棵山茶树会不会适应新的环境，人都说"树挪死"啊！一周之后，我发现有好几棵茶树的叶子黄了，整棵树给人蔫了的感觉。连忙让总务处联系园林师傅，得到的回答是："没问题！正常现象，它们需要适应。"也就放了心。

那年暑假，8月份，我来学校办公，自然要先去看望这几棵山茶树。不看则已，一看，有惊人发现。山茶树居然长出了一粒粒纽扣般的苞芽，一下子让我想起宗璞老师的美文《丁香结》。先前，我只知道山

175

茶树在冬末春初时节开放，怎么也没有想到，它的花苞竟然在如此炎热的盛夏时节就开始悄悄孕育。粗粗一算，至少也需要五六个月时间的蓄积和等待。这中间的过程漫长而艰辛。夏天烈日的炙烤，秋日冷雨的侵袭、寒霜的浸染，还有冬季朔风的吹刮，甚至有冰雪的突降……这不禁让人想起冰心的那句诗："成功的花，人们只惊羡她现时的明艳！然而当初她的芽儿，浸透了奋斗的泪泉，洒遍了牺牲的血雨。"我不由得对山茶花肃然起敬了。我希望自己、海门小学的老师以及全体学生都能从山茶花身上汲取生命的能量，获得奋进的动力。

于是，我很盼望山茶花开的那一天，那是胜利的一天，那是精彩绽放的一天，那是令人无比激动的一天。

从8月看到9月，从9月看到10月，从10月看到11月……山茶花的苞芽渐渐长大，从衬衣纽扣般大小，到毛笔头一样，到桑果那般模样，直到成为一只只绿色栖憩的鸟儿，静静地停在枝头，一朵朵欲放的花蕾，在绿叶包裹间，微微露出白的、红的、黄的叶瓣儿……

那年寒假，我去学校看，山茶花没有开放。临近春节，我也就忽略过去了。直到正月，快开学了。有老师打来电话："校长！校园里的山茶花开了！非常好看！"赶紧急火火开车过去，车才到校门，透过移动拉门的间隙，就已经看到一片色彩在前方闪烁。开进校园，透过车窗，看到了！六棵树全开花了，一树明艳的花，点缀在满树的绿叶中间，仿佛彩色的鸟停落在上面。下了车，感觉空气似乎都有香气在流淌了。这才一棵一棵，一朵一朵地看过去。六棵山茶花，有几棵是红的，但红的程度不同。那深深的红，像极了进口的高级的法国葡萄酒，真是鲜艳欲滴，美得高贵；那粉粉的红，如同古代仕女扑了粉团的娇柔的小脸，美得雍容、可爱。有一棵开白的花，那花瓣像玉一般纯洁、清新，真让人疑心，这是不是冬天里冰雪消融后的灵魂，在一朵朵白色的花朵里得到了重生？还有一棵却是红白相间，同一片花瓣上，由红到白，白是冷色，红是暖色，白色提醒我们要冷静，红色告诉我们要热烈，山茶花似乎用它的花语温馨地告诉我们，人生有黑夜，有白天，生命有顺境，有逆境，心情有时好，有时坏，生活有晴日，有雨时。这么一想，我真的是愈来愈喜欢山茶花了。

就这样，在接下来的一个多月时光里，海门小学的师生们每天看花，闻花，品花，思花，悟花，享受着山茶花带来的无限乐趣。

不过，这中间也有一个小插曲。鼎盛时期一过，山茶花慢慢地枯萎、凋零。和别的花一片片花瓣零落成泥不一样，山茶花是整朵花掉落尘埃，看上去有点悲壮。一天，一个语文老师一脸紧张严肃，尽量压低声音，悄悄地提醒我："校长！山茶花有一个不好听的名字？""哦？说来听听。""因为它整朵整朵地掉花，所以人们称之为'断头花'。"

我听了，想了想，笑着说："人们可以称之为'断头花'，因为他们生活在俗世凡尘中，可以理解。我们老师不可以随俗，有时候，我们要表现出雅的一面，高雅、优雅、风雅。我们可以称它为'低头花'，让它时刻提醒我们，要谦逊，要宁静，要心定。"

那位老师一听，笑了。是啊，同样的花，不同的人有不同的理解。不是花决定了你，是你的境界，决定了花能给你带来什么样的世界。

一花一世界，这世界是美好的。

种下一棵树

学校要为三年级学生举行"我十岁了"成长礼，副校长请我为这次活动写一首朗诵诗。我想了想，这个无比美好的三月，学校刚在操场边上种下了一棵小樟树。樟树是浙江最常见的一种树，生命力顽强，四季常青，身姿挺拔。校园里种樟树更有特别内涵，"樟"谐音"章"，老师、学生都需要写文章。人生如同一篇文章，有人写得豪放，有人写得细腻，有人写得幽默，有人写得严谨，有人写得诗意，有人写得理性……樟树提醒我们向下深扎根，向上接近天，坚持努力地生长。于是，我就写下了这样一首小诗：

  在三月的细雨中，
  我们轻轻地，
  种下一棵树，
  奔跑的雨点儿有了一个温暖的家。

  在清晨的校园里，
  我们悄悄地，
  栽下一棵树，
  稚气的少年从此有了一份牵挂。

  在宁静的心田上，
  我们默默地，
  许下一个心愿，
  和这棵树一起长大。

  我们要长成一棵树。
  像树一样的挺拔，
  像树一样的坚强，
  像树一样的英姿勃发。

  我们要像树一样，
  脚坚实地踩在这片温馨的土地上。
  臂膀向着蓝天的方向，

生长，生长。

每天都吸收雨露阳光，
每天都绽放绿色新芽，
每天都活泼泼地挥洒快乐，
每天都安安静静地生长，生长。

每一个枝头，
都积聚美丽的梦想。
每一片绿叶，
都闪烁金灿灿的未来。

这棵树，
是我们一生的成长姿态，
是我们远航的心灵灯塔，
是我们永远的精神坐标。

在三月的阳光里，
我们轻轻地种下一棵树。
在一生的旅途中，
我们种下一辈子的承诺。

长成一棵树，
长成一棵大树，
长成一棵立地的大树，
长成一棵立地顶天的大树！

石头会说话

镇校之石刻上了王崧舟先生题写的"海纳百川,门溢书香"八个隽秀、潇洒的大字,这是海门小学的精神气质。还有五块略小一些的石头,上面应该写些什么文字?或者说,我们应该为它们赋以什么样的生命呢?总不能就让它们或站或卧默默存在校园里吧!

我又陷入思考,应该让这些石头和师生的生命成长联系在一起,让石头为师生的生长做点什么。石头永恒,精神永久,石头刻上文字,它就是一本无言的书,一道厚重的景,一个慈祥的人。我想到了一句话:教学生六年,要看学生今后十六年,想学生人生六十年。小学教育要为学生一辈子幸福打下坚实基础。在《查拉图斯特拉如是说》一书里,尼采提出了著名的"精神三变",先变骆驼,再变狮子,最后变成婴儿。如果用五种精神图像来比喻海小教师、学生人生的不同阶段,应该以什么为好呢?

我在海边成长,我所在的村庄是典型的江南水乡,在我心中,水是如此亲切,如此美好,如此浸润我的生命。现在,我所在的学校是"海门小学","海"是水的生命宏大景象。于是,我想到五种形象五个字:"溪、池、河、湖、海",这是水的五种存在姿态。生命如水,这不就是我们每个人存在的方式吗?人的童年时期,若溪,清澈宁静;少年时代,如池,通过学习,不断积淀;青年时月,似河,奔腾激扬,水起风生;壮年时令,若湖,水波映月,波澜渐起;而到得老年时光,则人生海海，阅尽沧桑，对任何人事无不包容，深邃渊沉，蔚蓝如梦。

我想委托这五块石头告诉海小所有师生，如果你成不了大海，就成为大湖吧！如果你成不了大湖，就成为大河吧！如果你成不了大河，那就做宁静的榆荫下的一池吧！如果你成不了水池，那就做一条快乐流淌的小溪流吧！那又何妨。人生本来就是多面向的，生命本身就各有不同，溪有溪的韵味，池有池的雅致，河有河的内涵，湖有湖的大气，海有海的风度。每个人都要清醒认识自己，然后认真做好自己，最后寻求努力超越自己。这就是人生的修为。

做了这些思考之后，我觉得还不够，这五块石头可以发挥更大的作用。接着，我和班子成员一起，想到了五种关键品质，想到了五块石头上可以镌刻的五句智慧话语，我们请著名书法家黄元及先生亲笔书写，请知名雕刻家邵先满先生以刀为笔，刻写石上。

一、"溪"——谦逊

"溪"这块石上，刻着"为天下溪，常德不离"。《道德经》第二十八章有这样一句："为天下溪，常德不离，复归于婴儿。"老子的意思是说，每个人如果甘愿做天下的溪涧，他永恒的德性就不会离失，生命就会回复到婴儿般单纯的状态。

这里隐含的关键品格是"谦逊"，我们希望海小全体师生首先要拥有这一珍贵品格。溪水往低处流，意指人要把自己放得很低，要常觉得自身不足，才会不断进步，不断向前。特别是在当下的自媒体时代，"谦逊"更显弥足珍贵。当人人都"大晒"自己的点滴成绩时，久而久之，未免会显得志满意得、目空一切。人一旦骄傲了，就不会进步了。如果过分骄傲了，就变得自狂了。而自狂的结果，就是走向自我"灭亡"。曾国藩说："败人二字，非骄即惰。"人啊，任何时候，都骄傲不得。

我曾经和老师谈起，小学教师这一职业是很容易骄傲、骄狂的。为什么呢？环境因素决定，他（她）身处斗室之中，成天相处皆孩童之辈，学识、经历及生命智慧一般情况下应当远超学生。还有一个重要因素是，他（她）往往以师长自居，时刻摆出一副师道尊严。在这个小小的地盘里，他（她）说了算，所有学生都对他（她）言听计从，唯马首是瞻。这样一种生命状态，其实是需要点醒的。黄侃先生说："学问犹如仰山铸铜，煮海为盐，终无止境。作为学者，当日日有所知，也当日日有所不知，不可动辄曰我今天有所发明，沾沾自喜。"我以为，"仰山"者，书山也；"煮海"者，学海也。在书山学海面前，我们都是真正的"小"学老师，任何时候都要抱持谦卑、敬畏之心。当然，现实情况是，我们的同行都非常智慧清醒，真正志得意满、自以为是者，也实是高山一木、沧海一粟。

心理学大师阿尔弗雷德·阿德勒有一本著作《自卑与超越》，告诉我们，一个人如果适度地保有自卑感，是生命中的最好状态。我理解的"适度保有自卑感"，就是拥有"谦逊"品质，觉得自己在某方面不如他人，心头滋生一种敬重之心、钦佩之意。柏拉图不是说吗？最大的麦穗往往是低垂得最厉害的。一个真正厉害的人，恰恰是谦虚、低调不张扬的。苏格拉底曾说："我唯一知道的是，我很无知。"

我希望海小学子，从童年时期就能播下谦逊品格的种子，生根发芽，长叶开花，结出果子，相依相伴，终生拥有。

二、"池"——安静

"池"这块石上，刻着《礼记·王制》里的一句话："泮宫之池，大学在郊。"泮（pàn）宫，是古代的国家高等学校。《礼记·王制》言："大学在郊，天子曰辟雍，诸侯曰泮宫。"《诗经·泮水》篇有："思乐泮水，薄采其芹……"今天，我们去参观某地的孔庙，里面一般都有水池，即为"泮池"。

"池"代表着海小学子的第二种关键品行：安静。"池"因面积小，水量少，很难起波澜，给人极其安静的印象。对一个人的成长来说，安静多么重要！静能生慧，《大学》有一句："静而后能安，安而后能定。

知止而后有定，定而后能静，静而后能安，安而后能虑，虑而后能得。物有本末，事有终始，知所先后，则近道矣。"一个人心智成熟与否的标志之一，是看他（她）能否做到安静。会安静者，得智慧，有前景。以我三十年的从教经验来说，班级里的学霸，是不大喜欢热闹的，他们常常静坐一室，默默无言。社会上的精英人士，是不大喜欢喧嚣的，他们往往喜爱独处，时时沉醉在思考的世界，智慧的眼神里，散发出一种忧郁的光芒。

钱锺书先生说："大抵学问之事，荒江野老屋中二三素心人谈培养之事，朝市之显必成俗学。"的确，真正做学问的人，要耐得住寂寞，要受得了孤独。"狂欢是一群人的寂寞，孤独是一个人的狂欢"，讲的似乎就是这个道理。"板凳要坐十年冷，文章不写半句空"，这中间的"冷"字，自然含有"安静"之意。

"安静"的最高境界，就是让自己的心成为一湾风来也不起微澜的清清小池。

三、"河"——求索

"河"这块石上，刻着《诗经·关雎》首句："关关雎鸠，在河之洲。"有老师说，这一句话不是在讲述古人的爱情吗？这样的话语给小学生看，合适吗？我的理解是，如此美好的语言，不一定就指爱情，不能仅仅局限于爱情。诗无达诂，仁者见仁，智者见智，经典作品多姿多彩，内涵极其丰富。常读常新，注入生命，在合乎情理的基础上，我们完全可以有属于自己的新理解。《说文解字》里这样解释"河"字：河，河水出敦煌塞外昆仑山，发原注海。

仁者乐山，智者乐水。智者，如水一样灵动也。河流河流，贵在它始终在流淌，流动，奔流。小时候，我生长的村子的南面、北面和东面都有一条大河环绕。我常常站在河岸边，望着河面出神，望着一批又一批的浮萍，一艘又一艘的船只，顺着流淌的河水，载着我的思绪和疑虑，渐渐走向远方……现在我终于明白，这就是一种生命的不息追求。

所以，我给"河"的定义是，它蕴含着海小师生必备的第三种关键品格：求索。大河向东流，日夜不停息。生命在于运动，人生在于行动。天行健，君子以自强不息。两千多年前，屈子发出这样的生命强音："路漫漫其修远兮，吾将上下而求索。"我们当像大河一样，生命不息，求索不止，日夜奔腾，永远向前。

四、"湖"——积聚

"湖"这块石头上，刻着《周礼·职方》中的一句："大湖蓄水，川泽所仰。"

"湖"代表着海小师生的第四种关键品格：积聚。日积月累，积少成多，聚沙成塔，集腋成裘，人生智慧是一点点累积起来的。苏轼曾言："博观而后约取，厚积而后薄发。"生命如水，只有不断地积聚细流，方能成为烟波浩渺之大湖。今天，海小学子在这里度过他们人生中的六年时光，海小的老师就更不用说了，他们有人将在这里度过几年乃至几十年的教学生涯。无论多少年，每一年，每一月甚至每一天，他们都在积聚、积累和积淀。读书，思考，写作，对话，交流……每一种方式都会在他们的生命之湖里注入新的水流。随着时光的推移，随着学养的丰厚，他们的生命之湖必将越来越广阔，蓄积的水流必将越来越丰沛。

尽管这积聚的湖水中，有欢乐、幸福，也有忧伤、痛苦，但这正是生命之湖的本真面目，本原底色。正如李义山所言："永忆江湖归白发，欲回天地入扁舟。""浪迹江湖白发新，浮云一片是吾身。"我想告诉海小师生：愿君时时多积聚，他日潇洒闯江湖。纵浪大化俗尘中，也有风雨也有晴。人生当不断地积聚拼搏的能量，以迎接更多更大的挑战，让自己成为大湖，不断地吞吐、吸纳。

五、"海"——博大

"海"这块石头上，刻着《庄子·秋水》里的一句："天下之水，莫大于海。"海，天池也。海是水的最高境界，它无限广大，万川归之，不知何时止而不盈。

海纳百川，有容乃大。我在思考，生命的最高境界是什么呢？是接受，是容纳。是欣然接受行走路上遇到的一切，悲也好，喜也好，心里都知道。风也罢，雨也罢，一切皆风景。如同苏子所说的："也无风雨也无晴，一蓑烟雨任平生。"我们皆凡夫俗子，但每时每刻每天每月都在修炼一颗凡人的心。什么时候，让我们的心灵从一个浅水洼，变成小池，变成一条河，变成一片大湖，最后成为心海。心成大海，大海能够带走我们所有的哀愁，大海也能够带来我们所有的欢乐，这就是我所理解和追求的生命至境。

因此，海小老师和学子的第五个品行关键词是"博大"。首先，在人格上追求博大的心胸，打开格局，大气豁达，绝不计较于点滴得失。尤其是对老师的要求，要悦纳班里、学校里所有的学生，哪怕是最让人头痛的"问题生""学困生""后进生"，更要对他们以宽容和热爱。为人师者，如果能对班里最不"理想"的学生做到和颜悦色、温暖以待，则可称"人师"也。其次，在学识上的追求。知识就像海洋，人生就像大海。"博大精深"是全体师生一辈子追求的目标。诚然，成为"精深"是终极方向，常人难以企及。但是，通过小学六年的学习，我们希望全体学子能够爱上阅读，养成每天阅读的习惯，掌握基本的阅读方法，走向大量阅读，沉醉阅读，博览群书，拥有广博的知识和视野，具备开阔的襟怀和气度。做一个大气的人，成为一个堂堂正正、大写的人！

对于教师，我们更是寄予厚望，期待他们用一辈子的时光，认认真真做好一件事——教育（教学），努力追求学识上博大，技艺上精湛的事业胜境。

这样，刻有五个名字，镌有五句话语的五块石头，像五位无言的长者一样，静立在海小的校园里。无声却随时提醒每一位看到它们的师生，要谦逊，要安静，要求索，要积聚，最后要让自己变得博大啊！

楼名有深意

海门小学共有五幢楼。自南而北，分别是三幢教学楼，一幢行政楼，再加一幢综合楼。综合楼顶层是师生的精神高地——剧场，一、二层是师生的物质基地——餐厅，再有几间音乐教室和教师宿舍。

楼非名楼，但得有楼名，总不能1号楼、2号楼地称呼它们。为此，我颇费了一番心思。一次次走在操场上，默默望着一幢幢静静不语的青灰色的高大的楼房。它们是有生命、有尊严的，我们应该"让每幢楼房说话"。

真是机缘巧合，由五幢楼我一下子联系到"五育"。五幢楼分别对应德、智、体、美、劳，非常好！但总不能分别叫它崇德楼、启智楼、健体楼、爱美楼、勤劳楼吧！起名贵含蓄，忌直白，而且五幢楼如同五兄弟一样，也应该有个"一脉"相承，听起来要顺耳。当然，更重要的是，学校的楼名要有个性，独具生命特质，如同专属的私人定制，人家一听，就知道是海门小学的，即使复制过去，也不会合宜妥帖。

综合上述想法，思路就打开了。海门小学的楼名，自然要以"海"字为基础，有着"海派"特质。

先思考"德"，一个人品德高尚的标志之一，应该拥有宽阔的胸怀、宏大的格局。我想起了Beyond乐队的《海阔天空》，那就称之为"海阔楼"吧！仔细琢磨，甚为满意。

一个楼名想定后，如同一扇门被轻轻推开，接下去就相对容易了。

随后，我给第二幢"智"楼取名"海渊楼"。能达到智慧境界，其学识自然要像大海一样深厚、渊博。至于第三幢"体"楼，生命在于运动，大海日夜澎湃，"海湃楼"自然合适。第四幢是"美"楼，也是学校的行政楼，某种程度上，它代表着学校的精神气质。从教育角度讲，一所学校有怎样的领导班子，就有着怎样的教师团队，有怎样的教师团队，就自然培养出怎样的百千学子。倘若领导班子昏昏，岂能让教师团队昭昭？又怎么能让莘莘学子明明呢？什么样的海水是美的？什么样的心灵是美的？什么样的精神境界是美的？我连续追问自己。我想到了自己的偶像之一王阳明，他留给世间的最后话语是：此心光明，亦复何言。我又想到了另一位浙江大儒李叔同，他写给弟子的一段生命留言：君子之交，其淡如水。执象而求，咫尺千里。问余何适，廓尔忘言。华枝春满，天心月圆。猛然，另一个人物映入脑海——陶渊明。华中师范大学戴建业教授对其深有研究，曾用"澄明之境"来评价五柳先生。想到这里，我笔尖一动，"海澄楼"三字跃然纸上。是的，我等为师者，为校长者，要牢记陶潜先生的两句诗："衣沾不足惜，但使愿无违。"精神第一，物质第二。精神澄明，不含杂念，一片冰心，正是初心。这正是教育之真美，师者之大美，也是所有生命一生追求之至美。此外，我取之为"海澄楼"，另有一层深意。大海每天都在吸纳来自各方的水流，大大小小，深深浅浅，或清或浊，包容并蓄。极为难得的是，大海具备自身澄清的本领，纵使是污水垢流，也会让它们静静沉淀，慢慢凝潜，而大海始终蔚蓝、清澈。我也真诚希望自己和全体教师在这个缤纷绚丽、光怪陆离的美好世界和最美时代里，能够坚守教育初心，不忘自身使命，做一个时代的"素心人"。在这里，"澄"既是形容词，是清的意思，也是动词，自觉、自动地让自己的心灵时常沉淀、时时清澈、时久空明。

剩下最后一幢"劳"楼了，劳动改变世界，改变程度最大的是沧海变成桑田。"沧海"一词，倒过来读，不就是"海沧"吗？"海沧楼"，搞定。

我把这五个楼名逐一写下来，一比较，有了意外发现：海阔楼、海渊楼、海湃楼、海澄楼、海沧楼，其中"阔、渊、湃、澄、沧"五个字都和"海"字一样，都有"三点水"。大海自有水，上善当若水。真是太好了！

美好的事情一桩接着一桩发生。定下楼名后，我和好友也是副校长吴志勇商量，用什么字体，什么颜色，在楼墙的哪个位置安装楼名为好。两个人在校园里走了一圈，东望望，西看看，又有新的发现。教学楼西面的墙上，接近楼顶的地方，不知当初的设计者出于什么考虑，留着一个小窗大小的凹陷下去的框。志勇和我回到传达室商量，我突然想到这样一个绝妙主意：干脆在每个凹框里安装一个繁体字：德、智、体、美、劳，都做成红色，如同中国印一样，有一种古典文化的浓浓韵味。妙极了！

这样一来，楼名的位置、大小就基本上确定下来了。接下来，有着一定书法修为，在审美上具有相当水准的志勇，选定了楼名的字体，正是苍劲、雄浑又显古朴的魏碑体，非常合适！至于楼名的颜色，深蓝色是不二选择。它是大海的肤色，是大海魂魄的色泽，也是大海思想的颜色。

五幢楼的名字牌制作好了。师傅安装那天，我们所有班子成员都来到操场上，像举行隆重仪式似的，远远地、静静地观望着。安装一幢，我们欣喜一阵。等五幢楼名都安装完毕之后，大家的心头有一种莫名的激动。看啊，每幢楼名上方都有一个棕黄色的方框，里面嵌一个深红色的繁体字，下面是三个深蓝色的简体汉字，红、黄、蓝，不正是生命的三原色吗？繁体字散发着古老气息，简体字洋溢着时代活力，学校的使命、教育的担当、教师的责任，不就在于博古通今、承古传今、扬古创今吗？

自安装楼名之后，五幢坚实、刚毅的青灰色楼房变得儒雅、厚重，有文化气质了。在初升朝阳的柔波中，在正午太阳的注视下，在傍晚夕阳的依恋里，当我们默默望着它们的时候，它们也默默地看着我们。它们不说话，但它们分明在说话，在提醒、叮嘱我们：慢慢走，学习啊！不急躁，安静啊！享受在海小的每时每刻吧！真好！

木屋多温馨

　　海门小学的生源越来越多，教室越来越不够用了，连东围墙边上紧靠马路的小平房都用来做教室了。季夏毕业6个班，仲秋要进一年级8个班，甚至10个班。如何解决教室紧缺问题呢？这是摆在我们面前的一道大难题，一连几天，我的世界云沉沉，雾蒙蒙，天空不见光芒。

　　办法倒是有。学校正大门对面就有一幢新造楼房，有五层之高，一楼做店面，二楼以上都"虚室生白"。这是村里的房子。村干部非常关心和支持学校工作，我和他们接触过，也和副校长、中层一起去现场看过房子。一大栋房子，即使村里给最优惠价格，一年恐怕也要三五十万租金，有点舍不得。另外，去现场看了以后，我们觉得并不合适，因为这些房子原本不是按照教室标准建造，采光、通风等都达不到学校教学的要求。

　　还有几个必须考虑的重要因素，让我们彻底打消了租房念头。首先是安全问题，学生在学校对面上课，每天吃中餐、做操、上体育课、音乐课、美术课等都要从路对面走回校园。虽然仅一路之隔，近在咫尺，但是校门口这条路是主干道，每时每刻车流不息，万一发生交通事故，谁负得起责任？再说学校本来是一个整体，现在搞出个"挂角"来，有几个班的学生在校外上课，肯定不大好。

有人建议可以建一架天桥，这样可以确保学生安全通过。但是，说说容易做起来难，建天桥又不是搭积木，随便可以搞定。还有人说，特事特办，在对面上课的几个班级，体育课可以不用上，广播操可以不用做，音乐、美术课等就在原地上，中餐可以派人送到教室里吃……想法很美好，可是能实现吗？我们能这样做吗？不能。这样做，请问家长能满意吗？肯定不行。到时候绝对是矛盾重重，意见多多，非把学校吵个天翻地覆不可。

　　怎么办？不能向外解决，只能向内思考。一连几天，我在校园里不停地走着，思考如何破解这个难题。我的眼睛变得沉郁起来，我的脚步变得沉重起来，我的心像脚步一样沉重。

　　某一天中午，走到海阔楼和海渊楼之间的地面上时，我的眼前一亮。这两幢楼间距很大，中间有一道非常宽阔的绿化带，经过十几年的肆意生长，这些狂野的花草树木生意葱茏，绿色满目。它们就像一群已经好久没有理发的野人，一个个头发茂密，却一个个披头散发，凌乱不堪。可不可以把这些绿化带清理掉一部分，在这里搭一座小木屋？把它作为一个多功能小厅，既可以作音乐教室，也可以作为工会的活动室，或者是小型会议室等。我把这个主意和几位副校长一谈，他们一致觉得很好。赶紧让后勤人员丈量土地，评估木屋可造面积和高度，再让后勤副校长咨询相关部门，能否在校园里建造小木屋？又到已有小木屋的学校去实地参观，了解价格。

　　等这些都获得可行性结论之后，我们四五个人坐一辆车子，急火火地跑到邻市某一专门建造小木屋的公司，看样板，问信息，查材质，谈价格……一番言语交锋，基本确定下来，搭一座一层的约100多平方米的小木屋，包括地基建设、房屋搭建及相关装饰等，共需30万左右。学校肯定是没有这笔经费的，向上级申请，也不大可能批准。怎么办？跑去找海门街道领导汇报，一直以来，他们非常重视、支持学校工作。考虑到我们学校每年都在学区内生源十分紧张的情况下，认真执行上级部门政策，为优秀"四龙"企业解决部分员工子女入学问题，领导决定动员街道内相关企业集资捐款，再通过区慈善总会专项经费援建。不到两个星期，街道分管领导打来电话，说小木屋经费已经落实，由 10 多家企业共同出资，专项资金已打入区慈善总会，让我们和慈善总会对接。一时欣喜不已。

接下来，我们和慈善总会对接，按照相应程序，一步一步地做，一步一步地落实。2018 年暑假，校园里多了一座别致、优雅的小木屋。对开的正门，散发着古典气息。门口有一溜回廊，回廊上建一排栅栏，栅栏间立着几根门柱。推门进去，里头是长方形近 80 平方米的厅室，70 来人在这里开会绝对没有问题。站在远处望去，小木屋墨绿色的顶，红棕色的墙，配以白色边框的塑钢门窗，古朴中带着清新，坚实中透着清秀，庄重中散发着缕缕温馨的气息……再加上几棵尽可能保留的高大的桂花树点缀边上，和南北两幢高大的教学楼相互映衬，给校园平添了几许宁静和优雅。

开教师会那天，老师们走进校园，忽然间发现这一处全新景致，一个个情不自禁地发出欢呼，一边看，一边连声赞叹。到得开学那天，学生们看见小木屋，开心地笑着，欢天喜地跑上来，眼睛看着，手摸着，脚踩着，有的甚至坐在地板上，或者抱着木柱子，甚至用小脸蛋贴着小木屋的肌肤，鼻子闻着来自遥远的俄罗斯森林里的松木清香……一个个眼睛亮闪闪的，都深深地沉醉了。

我们再给小木屋安装上精致、玲珑的灯具，搬来一架钢琴，配备一台大屏幕一体机，又购买了一对音响。在音乐老师的提议下，又在一头的墙壁上安装了镜子，供师生排练舞蹈所用。因为这间小木屋实在太吸引人了，后来，工会主席在这里召开教师元旦联欢会，学校教师读书会把这里当作活动的主场地。再后来，我们的一些小型会议也都在这里召开。一时间，大家口里说得最多的高频词就是"小木屋"。

我一想，不行，如此清雅的"小木屋"得有一个高雅的名字。我和副校长吴志勇探讨，决定仿古代格式，在正门两侧各撰一联，上方挂匾额。他出上联：知行合一寻瀚海；我接下联：品学双修是法门。上联包涵了一代思想家、哲学家王阳明的心学精髓，意为努力践行"知行合一"思想，在浩瀚无边的知识海洋里追寻自己的梦想。下联针对教师、学生的修身、学习作重要提醒，要求他们既做一个品德高尚的人，又做一个勤奋好学的人，两者缺一不可，必须齐头并进。还有，上、下联的尾字连起来就是"海门"。

上方的匾额上，刻着"海心轩"三字。取这一名字，有多重内涵考虑。其一，小木屋如同海门小学的心脏，极为重要；其二，它是海门小学的艺术中心、活动中心和交流中心；其三，它是海门小学师生共同的精神栖息中心，热闹了，浮躁了，倦怠了，到这里来坐一坐，静一静，想一想，找人聊一聊，说一说，谈一谈，让自己的心安静下去，安顿下来。

如果说，一幢幢高大、坚实、灰色的钢筋水泥砌就的楼房，带给我们一种坚毅、豪放之感，无疑，古朴、雅致、棕红色的小木屋，给我们以一种特有的温馨、宁静和清悠之美。这种感觉，就如同在城市林立的高楼中间，忽然看到了一间素朴的乡村小屋。相互映衬之下，高楼更高，小屋愈小。高楼在小屋面前，增了几分威武，小屋在高楼底下，多了几许温柔。走出小屋见高楼，站在高楼看小屋，恍惚之间，有一种今古交融、刚柔兼济、城乡共处的意境。想不到，原本为了解决房屋紧缺而不得已为之的举动，现在收到如此美好的结果。多了一间小木屋，多了一间教室，多了一间会议室，多了一间多功能活动室，关键是，海门小学多了一座属于自己的地标式建筑。

一时，海小师生皆大欢喜。

那艘小木船

一直想在校园里放一艘船,从春天想到冬天,又从冬天想到春天。连位置都想好了,就在海澄楼前的圆形广场上。确实,一个有着"大海"血脉、气质的学校,如果拥有一艘船,该有多么的适宜。那样,无论是教师,还是学生,只要看到船,就会想起大海,就会想起自己要做勇敢的水手,去搏击风浪,挂帆远航。船是师生共同的精神意象,必须有。

有了这个美好想法,一有机会就会关注。我曾在邻市的一所学校里,看到一艘特制的工艺船模,但喜欢不起来。嫌它粉黛气太浓,火红深蓝明黄的漆水,过于浓妆艳抹,当属于渔船中的舞女,和学校的书香气息格格不入。我也曾跑到码头、渔港去实地看过,找过,搜寻过,类似那种原汁原味原生态的木头小渔船,没有。它们像风中飘落的叶子一样,消失得无影无踪了。海的怀抱里有的是一个个庞然大物,或者是个小一点儿的铁皮船,都觉得不合适。偶然得知一位十多年前的学生家长,现在专门负责管理渔船,就打电话给他。家长非常热心,当即表示,以后一有合适的木渔船要卖或者处理,会第一时间告诉我。一个月不到,家长打来电话,说有一艘木质渔船要低价处理。他已和老板沟通,老板说如果卖给学校,价格还可以优惠。内心一阵窃喜,但一问个头大小,竟是个庞然大物,足有二三十米长,放在学校广场上,肯定不匹配。我所要找寻的,是那种真正在大海的怀抱里漂荡过,在冰冷、咸涩的海水里浸泡过，在风波雪浪里搏击过，最多不超过十米的木制小舢舨。它定然千疮百孔，最好浑身写满无尽沧桑和伤痛，这样它就是真正的海中勇士。和班子成员反复思量后，谢过热心的家长，只得作罢。

某个周末晚上，和一群朋友在附近一家酒店聚餐。从车里出来，意外发现酒店门前的小广场上赫然放置着一艘漆水剥落、伤痕累累、破旧不堪但依然屹立如斯的木质小渔船。其大小、样子、气质正是我梦寐以求的标准。一时狂喜，竟忘了进包厢，一个人呆呆地站着，左右上下看着这只小渔船，带着崇敬的目光和虔诚的心灵，像看一位老英雄似的。尤其看到一些船板上，大洞小眼，疙疙瘩瘩，真像一位身经百战、负伤多处而依然坚毅如山的钢铁战士。忍不住地，用手去触碰了几下。一时感慨无比，踏破铁鞋无觅处，得来全不费工夫，但是，它属于酒店，不属于我们学校。

朋友久等不见我到包厢来，就出来找我。看见后，叫醒了沉醉中的我。我只得离去，仍放不下，到得前台，向老板打听这个船哪里购得？老板听了，笑着告诉我，这是几年前买的，自己本身就是海边捕鱼出身。临了，他说："现在这样的小渔船很难再找得到了，都被好多人买去拆了，专门做成船木家具。"闻听此话，内心无比失落。

之后，陆陆续续地和朋友一起，几次来这家酒店吃饭。每来一次，看船一次，羡慕一次。每次，开车经过这里，都会慢下来，情不自禁地向着酒店门口的广场瞥上一眼。因酒店和道路之间有距离落差，还有几十级的台阶上去，很难看得到那艘苍老的小木船。只得在心里面想象它的样子，然后不无遗憾地离去。

大约过了半年时间，有一天，我正静静地在办公室阅读。总务主任陈斌急匆匆走进来，一脸认真地跟我说："校长，那家有小木船的酒店要关闭了。"陈斌知道我一直想买一艘这样的小木船。"啊！"我当即想到的是，"那家酒店应该会处理这艘小木船吧！我们去看看！"生怕去迟了，这艘小木船会被人抢先买走。

几分钟时间，我们就到了酒店边上。停好车，沿着台阶跑上去。还好，那艘船还在。走进酒店一看，老板正在整理桌椅等各种设施，他另有更大事业要做，这里真的是要关门了。赶紧和老板开门见山，说明来意。老板非常大气，说："你是校长！要这艘小船，我送你就是！"老板的潜台词是，校长就是船长，船长要船，天经地义。说得好啊！但是他要送我，我倒婉言谢绝。不怕别的，只怕欠人家人情，明确表示愿意买。老板知我意思，爽快地说："别人来买，没有3000元不卖。你学校来买，就给个2000元吧！"当即成交。

第二天，总务处就叫来吊车，把这只小木船运到学校广场安置停当。当那艘已然老态龙钟，满是沧桑感的小木船静静屹立在校园时，全校师生像看一座丰碑和纪念塔似的，每个人的眼睛里都闪烁着庄重的光芒，很容易让人想起海面上的水光、波光和金光。宁静的校园增加了一种海洋的气氛，静静地站在小木船边上，默默地望着它，每个人却分明感觉到一阵浪潮呼啸的气势，一片波澜壮阔的气场，一种劈波斩浪的气质，扑面而来，把自己包围。

可惜好景不长，仅过了几个月，小木船出状况了。原木就苍老、蹒跚的它，经过一番腾挪、移位，可能无形中伤筋动骨。再经过暑期两个月的烈日烤烧，暴雨冲洗，台风撕咬，原本破损得最厉害的几处地方，现在不断开裂，断折，腐烂，眼看就要散架了。赶紧召集大家商量，有人建议拆掉，做几样桌、椅，放在学校里；有人也说这小木船看样子熬不了多久，干脆拆船木卖掉。我力排众议，明确表示不搞"毁灭"行动，选择"生存"法则，要想方设法"拯救"它，找个师傅来修缮一下。

未几天，竟然在家长中找到一位专业修船师傅，近70的年纪，却还非常爽健。就让他一阵修修补补，再用油漆抹抹涂涂，等完工之后，再外加一根木制简易桅杆。又让后勤处买来渔网和红、黄、蓝三色角旗，分别张挂上去。一阵忙碌，却也把这位风烛残年的苍老木船挽救回来，看上去雄姿英发，光彩照人。一时间，每个人都欢欢喜喜，似乎觉得海的精神重新又回来了。之后，大凡有校外客人前来参观，或者教学界同仁来学校参加教育教学活动，大家势必开开心心地站在小木船前，摆出优美姿势，露出甜美笑容，拍照留念。那一段时间，这艘小木船享受着英雄一般的待遇。

一年半以后，我工作调动，离开这所学校了。让我特别感动的是，全校老师为我举行了十分隆重的欢送活动。老师们或朗诵自己创作的诗歌，或演唱忧伤的骊歌，或表演优美的舞蹈，或播放我在海门小学的照片、视频，还有老师精心准备了书法、绘画作品，精心装裱送给我。其中就有美术组老师特意绘就的"木船图"，他们是懂得我的心思的，他们知道我"身似不系之舟"，有着"游子行走天涯"的情结。是的，我当像一艘船，驶向我生命的大海。

特别难忘的是，从这所学校调出去的李朝建老师，已是非常有名的青年书法家，他给我的书法作品是两个字：突破。他祝愿我今后在事业上不断精进，有所突破。这是多么美好的祝愿啊！当场，我感动得热泪盈眶，好多老师的眼睛里，泪水也在打转。那一刻，我竟然有些后悔，我是不是不要离开这所学校，继续在这片热土上，在这个满是温情的校园里，和这些可敬的同仁并肩作战，共同前进？

然而，我终究还是离去了。带着老师们美好的祝福，我像一艘小木船一样，悄悄地驶离了金色港湾。

大约不到半年，我听到一个消息，那艘小木船在某一天，突然间垮了。唉，真的是突然间破了！真的是"突破"啊！从此，那个校园里就没有了它。当然，先是这个校园里没有了我。是不是我的离开，让这只小木船也"心碎"了呢？是不是连小木船也认为，我的战场应该在教学一线呢？我怀念这只小木船，在春天里，在冬天里，在白天，在黑夜。

如今，我只能在文字里回忆小木船了。

对联寄真情

海门小学除了校门之外，校园里另有一道门。海澄楼和海湃楼的二楼、三楼都有长廊相连，支撑长廊的四根柱子左右直立，在一楼形成一扇高大的门。我第一次看到它的时候，就自然而然地想到这一设计真好。海门，当然得有门啊！

但我一直都没有想到要在这扇门上做文章。直到 2016 年 5 月，教育局办公室主任丁景杨来学校检查"六一"慰问准备工作，她看到这扇门，提了一个绝佳建议："海门有门，门上应该有一副对联。你这个语文名师，赶快想一想，把对联贴上去，肯定很有气质。"

一语点醒。在接下来的几天里，我一个劲地构想对联内容。主体思路是，这副对联的尾字必须一个是"海"，一个是"门"。我在办公室里反复思考，终于想出来了。上联：步入智慧之海；下联：开启幸福之门。"步入智慧之海"，有这样几层含义：其一，知识如海。学生在老师的带领下，沉浸在学习的海洋之中；其二，书籍如海。海门小学要努力打造书香校园，让所有学子经过六年学习，养成终身阅读的良好习惯；其三，教育如海，教学如海。这是针对老师的，提醒全体老师，教育、教学是一门技术，也是一门艺术，无论技术还是艺术，都离不开智慧。我们要全身心地投入到工作中，不断地打磨、砥砺，逐渐拥有自己的教育、教学智慧。

"开启幸福之门"，有这样几层含义：其一，小学阶段是启蒙教育，学生在老师的引领和帮助下，轻轻推开幸福人生之门；其二，幸福是人生的目的，无论是在这里工作的教师，还是来这里读书的学生，都要追求属于自己的人生幸福；其三，人生最大的幸福是找到自己合适的位置，做自己能做的、喜欢做的事情。教育的目的和意义就在于帮助学生找到那扇通往幸福的大门。同样，老师要努力在教育教学工作中找到适合自己发展的，能够把自己的长处充分发挥出来的那扇教育之门，获得教育人生的幸福。

把这副对联和几位副校长一说，他们一致觉得非常好，无需修改。"六一"前夕，我们请广告公司根据门柱的大小、高度，量身定制了一副红红火火的对联。贴上对联的那一刻，真有一种"锦上添花"之感。老师们一个个来欣赏，学生们一批批来观看，那场景，确实有一种相聚幸福门下的无限喜悦。"六一"慰问那天，这副红红的对联映衬着这道幸福的大门，加上市、区两级领导的莅临慰问，非常喜庆，特别应景。这次"六一"慰问活动非常圆满，这副对联当是点睛之笔。

就这样，我们每天看着这副对联，每天从贴着这副对联的大门中欣然走过。每个人都情不自禁地在心头默念对联，用它来提醒自己。每天都从这副对联中获得深刻的思考，汲取生命的能量，是那样的欣喜和丰盈。

但是，问题很快也随之而来。六月的太阳火辣辣，七月的阳光金闪闪，再加上夏雷阵阵、夏雨绵绵，日晒雨淋，不断侵袭。两个月不到，纸质的对联明显褪色了，打皱了，边沿卷起来了……很快就从光彩照人的青春时代，步入油腻、邋遢的中年时代，眼看不用多少时日，它的容颜就会自发地老去，它的生命就会自动地失去。

怎么办？如何让这副对联无惧风雨，不怕烈日，长久保持它的精神风采呢？对了，找一副木板，把它刻上去，不就可以了吗？

找什么木板呢？经过讨论，我们一致认为，船木最佳。"海门"要有"船"，"船"在"海上"行，如有一副船木刻制对联挂在门上，最是合适不过。经过一番打听，我们了解到路桥区金清镇港口渔船众多，时有老旧、退役渔船出售，到那里定能找到合适船木。

七月火热的一个日子里，我们几个人带着火热的心情，开车来到美丽的海滨小镇金清。到了那里，一番打听，上船下船，几经辗转，发现拆卸下来的各色船板的确很多，一堆堆，一排排。可惜就是对不上号，基本上都是短了、窄了、薄了或者是破了、裂了、变形了。我们的幸福之门是多么高大、巍峨、雄伟啊！非一般的船木无法与之相匹配。

找了半天，没有结果。准备快快而回之际，我给路桥的好友郑宝富、李金育打电话求助。很快得到重要信息，他们住的教师公寓边上，就有一家船木家具专卖店，说不定有合适的，让我们来看看。当然，两位好友另有一种意思，是让我们过去一起吃个饭。

一看有希望，眼里立放光，迅速辞别金清港，一骑绝尘在路上。好友发来定位，我们开着导航，约半小时就赶到那儿。兴冲冲迈进店门，店内一色都是船木做的桌、椅、凳，琥珀一般的肌肤，厚重、坚实的身躯，上面零零星星地点缀着一个个螺孔。这些曾经在海水里不知浸泡了多少时间的木板，这些勇敢、坚毅的大海的儿子，它们老了，从战斗的岗位上退下来了。但它们没有休息，换了另一个岗位。人们给它们清洗、治疗伤口，全身涂上清亮的漆水，散发着如古铜般苍劲的幽光……看着这些船木家具，我是打心底里喜欢。

但是，我要找的雕刻对联的船木呢？它们似乎不在这里，也不可能在这里。一番观看之后，我们迫不及待地和店主谈起此行目的。本以为希望渺茫，又白跑一趟，哪料到店主一听，颇为自得地说："你找我可算找对了！我在桐屿有一个加工厂，那里的仓库有的是各色船板木料，不信你找不到合适的！"

我们闻之，大喜。赶紧让店主带路，上他的"大本营"去找。烈日下，又是一路车轮滚滚。好在桐屿就在城郊，不到二十分钟，就到了。走进厂房，来到仓库房前。店主一按遥控钥匙，卷闸门呼啦啦响起，庄严上升，仿佛开启一扇神圣之门。我有一种预感，要找的船木，一定在这里，心里激动起来。

门一定，我们六七个人就呼啦啦地拥进去，啊，真个是船木的天下。半个篮球场大小的仓库房里，至少摞着四五堆船木，或高或低，或长或短，有的尘满面，有的鬓如霜，大海的苍茫积淀在它们的身上，它们都是一艘艘渔船拆解后的零部件，是一张张战袍破裂后大小不等的碎片。我带着敬意，一堆一堆地看过去，然后再走近，寻找心目中的那一对木板。其他人也一样，一个个自觉地寻找起来。大家都不出声，一双双急切的目光，默默地传递着内心真诚的期望。

啊！看到几个适合的了，立刻弯下腰，用手抓住边角，使劲抽出，把它拎起，却终究失望，或是大小、尺寸不符，或是形状、完整度等不够好，不满意。

原本信心满满、大声说话的店主，也一次次地被我们的反应打击，变得脸色凝重，说话小心翼翼。唉！看来又是一场空欢喜，实在不行，就让这家店主根据我们提供的尺寸，找一对大材料，锯它一副。不过，这样价格就贵得多，不划算。再说，锯成的，毕竟有人工刀砍斧斫之嫌，非我等所愿。

店主变得沉默了。他从我们一个个脸上的表情看出，我们并没有如愿以偿。这让他有些心不甘，不仅仅是生意做不成，可能更关系到他的职业尊严。的确，他这里的储货不可谓不多，但我们的要求不可谓不高。

空气有点沉闷，折腾了大半天的我们，情绪有点低落。大家茫茫然，没有了情绪，甚至一个个忧郁地望着那一排排大大小小静静躺着的船木，不说话。屋外，隐约传来一只知了单调、枯燥的叹息声……

忽然，店主像想起了什么似的，大叫一声："快来看看，我这里还有两块船板！"随即，他来到仓库的一个角落，弯下腰，掀开上面的几块船木，推到一边。然后，两手合力抓住一块船板的一角，用劲一抬，尘埃缤纷飘落中，一块船板斜侧着，映入我们的眼帘。从店主手上的一端看，宽度、厚度确实合适。大家似乎也有这种感觉，围上去，七手八脚一扒拉，把那块船板完完全全地抬了起来。真的是好沉重，看看长度，好像也对得上。总务主任陈斌拿出手机看摘录的船板信息，我让店主赶快拿卷尺来量。一测量，和我们预定的长度、宽度只差一丁点，几乎完全符合。一下子，我们笑了。找你找得好辛苦，原来你就藏此处。不过随即冷静下来，我们意有不甘又满怀期待地问店主："只一块啊？我们需要两块。"这回，店主大笑，指着地面说："还有一块，在下面压着。"我们定睛一看，嘿！刚才这块木板的下面，正安安静静地躺着另一块。同样的灰头土脸，不知沉睡了多久。

三四个人一起合力，把另一块船木抬起，放到另一块边上。啊！两块船木几乎一模一样，绝了！我心头暗喜："这是天意啊！是专门为海门小学的这扇门准备的。"事不过三，今天先到金清海港，再到城区门店，最后到乡镇库房，反复折腾，到第三个地方，真的给找到了。这两块船木真像退隐终南、栖居草庐的名士，非得我们"三请而出"啊！

一番讨价还价，两块2米多长，宽近40厘米，厚度达4厘米多的船木，被我们以3800元人民币买下。英雄莫问出处，也不知它们是哪一艘航船里卸下来的，从它们满是沧桑的身上，可以感受到一股浓烈的英雄气息。这两位从碧波万顷的大海上回来，悄然隐入凡尘的斗士，就这样被我们寻访到了。

那天下午，我们就带着它们，回到海门小学。

随后的日子里，我们给它们清洗干净，再为它们涂上发亮的清漆，让它们容光焕发。我们请书法家黄元及先生题写对联：步入智慧之海，开启幸福之门。我们再请来雕刻家张鸣罡先生把这12个字——镌刻在如钢铁般坚毅的船木上。

等这些都顺利完工之后，我们又讨论，上面的字以什么颜色为好？我的手上正好有一个镇尺，是我2014年参观台湾省故宫博物院后，买回的纪念品。深褐色肌肤的木头，和船木极为相似，上面刻着翠绿色的文字，看上去很庄重、古朴。大家都觉得非常好，就基本上定下这个颜色。

八月的一天，我去山水名城天台游玩。途经天台博物馆，一看"天台博物馆"五个大字也是刻在木板上，颜色是那种深深的、蓝蓝的，又带有些许翠翠的感觉，特别舒服。就拍了一张照片，发给几个副校长，他们一看，觉得这个更有气质。就这样，这块对联木板终于完成了全部的整修。

最后是安装环节。安装这副船木对联也不容易，它们太重了，没有三四个人根本抬不动。所以必须结结实实地固定它，出不得半点差错。同时，又要保证美观、大方。

八月底，开学前，这两块刻着精彩文字的船木终于安装完毕。青灰色的石柱，深褐色的船木，青绿和天青色相交融的文字，再加上两根柱子间垂下来的茂密的紫藤，成为海门小学一道引人注目的独特景致，既有文化的气息，又有自然的韵味。

于是，在每个书声琅琅的清晨，在每个书香飘溢的黄昏，海小的老师、学生和家长们，一个个在两块船木的注视下，走进来，又走出去。幸福的大门已悄悄打开，我们和他们，一起行走在前进的道路上……

石头大山来

自当了海门小学校长之后，我就一直在想着一件事：校园里应该有一个核心的标志物。类似于镇校之宝，它就是海门小学的精神象征，是全体师生心灵深处的定海神针。

选什么为好呢？我反复琢磨了好长时间。有一天，"海枯石烂"一词跳入我的眼帘。海是不会枯的，石是不会烂的，海门小学应当有属于自己的文化石。试问，哪一所名校的校园里没有文化石呢？海门小学虽然还不是名校，但总得有个名校的念想，朝着名校的模样努力奋斗吧！在我的记忆中，最为著名的当是清华大学校园里的那一块刻着"行胜于言"的石头，2011年我第一次看到它时，就深深地为之震撼了。

有了这个想法之后，我赶紧和几位副校长商量，一拍即合，他们觉得要是校园里拥有几块文化石，自然是最美景致。连续几日，我们沿着校园边走边看边思考，把校园的角角落落看了个遍。心底里已定下哪个地方要放置一块石头，应该放一块怎样大小、形状的石头。然后，请电脑专家、总务主任陈斌根据我的设想，制作出效果图。大家一看，如果放上石头，校园面貌脱胎换骨，不由欣喜无比。

但问题很快来了，石头虽好，价格较高，资金没有，如何购买？这一个困难很快被解决了。2016年下半午，我光荣地当选为区党代表，开会期间，认识了豪爽、大气、热情、智慧的方远集团副总缪军雄先生。休息的时候，我和缪总半开玩笑半认真地说："缪总，方远集团声名远播。总裁陈方春先生就是我们海门小学辖区内名人，能不能给我们海门小学捐些资金，助力我们学校建设呢？"缪总听了，当即表示，这个事情，他做不了主，但总裁确实是个古道热肠之人，尤其是对学校教育，他肯定会予以大力支持。缪总让我先想好，拿出一个相对具体的方案，希望方远集团捐资做什么事情？到时，他可以带我一起去面见总裁。我一听，如此甚好，深表感谢。

石头的资金大概有了着落，自是好事。2017年元旦假期，我和学校的副校长和中层们一起，开车前往美丽的黄岩宁溪镇，按图索骥，寻找合适的石头。

联系了宁溪的好朋友，让他帮忙去看石头。我们来到溪边，明如玻璃的溪水静静流淌着，溪里的石头安静地卧在那里。溪畔的一处空地上，堆着大大小小的白色的、灰色的溪石，远远望去，像一群智者在那里静坐凝思。

经过一番精挑细拣，确定下六块石头。最大的一块重达二十八吨，准备作为镇校之石，放在校园的中心广场。其余五块相对小一些，也是重达几吨到十多吨不等。又经过一番讨价、还价，六块巨石包括运输、安放费用，总计10万元人民币。

半个月后，2017年1月7日（周六），我和副校长陈玲玲、总务主任陈斌一起来到方远集团，在缪总的带领下，来到方远大厦顶层，见到了令人敬仰的总裁陈方春先生。陈总非常亲切地接待了我们，我简洁而诚恳地表明来意，并拿出效果图给他看。他当即爽快表示："海门小学，要支持！要支持！"我告诉他，购买这些石头，包括运输、安放费用，共需10万元。陈总想也没想，当即说："没关系！没关系！"随即签了字。

不到十分钟时间，就将这件事给办好。知名企业家的大气、魄力及对教育的关爱，让我非常感动。我们真诚地表示了谢意，满心喜悦地步出方远大厦。

2017年的春天，六块大溪石在重型卡车的运输下，来到了海门小学，在我们为它们设计好的位置上，安放下来。

随后，我们又赋予它们特别的文化内涵。

有了石头，是好事；但石头上刻什么文字，赋予它们怎样的生命和精神呢？这并不是一件容易的事。我和副校长们又是经过好一番思考、碰撞、砥砺，最后确定了以下内容。

最大的石头，上面刻八个大字：海纳百川，门溢书香。这代表着海门小学学校层面的精神气质，用心打造一所书香校园，是我们为之不竭奋斗的共同目标。

其余五块稍微小一点的石头，则分别代表"海""湖""河""池""溪"。

我请师傅、全国著名特级教师、杭州师范大学教授王崧舟先生亲笔书写了"海纳百川，门溢书香"八个大字，请著名书法家、椒江区书法协会主席黄元及先生亲笔书写了另外五块石头上的文字内容。

名家的字，必须找名家来雕刻。经过一番打听，我们联系上椒江本土的雕刻名家邵先满老师。一接触，邵老师原来也是位书法家，难怪他的石刻技艺如此高超。邵老师亲自操作，每个字他都要仔细地揣摩过去，每个笔画他都力图刻出原有的笔力和神韵。作品雕刻完成之后，我们一看，非常满意。

接下来是给字着色了，我要求调试一种"海之蓝"，海门小学的主打色就是大海的蔚蓝。这时，我们又遇到了一位热心的好家长，专门负责广告制作的虞总，他精心地调试了颜色，采用经久耐用的汽车烤漆。我们让邵先满老师给涂上去，一看，效果出奇的好。更让我高兴的是，虞总得知方远集团捐款购石的事情后，他也不要烤漆的钱，说为了学校，他这样做都是应该的。

这六块从溪水中走上岸的大石头，就这样来到了这所学校。曾经，它们静静地卧在溪水中，每天在溪水的载歌载舞下，让自己变得光滑、圆润。现在，它们静静地站在校园里，每天同样会有如清风流水一般的读书声，如银铃一般的笑声，如百灵鸟一般的歌声，像水一样滋养它们。

更重要的是，当海门小学的师者、学子或者家长朋友们，看到这六块大石头时，看到它们上面镌刻着的这些文字时，定然会受到无形的感染，无声的熏陶。

是的，石头无言，但它们分明就象征着厚重、坚毅、博大、安定，它们自带一种精神力量。更何况，现在，书法家用柔软的笔，点化了它们坚硬的心，企业家用善良和热情，改变了它们的生命场域。

它们终将和这所学校在一起，终将高举着高尚的道德、思想的标牌，不说永久，也必长久地滋养、熏陶着每一个和它们在一起的人，大人或者孩子。这些石头，是他们力量的源泉！

最美闲暇时

要是有人问我,海门小学什么时候最美?我的答案可能出乎大家的意料。

海小最美的时候,不是清晨。阳光淡淡地照着,学子们认真坐在教室里读书,整个校园书声琅琅,这确实是美,但还不是我心中最美的风景。也不是黄昏到来之时,有同学在操场上踢球,有同学排队回家,有家长在门口迎接,有师生互相说着告别的话语。曾有一位老师开心地告诉我:"我们学校一天最美的时候,就是夕阳西下,校园里静悄悄的,没有人了。太阳把一切都镶上金边。这时候,学校就像童话王国一样,美丽极了!"黄昏,尤其是秋日的黄昏,校园确实迷人。有好几次,在离开学校的傍晚,我忍不住多看了几眼这夕阳下的校园,诗一般的感觉,让我有一丝的流连。但是,这还不是最美的时刻。

做操、集会,尤其是周一早晨,一个班的学生在主席台上展示精彩的经典诵读节目,是美的。每一次都会深深地吸引我,让我为他们感到骄傲。学生跑操时,个个脚下生风,人人奋勇向前,整个校园如海浪翻腾、生机盎然。但也不是最美的。

那你会说,是不是全校学生都在教室里上课的时候最美?这边的教室传来了唐诗,那边的教室飘出了宋词,东边的教室在讲数学,西边的教室在教科学,一楼的教室乐声悠扬,二楼的教室笑声阵阵……也不是。

我来告诉你吧，据我长时间的观察和体会，海小最美的时候在中午时分。

若是春天、秋天或者冬天，吃过午饭，你看，那绿草如茵、平坦宽广的操场上，三三两两，成群结队，慢慢悠悠地走着老师和学生。他们在散步，也在闲谈。脚步是那样的舒缓、放松，那种步态完全是随随便便、毫不费力的闲庭信步。他们的手随意地插在裤兜里，或轻轻松松地自然摆动，或许因为言语表达的辅助需要，不时地做着各种手势，脸上流淌着清风流水般的笑意……他们谈话的内容可能是五花八门、包罗万象，他们说东道西，谈天说地，如天马行空般自由，像闲云野鹤般自在。

也有老师一个人默默地行走，仿佛在沉思什么，享受这份难得的宁静的孤独，他的身影，很容易让人想起康德的散步。有人走累了，就一起在操场边的椅子上坐下来，继续海阔天空地神聊。一般情况下，师生们会习惯按逆时针方向走，有些老师和学生却反向而行。于是，他们在跑道上碰面了，彼此笑一笑，打声招呼。或者停下来，相互之间闲谈几句。或者，有些人干脆改变行走方向，折回身子，调转步子，融入同事的行列中，随意地走着。一切都是那样的自然。

有学生在跑道上走着，时不时地看看远处的天空。天空中，云朵也在慵懒地散步，轻盈盈地飘着，有些云朵似乎凝结了，像一大团的棉花。有学生干脆坐在躺在趴在绿色的草地上，闭上眼睛，似乎在回忆昨夜奇特的梦。有学生把头凑在一起，悄悄地说着什么。也有老师和几位学生一起，在轻轻地聊着什么，绝对是轻松的聊天，绝不是严肃的教育和呆板的教导。他们的嘴巴不停地说着，他们的手不停地比划着，他们的眼睛在阳光下闪烁……

风轻悄悄的，也在散步。或者，风也沉默了，忘记了走路。树静静地站着，享受阳光的问候。几块大石头端坐在大地上，它们的脸，被太阳吹得热乎乎的，很舒服。太阳，在空中，用她慈爱的目光，温暖地抚摸着这校园里的一切……

海澄楼前的圆形广场那里，五把沙滩遮阳伞下的椅子上，有老师和学生慵懒地坐着。有人闭目养神，在晒太阳；有人拿着一本书，轻轻地翻阅；有人捧着茶杯，轻轻地抿一口，咂咂嘴巴，享受着无限乐趣。也有人在轻声地交谈着什么，时不时地，露出浅浅的笑容。

12点整，铃声响起。这是午间阅读的好时光。2000多名学生都回到各自教室，开始沉入书香的世界，偌大的校园一片静寂。这同样是海小一天中最美的时刻，这是操场、广场上散步、聊天、喝茶的幸福延伸。

原先是迈开腿在大地上散步，现在是放松心情在书海里散步。原先是肉身的散步，是肢体的散步，现在是心灵的散步，是精神的散步，更是灵魂的散步。学生们把自己的心放飞到神话的神秘天空中，放飞到历史的古老烟云间，放飞到诗词的美妙山林里。阳光透过窗棂，淡淡地照着他们。书中奇妙的文字幻化成一道道金色的光芒，映射到他们的心湖上。湖面上一片金光。他们的眼睛也因为心灵有光，变得像湖水一样澄澈透明。这是多么美好的境界啊！

有好几次，我轻轻地走进几个教室，悄悄地从几位沉醉在阅读之中的孩子身边走过。他们竟然一无所知。我微笑着，孩子啊！你打开书本的时候，世界也为你打开了一扇大门。你静静阅读的时候，时光的脚步也悄悄为你停驻。你阅读的姿态，是校园里最美的风景。

原先和同学、老师之间的对话、聊天，现在全换了人。你和鲁迅谈谈故乡的事，我和老舍聊聊墙角下的猫；你和泰戈尔说说树林里的花，我和梭罗望望遥远、宁静的瓦尔登湖；你被余秋雨先生带着仗剑走四方，我却和徐霞客一起背起重重的行囊；你沉醉在林语堂先生的《苏东坡传》里，我早已流连在叶嘉莹教授的《唐宋词十七讲》中；你在康河畔陪徐志摩慢慢地走，我却在巴黎的下水道里跟着冉·阿让飞快地奔跑……

每当中午，海小的师生们洗净了手，擦干了嘴，整理了衣衫，一个个庄重而神圣地打开一本本课外书籍。那一瞬间，海小已然和天地融为一体，它已然穿越时空，让自己流入岁月的海洋。这一刻，虽然悄无声息，却在无声处，涌动巨大的思想浪潮。这一刻，所有时间之子，博学之子，智慧之子，都在阅读中复活，一个个微笑地望着海小的师生，心里头在说：不错，爱阅读的孩子有前途。真好，爱阅读的老师最美！这一刻，我仿佛看见有缕缕幽兰般的书香，从海小的校园里溢出，飘散，升腾……

这是海小最美的时刻，最美的时光，也是它终将留给我的最美记忆。在这一段时光里，没有说教，没有训斥，没有怠慢，没有懒散，没有烦忧，没有恐惧，没有痛苦，没有功利，没有名声，没有虚荣，没有好差，没有成绩，没有贫富，没有等级，甚至没有了时光脚步的挪移。

因为中午，因为有书，因为阅读，海小师生人人平等，都是虔诚、忠实的阅读者。他们甘心情愿做书的崇拜者，他们以书为师，耳提面命，享受阅读。

这一刻，我看到了真正的教育。它是那样的自由自在，那样的称心称意。

这一刻，是教育的大同世界，是理想教育主义的桃花源。

这般情景，让我梦回童年。四十多年前，我在村子小学校里读小学，很多情景已不记得。但是，我清楚地记得，冬天里，每当下课之后，我们都不约而同地跑出阴冷的教室，挤到太阳晒得着的墙根下，站成一排晒太阳。那被太阳晒得暖烘烘的墙壁，就像火炉一样。我们把冻得红萝卜一样的小手放上去，真是舒服极了。有时，老师也会跑到这儿（老师的办公室也和教室一样冷），和我们一起晒太阳。他白净的手上，满是白色的粉笔灰儿。这时，我们也会毫不拘谨地挤进去，靠在他身边。有的同学甚至把自己的小脑袋贴在老师的棉袄上，如同小鸡钻进大鸡的翅膀下。老师也会笑着，和我们开心地聊天。

不过，没过几分钟，上课的哨声吹响，我们依依不舍而又飞快地跑进教室。上午放学后，回家吃过午饭，就在寒风里奔跑回来，仿佛约定好似的，又凑到北风吹不到，太阳晒得着的墙脚下，又开始晒太阳。这回晒的时间比较长。老师从办公室里搬来一把藤椅子，也坐在风吹不到的阳光里，和我们一起享受这温暖的太阳。这时候，老师和我们都似乎忘记了彼此的身份，相互之间说说笑笑。有时，碰到老师特开心，还会给我们讲一讲天南海北的一些见闻、故事……等故事讲完，也差不多下午上课了。才感觉自己已被太阳晒得浑身发热，晕乎乎的。手一触碰到衣服，竟然发现有点发烫。直到走进冰冷的教室，才渐渐地冷却下来，冷静下来。

直到现在，我清清楚楚地记得老师给我们讲过的一些故事。《彩蝶的故事》《王二嫂抓黑八》《巴豆的故事》……历历在目，一切似乎刻入我的心灵。

读初中时，这样美的时刻倒不是在中午，而是在傍晚。我在乡中学读到初三，为了迎接中考，要上夜自习。晚饭过后，离夜自习还有一段时间。这时候的校园，是自由的。我们散步，聊天，男同学们凑在一起比立定跳远，比上、下单杠动作。

我们特别喜欢教化学的林建平老师和教物理的金万友老师，为什么呢？因为他们经常会在上夜自习前和我们聊天。特别是林建平老师，他几乎把我们当作知心朋友，可以说无话不谈。现在还记得他那时跟我们说起自己工资低，买不起煤气灶。我们有同学半开玩笑半认真地问他："林老师，要是我们这次中考成绩出色，你会不会有奖金呢？"林老师毫不掩饰地笑着说："有啊！你们考得越好，我拿的奖金就越多。所以，你们要加油啊！""好啊！"结果，当年中考，我们班 40 多人竟然有 20 人左右考上师范、中专和海中（即现在的台州一中前身）。

现在，开车经过当年初中的母校时，我都会情不自禁地回想起和老师、同学一起闲聊的那一幕幕情景。尽管母校（乡中学）早已撤销，校舍也被一家个体企业买走，改头换面做了厂房。但这一幕幕记忆又怎能在我的心中抹掉呢？

读师范后，最美的时光应该是每天晚自习回来，我们在寝室里聊天。8 个室友，在睡觉前，有些人洗漱，有些人根本不洗漱；勤劳一点的会经常洗衣服，不勤劳的则数着日子，看着累积的脏衣服，一脸愁苦相。在快熄灯前的时间里，大家都在自己的卧铺上躺定，该做的事都做了，而灯还亮着。这时，我们就开始侃大山。吹牛真的是中国男人的普遍特长，也不知谁找一个话题，你一言，我一语，东拉西扯的，聊得不亦乐乎。这种情境下，即使平时不太爱说的同学，可能也会冷不丁地冒出一句，惹得大家哈哈大笑。有人甚至从被窝里钻出来，坐定了，才放声大笑。也有人像老鼠一样，躲在被窝里，"吱吱吱"地笑个不停，那笑声，就像从牙齿缝里拼命挤出来似的……

一切都是那样的美好，因为只有在自由的土壤上，才会盛开出智慧的花朵。当下的教育，太需要这种氛围了。训练有素不是真正的教育，循规蹈矩不是真正的教育，厉声呵斥更不是真正的教育。

偶然，从书上看到"学校"的意思。在古希腊语境里，"学校"就是"闲暇"的意思。当然，它不是闲暇地玩乐，而是闲暇地学习、思考。现在想想，确实有理。为什么古希腊盛产哲学家？因为哲学家需要思考，思考需要自由，自由需要闲暇。穿越苍茫时空，我仿佛看见，在古希腊城邦的街头、广场，苏格拉底等一些智者正和一批批年轻人在闲聊，在辩论，在探讨。

英国剑桥大学有著名的"下午茶时间"，教师和学生都不上课，自由自在地喝茶、聊天。结果，他们的"下午茶"喝出、聊出了六十多位诺贝尔奖获得者。

我们现在所看到的缝纫机针，针孔独特地开在针尖上，是一个叫埃利亚斯的人发明的。说来好笑，埃利亚斯在白天的时候，怎么研究都想不出点子，找不到灵感。晚上睡觉时，他干脆不去思考，人完全放松下来。结果做了一个梦，梦见有一群打扮得奇形怪状的土人拿着长矛把他团团围住。当土人拿长矛向他身上刺来的时候，埃利亚斯突然发现这些长矛的矛尖上竟然开着一个个的孔。他大叫一声，被吓醒过来，点子也自然地想到了。

在世界建筑史上有一件极为有名的"事件"。举世闻名的迪斯尼乐园主体建筑都完工后，剩下最后的各个景点之间的路径设计。本以为这是最简单不过的事情，不料，设计大师格罗·培斯先生却为此犯难。几次设计，几经改变，始终不满意。一时间，这位世界顶级建筑设计大师感到十分焦虑、为难。

就在这时，法国巴黎有一幢由他设计的建筑物马上要竣工，即将投入使用。主办方邀请格罗·培斯先生前往剪彩。大师欣然前往。剪彩完毕，在助手的提议下，他们决定前往法国南部的葡萄园去观光、散心。就在观光过程中，大师和助手遇见一家极为特殊的葡萄园。园主是一位年迈的法国老太太，因为行动不便，她就想出了让游客自助采摘的方式。游客在她的葡萄园门口一个箱子里放上适当的钱，就可以拿一个篮子进去自由采摘、品尝。结束后，还可以带回一篮葡萄。这估计是自助采摘游的创始人吧！

正是在惬意地采摘葡萄的时候，格罗·培斯突发灵感，要求助手马上打电话给国内的团队。明天开始，马上平整迪斯尼乐园所有的空地，并在所有空地上撒下草籽。做完这些之后，封闭乐园，禁止任何人进入。

一个月之后，乐园的空地上长出绿绿的、密密的青草。格罗·培斯先生下达了第二道命令，明天开始，迪斯尼乐园提前全部免费开放一周。消息一出，市民们自然蜂拥而至。一个星期后，大师又下达第三道命令，明天开始，全面封闭乐园。然后，他带领团队进入乐园。他们看到，在乐园的草地上，已经有了一条条的路。这都是游客用脚踩出来的，有的深，有的浅，有的直，有的弯。草地上本来没有路，走的人多了，也就成了路。大师笑着告诉团队成员，迪斯尼乐园的路径已经被游客们的脚设计好了，那些脚印较为深的、多的路，就是乐园的路径。

迪斯尼乐园的路径就这样设计出来，并且获得了当年世界建筑学的最高大奖。如果没有法国的休闲出游，大师可能就想不出这样的点子。还是闲暇出智慧啊！

我曾经看到过一则资料，专家经过长期研究发现，金字塔的建造者并非奴隶，而是一群自由职业的工匠。金字塔建造如此精密、细致，只有处于极为自由状态的人，才有可能造就。而处于监视、鞭打之下，随时有性命之忧的奴隶，绝对不可能完成这样高级的工程。

还是自由，自由是多么可贵。"自由之思想，独立之精神"，是中国的大学精神，也应该成为中国所有学校的灵魂。中学如此，小学、幼儿园同样如此。作为一名小学教师，我是多么希望自由之花能够在小学校园里尽情绽放啊！让我们的学生，在他们的童年时代成为大地的自由之子。在一天的学习时间里，给予他们一定的闲暇时空，让他们学会思考，学会自主，对他们的成长显得尤为重要。苏霍姆林斯基曾反复强调："学生创造力的培养取决于他能自主掌握的时间。"老师的成长也一样需要自由的时空。早在上个世纪，陶行知先生就提出了"解放学生""解放老师"的口号，今天，我们更应该做到，而且要做得更好，不断地坚持下去。

"定而后能静，静而后能安，安而后能虑，虑而后能得。"说的也是需要有适度的自由、自主，要有闲暇的时空。最后，我想引用哲学家罗素说的一句话："一个人一生中没有充分的闲暇，就接触不到许多美好的事物。"

依依惜别情

——写在离别海小之际

2019年7月，我从海门小学校长、书记岗位上调离。4日上午，海门小学120多位同仁集聚二楼报告厅，为我举行隆重、热烈的欢送会。

老师们知道我即将调入教育教学发展中心,一个个脸上写满不舍之情,静静地坐着,都不说话。

相见时难别亦难,东风无力百花残。自古多情伤离别,却是火热六月天。我没想到,同仁们会为我召开专门的欢送会,而且又准备得如此充分。在优秀青年语文老师的主持下,他们开始用表演节目的方式表达内心的惜别之情。体育老师表演刚劲的健美操,音乐老师唱起忧伤的骊歌,数学老师发表深情的演讲,语文老师特别创作了一首诗歌,并选出几位青年教师代表上台朗诵,美术老师精心画就一幅"小木船"的油画。是的,就是那只在校园里停泊了一段时期,后来破损的从酒店里购回的小木船。老师们知道我喜欢船,也知道我崇拜苏东坡,喜爱东坡先生的诗句:"小舟从此逝,江海寄余生。""心似已灰之木,身如不系之舟。"他们知道我这只小舟又要漂到新的海面去了,就用这样的方式默默地为我祝福。谢谢你们!朴实、真诚和善良的同事们。学校班子还特地送我两幅装裱好的书法作品,以示纪念和祝愿。一幅是学校原来的同事、青年书法家李朝建先生写的楷书"突破"二字,字体阔大,笔法苍劲,散发一种刚毅气质。我知道,那是他们期待我在未来岁月,继续精进不息,奋斗不止,在事业上能够有不断的突破。另一幅是椒江区书法家协会主席、我的忘年交黄元及先生写的苏东坡《定风波·莫听穿林打叶声》,这是我最喜爱的一首苏子的词作。

在热烈的掌声中,在深情注视的目光里,我走上舞台,一一接过老师们赠送的纪念品。我的心头有说不出的感动。我为海小老师们这份真挚的情谊而感动,和他们相处的一千多个日子,是多么的温馨、难忘,他们身上有着一线教师最质朴、最敦厚、最深情的品德,能有缘和他们一起共事,今生今世难以忘怀!我为在海小奋斗的每一个日子感动。为了学校的发展,我们在原来校园文化已经非常厚实的基础上,想方设法,殚精竭虑,一点一滴提炼、提升学校文化内涵。校园里的每一句话语,每一块石头,每一棵树木,每一丛花草,每一寸地面……无一不浸染着我们无尽的心思和无数的汗水,无一不记录着我们奋力前行的拼搏足迹。我也为自己感动。作为校长,我尽心尽力建设学校,真心实意帮助教师,宅心仁厚关爱学生。就在海小,我曾因劳累过度,体质下降,再加上吃了不洁食物,住院急救。幸亏平时注重锻炼,体质不错,得以死里逃生。海门小学,我差点把生命献给了你啊!但是,结识了一批这么善良的老师,拥有了这么一段美好的时光,我无怨无悔。

收下纪念品后,主持的老师哽咽着请我发表离别感言。接过话筒,望了望台下静静坐着的同事们,我发现,好多老师的眼圈红了,有老师轻轻地用手擦去眼泪,他们的眼睛里满是依恋和不舍。就在欢送会开始前,有老师还特地走到我面前,真诚而忧伤地恳求:"校长,你能不能不调走啊?""校长,你留下来吧!"……现在,他们以这样庄重的方式欢送我,却又是多么急切地想挽留我。我有点后悔了,觉得自己的决定是不是错了?如此重情重义的同事,你怎么舍得他们,自己一个人离去呢?你在海门小学不是过得非常愉快吗?……

不知不觉,我的眼眶润湿了,泪水溢出来,流到脸颊上了。男儿有泪不轻弹,只是未到动情时。在这个时刻,面对深情欢送自己的同事,我怎么也控制不住自己的泪水。我饱含热泪,向全体同事表达了深深的谢意,传递了自己最美好的祝愿。天下没有不散的筵席,人生总是不断地失去,不断地别离。再见了,我为之付出了三年半时光的海小。再见了,可亲可敬的同事们。再见了,在海小度过的每一个难忘的日子……

当天晚上,回到家里,心绪难平,一时兴起,坐到电脑前,一口气写下这首长诗:

二月寒风,步入海门。携手同仁,三载追梦。优秀传承,延续精神。外改形象,内树气韵。百人同行,团结齐心。集思广益,群策群力。街道局里,厚爱无比。爱心名企,鼎力以济。

看我海小,愈发窈窕。廊道楼梯,铺翠嵌碧。门窗地面,绽露笑颜。合金坚固,玉石生辉。几番思忖,定取楼名。古色古味,书香书韵。栽花移草,植树培木。樟树扎根,山茶迷人。月季映月,幽篁透幽。银杏如银,樱花似英。杜鹃云蒸,桂子天外。

慈善总会，爱心捐赠。一座木屋，名曰海心。知行合一，寻梦瀚海。品学双修，自是法门。歌舞习练，艺术流连。石木相间，实用美观。

六巨溪石，自宁溪来。东流入海，驻足校园。大师题词，荣幸之至。海纳百川，门溢书香。昔日同事，才俊朝建。手书文字，令人敬之。一石刻"溪"，意在"谦虚"。为天下溪，常德不离。一石刻"池"，意含"安静"。泮宫之池，大学在郊。一石刻"河"，意指"追求"。关关雎鸠，在河之洲。一石刻"湖"，意指"积聚"。大湖蓄水，川泽所仰。一石刻"海"，意蕴"博大"。天下之水，莫大于海。

悛悛木船，自远海来。年迈体弱，渔人流落。屡次相见，有点怀念。思虑校园，海中缺船。恰遇整改，处理老舟。欣喜引渡，安置门前。邀得师傅，修葺几番。残年风烛，沧桑自流。大海扬帆，破浪乘风。清波明月，时时相伴。

两块船木，尘埃掩处。夏日邂逅，一见倾心。名家元及，亲赐墨宝。一起步入，智慧之海。共同开启，幸福之门。名师鸣岗，才情流淌。所有雕镂，皆出其手。铁画银钩，染绿叠翠。几多风雅，无数风景。

搭石建台，状如舰船。每逢周一，学子毕集。一周一班，都不简单。家长老师，用心用情。莘莘学子，展现风姿。婉约如水，豪放如山。歌颂祖国，情在其间。良知良善，涌动心田。吐珠纳玉，吟咏之间。诵读经典，精彩无限。智慧海门，书香寻梦。风声雨声，琅琅书声。花香草香，缕缕书香。每日阅读，弘毅坚忍。三年坚持，初成氛围。师生共读，蔚然成风。

潮起海门，水起风生。学子师生，精彩纷呈。各线各组，创绩无数。整体推进，全面提升。班子用心，老师用情。家校和谐，一往无前。勠力同心，风雨同行。

海门老师，素朴真诚。人人良善，个个悲慈。志如石头，坚毅刚卓。身似大树，伟岸挺拔。气若花朵，热情灿烂。质像泥土，踏实厚道。大气从容，坚毅灵动。

海小同仁，热爱海门。立足岗位，尽心尽责。心存集体，身体力行。艺术节里，用心辅导。平日双休，时刻炼修。运动场上，精心训练。晨光里来，暮色中回。心装学生，满腔热忱。和谐关系，开心惬意。校园如家，温馨有嘉。三年相处，幸福自知。

杏园诸师，学习不止。五项修炼，规划五年。校本学本，教师为本。特色出色，读书本色。搭建平台，大师进来。学界行脚，英才拜师。语文道场，磁力无边。全国同道，纷至沓来。新人新面，潜龙在渊。课堂亮剑，飞龙在田。海小船队，期待出海。

感谢上级，引领关心。感恩大家，倾力倾情。感谢家长，全心全意。所有成绩，均属你们。所有进步，皆因你们。何其有幸，参与曾经。何其有幸，在此留停。

七月热风，炎日如灯。举国追梦，全民启程。组织厚爱，予我新任。重情重义，同事同仁。载歌载声，长亭短亭。泪光盈盈，细雨蒙蒙。话不成声，浪涛阵阵。我有何能，受此大恩。小舟一叶，驶出涛门。江水泱泱，我心徜徉。云山苍苍，游子浮云。

此生有幸，步入海门。半数人生，记忆留痕。岁月如风，我本土尘。飘临飞腾，得以氾润。同事一场，朋友一生。情谊深深，何日重逢。祝愿你们，平安和顺！祝福海小，事事皆成！

故事多美好

或许，我在教学之路上取得了一点成绩，但和真正的名师相比，如此微不足道。引以自豪的，倒是这些年来，我对学生一直以诚相待，关爱有加。尤其对待后进生、困难生以及遭遇家庭不幸的特殊学生，更是细心呵护，耐心相助，尽可能地唤醒、激励和鼓舞他们。我认为，这是真正的教育。

王崧舟先生说："教育当以慈悲为怀。"这一理念，散发着"仁爱"的光辉，给所有教师指明了前行的方向。回想起我从事小学语文教学的31年历程，倍觉欣慰的是，我的很多想法、认知、思考和行动，都和王老师的思想不谋而合。每每想起，不能自已，难以忘记。这些让我一生难忘的往事，回忆起来，是如此美好。

一个人教学一个班级

1995年，我工作的第四个年头，在兆洋小学教书，任五年级语文、音乐、美术、体育老师兼班主任。暑假期间，原本和我搭班的数学老师家里有事，向校长请假，要求停薪留职半年。校长不同意，说代课老师请不到，如果有人接替他的数学教学，学校才能同意。这位数学老师比我大七岁，平时我称他为兄长，彼此关系不错。他想来想去，出人意料地提出了让我来接替数学教学的想法。更出人意料的是，我答应了。一是我喜欢这个班的学生。二是我这个人也讲感情，这位兄长确实有困难，我应尽一己之力予以帮助。第三呢，那时的我，二十三岁，初生牛犊不怕虎，这样想着，一个人带一个班，我的班级我做主，也不错啊。

于是，一个愿"打"，一个愿"挨"，就这么搞定。我负责起五年级一个班43位学生的所有教学任务，语文、数学、音乐、美术、体育、班队，一教就是一学期。整整半年，多教了这么多功课，我没有多拿一分工资，也压根没想到要拿，那个年代的我们，就是那么纯洁和朴实。

而实际上，我获得了很多。为了带好这个班级，我教学生们唱歌，教他们踢足球、打篮球。每逢下雨天，没法上体育课，我就从家里运来一叠的《足球世界》杂志，和他们一起阅读，给他们讲球星的传奇，讲世界杯的故事。天晴的时候，我就带着他们一起在坑坑洼洼的细石子铺就的操场上踢球。我组织男同学和女同学比赛，自己就是女同学这一队的主力。没有球门，怎么办呢？拿4只书包来，在操场两端中间隔开一放，就解决了。一时你来我往，踢得极是开心，师生之间嘻嘻哈哈，关系非常融洽。渐渐地，全班同学对我"唯命是从"，班级学习氛围非常浓郁，原先不认真学习的学生态度也大大转变，学习成绩也不断提高。一来二去，家长对我极为信任，每次遇见，一个个态度都非常恭敬。

也就是带这个班时，我接到校长的任务，要排练一个节目参加全镇小学的元旦文艺会演。我没有推却，觉得自己是兼职音乐老师，理当负起这个责任。一连三四个晚上，我把自己关在房间里，一边听《鲁冰花》歌曲，一边构思队形，编排动作。完完全全是凭着师范里的一些音乐积累，以及电视里看到的一些舞蹈印象，费了好大心思设想出来。然后，我在自己班里挑选了10个高矮适中、面目姣好、身材小巧的女学生，每天下午放学后进行排练。好在学生又不知道她们老师是个冒牌货，一个个都极其庄重、专注地服从我的指导。20多天后，校长组织其他几位老师来看，都非常惊讶！惊讶于一个小伙子老师竟然能排练出这样挺不错的舞蹈节目，这可能是这所完小从没有过的节目了。家长们也特别高兴和感动，班长（也是舞蹈队长）的母亲带着几个人，跑到镇上，买了布，做了裙，帮我准备了学生们的比赛服装。比赛那天，她们更是调来了几辆汽车，浩浩荡荡地把我和参赛学生运到了镇里的电影院。比赛结果，我们的节目获得了第一名。哈哈，是三等奖的第一名。这已经很了不起了。

也是这个班级，让我收获了今生今世不能忘怀的感动。我人生过的第一次生日，就是这个班的学生为我举行的。30多位学生，每个人拿出20元钱，买了生日蛋糕、生日礼物和水果、零食，在教室里为我过生日。那一年，我一个月工资才300多元，而我的学生家长们却一下子拿出了600多元，让他们的孩子为我过生日。你说能不让人感动吗？能不让我一辈子都难以忘怀吗？

也是这个班的学生，直到现在，每年大年初二都要请我吃饭。有的学生特地从外省赶回来，有的学生特地腾出这一天，目的就是为了和他们的小学老师聚一聚，这就是师生之间的情谊啊！

一首诗润泽一群孩子

2003年，我在人民路小学教四年级一个班的语文兼班主任。四月的一天，午饭后，像往常一样，我在校园里漫步。迎面碰到了几个来告状的二年级小同学，原来是我班的调皮鬼章小盛刚才闯入他们的教室，把几个小朋友打哭了。这确实让人生气，不过我提醒自己，一个优秀的老师要善于克制自己的不良情绪。能做到"不生气"，是一种教育的高尚境界，比如令人敬仰的霍懋征老师就有着这样的教育传奇。我安慰了二年级的小朋友，接下来我要教育或者教训"肇事者"了。我想，教育总不能在抚慰一些学生心灵的同时，却去"刺痛"或"伤害"另一些学生吧！春风化雨，润物无声，潜移默化，行不言之教，才是智慧的教育。

有了这样的想法，一路思考着，走到自己班级时，我已胸有成竹。望着静静坐着的学生，望着惴惴不安，低伏在座位上的章小盛，我淡淡一笑，衣袖一挥，拿起粉笔，在黑板上一气呵成，写下了一首诗：

  哭泣的男孩

  是谁伤害了你呀

  哭泣的男孩

  你的眼泪

  让我心碎

  是谁击败了你呀

  哭泣的男孩

  你那聪明的脑袋

  此刻，为什么低垂

  为什么哭得如此沉醉

  哦，听说你刚从"羊群里"凯旋

  当了一回"恶狼"

  那滋味，是不是觉得很美

  这样的行为真是不应该

  想当英雄也不是如此这般

  你不是常说

  不学那"美国"欺负可怜的"伊拉克"

  啊，别悲伤，莫流泪

  这样的事一定是最后一回

  知错能改的你同样可爱

  我在讲台上写，学生在座位上读。起先，他们不敢大声读，我微笑着，说了声："念！"他们这才放开声音，快乐地读出声来。声音如春风春雨一般，散发着一股神奇的力量。我悄悄地看了一眼章小盛，他哭了，趴在桌子上，两肩耸动。我很高兴。我知道，此时此刻，什么都不用说了。在几十双星星般闪烁的目光注视下，我拍一拍手，挥一挥衣袖，潇洒地走出了教室……

  那一天，我觉得自己也成了一个传奇。

一份爱换回一份情谊

2010年，我从城市回到了农村，担任一个校区的负责人。这个校区由两所乡村完小合并而成，当地老百姓开始不领会教育局这样做的用意，内心多有怨言。这个多山的地方民风淳朴，老百姓性格刚硬强劲，说话不遮不掩，直来直去。一时，我这个"校长"就成为他们"发泄"不满的核心目标了。期间，确实也经历了不少这样的事情。好在，我告诉自己，将心比心，换位思考，一切都能理解。我告诉自己，真诚待人，用心做事，无愧无怨，何惧之有？

2011年11月的一天，有点冷，又下着寒雨。我正在四楼的办公室批改作业。一个人影悄悄地堵住了门口，随即一个苍老、沙哑的声音传来："你就是城里来的校长吗？"我抬头一看，原来是一位老人家，70多岁年纪，一身黑粗布衣衫，满头白发，面容消瘦，皱纹如刻……赶紧从椅子上站起，走上前，笑着回答道："大爷，我就是。请问您有什么事吗？"内心里却一个劲地思量：这一回又会有什么问题向我反映呢？是不是又是来吵架的？等会儿好歹不要跟他争论，先听他诉说，再相机沟通、协调。

哪里想到，老大爷一把抓住我的手，激动地说："啊！校长，我要谢谢你！你真是太好了！"剧情一下子急转，我的心头一热，松了口气，原来不是来吵架的。手心里却传来一阵凉意，大爷粗糙、龟裂的手好冷。我这才发现他的头发、衣服都被这冬天的冷雨淋湿了，怎么不带雨具呢？我赶紧请他坐下，马上倒上一杯热茶，让他喝了暖暖身子。

我和大爷隔着茶几坐着，开始倾听大爷的讲述。听着，听着，我有一种说不出的感动。为自己，也为大爷。原来，大爷的孙女洪小婷在我校四年级就读，读幼儿园时，孩子父母就离异了，父亲长期不在家，孙女跟着爷爷奶奶生活。老人家年岁大了，挣钱不易，家里实在困难，伙食费也是我叮嘱后勤人员给免掉的。出于一位老师的同情心，我想自己应该为她做些什么。恰好我女儿比洪小婷大两岁，我就把女儿不穿了的旧衣服、旧鞋子拿来送给洪小婷穿。平日都是她奶奶来接，非常高兴。后来，我也觉得不好意思，都送人家旧的东西，就在一次给女儿买礼物的时候，多买了一根四叶草的项链，送给洪小婷……

老大爷说完后，站起来，两只手攥着我的左手，说："黄校长，你对我孙女好，我都记得。没有什么好感谢，家里种了株桔树，今天我拿了一点桔子来。就放在楼下，你跟我下去吧！一点心意。"

我和他一起下了楼。楼下停着一辆农用小型三轮车，车厢里用雨衣盖着，掀开一看，是一个矿泉水纸箱，纸箱里满满的都是桔子。我这才明白，老人家怕雨淋湿了纸箱，就用雨衣遮挡，宁愿自己淋湿。双手接过他递过来的这箱桔子，沉甸甸的，我的心头有说不出的感动。谢谢您！老人家！这份情谊是如此厚重啊！

一种情怀温暖一所学校

2016年春天，我担任海门小学校长。这是一所城郊接合部小学，学生多数来自学区内13个自然村。上任不到一个月，我就发现，学校特殊学生比较多，老师非常朴实、醇厚。我就提出了"每一滴水都不一样，每一滴水都有方向"的办学理念，要求全体教师同心协力，共同努力，共同打造一所"有情怀的学校"，让每一位学生都有存在感、获得感和幸福感。

三年来，有多少感人的故事在这所宁静的校园里发生啊！

何小承同学因家庭等原因，养成了不良行为习惯。曾经三年来校入学，都因经常攻击其他同学，而被其他家长群起"赶走"。家长带着他，第四次来校报名入学。经过反复思考，我把他放在一个极具责任心、一年后即将退休的老教师这个班。我对这位老教师说："郑老师，您在退休之前再做一件大善事，如果让这个已经延迟三年入学的何小承能够安稳地在学校读书，功德无量！为您的教育人生画上一个圆满的句号！当然，我作为校长，会全力支持您的工作，有什么需要我参与的，跟我说一声。"

在郑老师和我的共同努力下，这个"校园小霸王"变了。因为他比其他同学大了整整3岁，郑老师让他担任自己的助手，一起管理班级，效果非常好。我跟何小承约定，如果在学校里能做到1天不做坏事，校长就表扬。刚开学的日子，我每天下午都提前来到他的班级，问其他同学："何小承今天表现怎么样啊？"当大家都说他表现不错时，我就大声地表扬他。一来二去，一点一滴，渐渐地，何小承变了。在校园里碰到我，就主动跑上来问："校长，我今天表现怎么样啊？"每当这时，我就装作非常认真的样子，看了看他的脸，庄重地说："你现在真的越来越聪明、帅气了，看来，一个人改掉坏习惯，真是不一样！"他开心得很。后来，我又想到了一个"妙招"。学校规模大，一百二十多位教师，年轻人居多，经常有人结婚送喜糖。这些喜糖就成了我对何小承同学的"奖励基金"，只要他又进步了，我就让他来我办公室拿喜糖和糕点吃。何小承慢慢地改变了。

2018年4月下旬的一天，我早早来到学校。一进校门，门卫师傅就高兴地说："校长，您昨天有快递，一包很重的书。"我刚想说等会儿过来拿。师傅接着说："何小承已经帮您拿到办公室去了。"原来，昨天何小承口渴，来门卫室要水喝。恰逢门卫师傅在和一个拿快递的老师说话，说校长的快递永远只有一样东西——书，这不，刚刚又到了厚厚的一捆。何小承一听，就主动提出，要把我的快递送到三楼校长室去。

向门卫师傅道了谢，我向办公室走去。走到三楼，一眼就望见一个箱子端正而安静地站在我的办公室门边上，心头一阵温暖。开了门，放了电脑包，回来搬这箱书，有点沉。而一个曾经的"坏孩子"却把它从一楼抱到了三楼，这让人多么感动啊！

像这样的故事还有很多，不再赘述。我深深地记得，2019年7月4日，我调离海门小学，全校老师为我举行了近2个小时的欢送活动。语文老师写了诗歌，深情朗诵；音乐老师编排了歌曲，深情演唱；体育老师表演了韵律操，书法、美术老师赠予我他们用心书写、绘就并精心装裱的书画作品。还有副校长、中层、老师代表讲话，他们对我的调离依依不舍，他们对我的付出深深感谢，他们一个个热泪盈眶。这多么让人感动啊！轮到我讲话时，我早已泪湿青衫。那一刻，我觉得自己所做的一切，都是那么的有意义！

　　教育是有意义的，它的意义在于教育者能够以心灵唤醒心灵，以真情打动真情，以良善滋养良善。在教育人生的道路上，我愿永远做一个传递善良的行者。

第四辑:
在教育的大地上静静思考

幽默是品质

　　幽默的人大家都喜欢。每年春晚，我们最期待的不是歌舞、魔术、杂技等节目，而是相声、小品，辛苦奋斗了一年，大家希望欢笑着放松一下。日常生活中，如果身边有一个或几个说话风趣之人，口吐莲花，让我们忍不住哈哈大笑，这也是人生一大幸福。

　　同样道理，学生最喜欢幽默的老师。如果一个老师在讲课的过程中，能够时不时地幽默一下，把全班学生逗笑得合不拢嘴，这样的课堂谁会觉得厌倦呢？这样的老师谁不喜爱呢？这样的学习体验真正体现了孔子说的那一句：学而时习之，不亦说乎？

　　据我长期的观察和了解，多数时候，个别中小学教师像"幽灵"一样地存在，不苟言笑，一脸严肃，在学生面前经常板着脸，学生背地里称之为"老板娘"。为什么呢？"老板娘"是"老是板着脸的姑（婆）娘"的缩句，这是来自学生的幽默。至于男教师，如果老是板着脸，那自然称其为"老板"。

　　反过来，我们仔细分析那些全国著名特级教师，而不是像我这样的"注明"特级教师，可以说无论男女特级，人人都具幽默感。比如，王崧舟老师庄重的幽默，窦桂梅老师空灵的风趣，薛法根老师质朴的诙谐……在他们的课堂中，每一节课都有让学生和听课教师会心一笑、欣然一笑、莞尔一笑的美好时刻。幽默是名师共有的风雅所在，是他们教学智慧的灵光乍现。

好老师不一定幽默，但是幽默的老师肯定受学生喜欢，那自然是好老师了。原新东方学校招聘教师非常严格，他们给出的薪酬高，对任职教师的要求当然也会高。其中一个必备条件是，教师要有一定的幽默感。我想，或许这是新东方能一度办得如此成功的一个重要因素。我曾经专门找一些到新东方培训过的学生了解，他们普遍反映，新东方老师讲课很有感染力和活力，多数老师非常幽默，在那里学习很快乐。

我还从一篇文章中读到这样一个信息。河北衡水中学历史老师李军燕，年纪轻轻就深得学生喜爱，她拿什么来吸引学生呢？原来，她给自己的课堂教学设定一个另类目标——"每节课至少让学生开怀大笑两次"。每次她都努力实现这个看似简单实则不易的目标，所以她的课上总是充满学生的欢声笑语。你说这样的老师上课，又有哪个学生不喜欢呢？

李军燕老师是我们学习的榜样。首先，我为李军燕老师有这样的上课目标而深深折服。李老师的教学把学生的学习心理放在第一位，她深深知道，学习本身就自带"苦味"。学习的辛苦、艰苦甚至痛苦在于，面对不同程度的学习内容，学生要始终保持敏锐的触感，保持清醒的认知和丰沛的兴趣。通俗一点说，学习是"烧脑子"的事情。人类自祖先开始，就有一种与生俱来的惰性，能不动脑子或少动脑子，自是最好。所以，要让学生以"苦"为"乐"，谈何容易？学习的本质就像咖啡一样苦涩，智慧的教师所要做的，就是适时、适度地往里边加一些糖，使之获得稀释、缓解。特别是在全面实施"减负"政策时期，比明面上减轻学生学业负担更重要的，是切切实实减轻学生的心理压力。而笑、大笑、开怀大笑就是释放、缓解压力的最佳灵丹妙药。没有一个学生的笑容是不甜美的，没有一个学生的笑声是不悦耳的，没有一个学生欢笑的样子是不动人的。幽默就是打开学生笑声仓库的一把金钥匙。

其次，我为李燕军老师的学生感到高兴。像很多超级中学一样，初中、高中的学生深陷应试魔咒之中，在应试的网中苦苦挣扎，争分夺秒，日夜砥砺，拼尽全力，打拼煎熬。人人只知伏首书堆，哪有机会开怀一笑。"十年寒窗苦读，一朝金榜题名"，一个"寒"字，一个"苦"字，从中折射出一种共同的学习价值观，学习就是要吃苦，学习的过程就是忍受艰辛，"吃得苦中苦，方为人上人"。在这种教育语境下，严肃、刻板成了常态，机械、反复成了手段。反之，轻松、快乐成了懒散、不求上进的代名词，自由、灵动成了另类，成了通往成功的绊脚石。

于是，学生看到更多的，是老师一张张紧绷的脸孔，师者亲切的笑容似乎早就像昨日石子掉落湖面激起的水波纹一样，消失得无影无踪无声无息了。学生们听到更多的，是老师苦口婆心、语重心长甚至义正词严的激情宣告和庄重劝慰，听到的都是永远正确的传经布道主题。有老师深信这一套教学的真理：学科成绩要狠抓，管理学生要靠压。这些老师当然值得我们敬重，他们对学生是多么的负责任，对本职工作是多么的尽心尽力。

这些老师们没有错，可惜美中不足，不足在于他们少了一份幽默和洒脱，他们少了一颗有趣的灵魂。如果拥有，他们就"匠气尽脱"，智慧尽现。未能具备，他们就只能是一个个认真教书、辛苦工作而匠气十足的传统实践型好老师。说句心里话，我是多么希望中小学教师都能拥有幽默这一重要品质啊！

十多年前，师范班主任牟惠康老师和我谈论优秀教师的人格特质。牟老师非常严肃地问我："你工作了这么多年，如果让你给现在的师范院校如何更好地培养未来的优秀教师提几点建议，你会提什么呢？"我认真地想了想，郑重地说："强烈建议在师范院校里开设'语言艺术'这门课程，让师范生用三至四年时间学习说笑话、讲相声、演小品，努力培养幽默感。"牟老师听了，欣然一笑，点头称是。他本身就是一位极其幽默、智慧的好老师，也正因为如此，那时他是我们全校同学心中的偶像！

我始终认为，幽默是一位教师教学素养的至高境界。因为要拥有幽默感，绝对是不容易的事。

幽默需要一种豁达的胸怀。幽默的教师必然大度，他能容教育教学难事，能容学生百般错事，能容教育人生万般艰辛。

幽默需要一种挚爱的情怀。幽默源于爱，爱生活，心中有熊熊燃起的热情之火，才会温暖他人。爱学生，希望他通过学习，变得更好。因为有一颗仁爱之心，所以在他人做得不好、不对、不妥的时候，教师舍不得直接否定、指出、揭示，就含蓄、婉转、温情地给予必要的提醒、指导和点拨，如此一来，幽默之语就随机诞生了。

幽默需要一种高深的智慧。有人说过，聪明的人不一定幽默，但是幽默的人必定聪明。而聪明必然来自长期的历练和持久的学习，从某种程度上说，幽默者必然是一个深爱学习之人。

幽默可能会和价值观念、生活语境、文化习俗等大环境有关，也和个人的个性品格、生命历程、生存状态等相关。它不一定与生俱来，完全可以借助一定的学习和历练获得或让自己变得幽默一点。

具体的方法和途径当然是学习和锻炼了。我个人的经验是，常看笑话，常说笑话，常听相声和小品，最好自己也尝试着去讲一讲，演一演。我就很幸运，从小学开始讲相声，到初中、师范继续讲。从开始拿别人的相声来讲，接受老师的指导再讲，到师范时和同学一起自编、自导、自演，我在讲相声中不断地获得历练和提升。这样讲着讲着，不知不觉地，幽默细胞就融入了我的血液和灵魂。

阅读一些著名作家的幽默文章，经常和一些幽默的朋友、同事一起，开开玩笑，说说笑话。或者，可以给自己制定一个另类的生活要求：无论怎么样，每天都要让自己哈哈大笑两次。这样的话，你不想变得幽默都不可能。

当你变得幽默了，你的学生就喜欢了，你所教的学科就变得有料又有趣了。怎么样，快点行动起来，让自己变得幽默一些吧！

持敬畏之心

某年秋天，一个周末，我应外市一进修学校邀请，给他们的小学语文骨干教师做一天的培训。

我于上课前天傍晚入住酒店，酒店离学校仅几百米远，我就告诉主办方负责老师，明天我自己步行去学校就是。

第二天一早，我吃过早饭，拎着电脑包，慢悠悠地步行到那所小学。到得校门口，正欲走进，却被一位五十开外的门卫师傅拦住。他一连问了我三个问题："你是干什么的？到这里有什么事？是谁联系你的？"他一脸严肃，态度极其认真。我一一如实回答，他才让我进去。

我一边在校园里走，一边回想刚才的对话场景，忽有所悟：这个门卫师傅刚才所问的，不就是著名的哲学三问吗？"你是谁？你从哪里来？你到哪里去？"原来，他就是一位隐藏在"底层"的哲学大师啊！如果刚才我有了这种思考的话，说不定我会幽默地回应一句："谢谢苏（苏格拉底）师傅！"或者是"谢谢冯（冯友兰）师傅！"

或许，门卫师傅并没有想到，自己无意中的三问，竟然问出了水平，问出了境界。作为被问者的我，应该保持一种清醒，提升一种认知：高手在民间。在我们身边，往往看上去最朴素的人们，恰恰也是最深刻，最富有内涵的人物。那些把自己放得很低的人，正是最有水平的顶尖人物。比如，武打小说里真正厉害的高手，不是那些穿着怪异，打着奇门兵器，骑着神驹烈马，来则招摇过市，去则一骑绝尘，大张旗

233

鼓、煊赫炫耀者。反之，那些顶尖侠客或化身流浪乞丐，一身破衣烂衫，游走江湖；或变身一个扫地僧人，默默无语，隐匿光芒；或潜藏某个僻静山村，或隐居某处寺庙古刹。真个是做到了绚烂之极却繁华落尽，归于静寂。

如果说上述这些与我们尚有些距离，或者说这些都源于文学作品，可能不那么真实存在，不妨举一个真实故事。季羡林先生任北大副校长时，有一年开学，一个外地新生独自来校报到。因为要去办理相关入学手续，带着的行李不便随身，需找个人帮忙看管照顾。正在这时，他看到一个穿着素朴，看上去普通员工模样的老者迎面走来，就走上前去，说明来意。那位老者爽快答应，让他尽管放心，只管去办理，自己会帮他认真看管。直到他把所有手续办理完毕，那位慈祥的老人一直为之默默看守。他深为感激，老人含笑离开。

在第二天的开学典礼上，这位学生赫然发现，昨天帮自己看管行李的老人一脸庄重地端坐在主席台上，竟是大名鼎鼎的季羡林先生。相信这位学生定然会感动无比。

再说一件事，还是和北大有关。1917年，蔡元培先生就任北大校长一职。上任第一天，北大全体校役（即门卫师傅）在校门口列队迎接。蔡校长见此，立正，脱帽，鞠躬。堂堂一位北大校长，如此尊重普通校役，正是大师风范的体现。

从季羡林副校长和蔡元培校长身上，我们看到了一种谦卑和敬畏精神。谦卑是把自己放得很低，敬畏是把别人看得很高。把自己放得很低，是把自己的一切头衔、光环、业绩、特长等都放下，觉得自己也无非是芸芸众生中的一个平凡小人物。把别人看得很高，是把别人并不占优势的特点、地位、身份等放在一边，而是发现他身上所拥有的优点，尤其是值得我们学习的某个方面。正如前文提及的门卫师傅不经意之间发出的"哲学三问"，足以点醒我们。

上世纪30年代的一天，在非洲热带雨林的刚果河上，史怀泽先生坐独木舟前去给黑人兄弟治病时，看到河上有鱼在嬉戏，河马在休憩，林间有鸟在飞翔。此景怡人，此心触动，此情可抒，他发出了这样的感慨："一切生命都必须得到敬畏，无论善的，还是恶的。"

作为人民教师的我们，在实际工作中，更需要树立一种"敬畏"精神。在一所学校里，从校长、教师、学生到每一位职工，人人都平等，人人都应得到尊重。哪怕是扫地清洁工、烧菜的厨师以及站岗的门卫师傅，如果我们以善的心灵，以美的眼光去看待他们，定然会发现他们身上有着最朴素、最高尚的品格。他们每个人都是潜在的、隐藏的民间高手，都值得我们学习。

同样道理，一个社会中，我们以世俗的眼光来看，总会把人们分为有地位、有身份的人和没地位、身份卑微的人，即大人物和小人物；或者以财富拥有多少来划分，分为富人和穷人；以品行是否高尚来划分，分为好人和坏人。一所学校或一个班级里，我们也不知不觉地按照世俗的条件来划分，把学生分为优秀生和"学困生"，甚至有人会称之为"差生"。

这样做是不对的，我们缺少一种敬畏之心。作为一校之长，要敬畏全校所有师生和员工；作为一个班级的班主任和任课教师，要敬畏全班所有学生，无论他们是"好"是"坏"，是让人满意，还是令人失望，我们都必须敬畏。

因为，他们每个人身上或多或少，都具备让我们学习的品质。愈是看上去学习困难、行为不佳的那些"后进生"，他们愈有可能是潜在的、隐藏的高手呢！别的不说，你单想一想那些学习困难生，他们在课堂上听不懂，学不进，习不得，明知道自己所做的这件事，是不可能获得肯定、赞扬的，是不可能有好的结果的，但他们还是安静地坐着，坚持地听着，那需要多大的勇气和毅力啊！换言之，如果让我们这样去做，能坚持吗？能坚持多久呢？这些孩子，往往需要坚持3年甚至6年。而且，他们为了宽慰老师，每每还要努力装出一副认真、努力的样子。他们这么做，正是因为他们敬畏自己的老师。

从某种意义上说，这些读书表现并不理想的学生，他们表面上平凡、平庸，实际上却是一个个潜在的高手。他们才应该让我们肃然起敬！

关键是"内驱"

有一次，听了一位专家的精彩讲学之后，和他聊及现在教师专业成长现状。我坦言："当下的教师想要专业发展，获得自我提升，不是机会有没有的问题，不是时间有没有的问题，不是平台有没有的问题，关键是看他有没有强烈的自我成长动机。"一句话，现在教师专业成长面临最大的问题，恐怕是很多教师自身的内驱力不足甚至缺失。什么是内驱力？是指教师自我成长、自我提升的学习动力。

为什么会这样呢？个人认为，可能有以下几方面原因。

一、多数中小学教师自我期望值不高

心理学有一个理论叫"皮格马利翁效应"，一个人对自己的期望值越高，他发展和取得成功的可能性就越大。可惜，很多中小学教师自信心明显不足。他们的自我定位是，我不是珍珠，我只是泥土。自己只是一个普普通通的中小学教师，能做的是在平凡的岗位上，认认真真地做好本职工作。至于能发展到什么程度，能成为一个非常优秀的教师，那是不大可能的事情。

朱永新先生曾经明确指出，中小学教师在自我认知上存在非常严重的误区：总是在门缝里看自己，觉得自己极其普通，和所谓的名师、名家相差甚远，遥不可及。罗振宇先生把这种认知叫"阶层定位"，一个人如果给自己定的目标很低，能在山脚下看看风景就很不错了，那他不大可能有向山上登攀的冲动。

想想也有道理，我不就是如此吗？三十多年前，我中师毕业，分到一所只有十多位教师的乡村完小。工作非常认真、负责，一周二十多节课，也不叫苦，不叫累。我当时的自我定位是什么呢？这辈子可能就这样教教书，做一名普普通通的乡村小学语文教师了。像身边的一些老教师一样，辛苦工作了几十年，到退休时轻轻地离开，正如当年悄悄地走来。带走的是一堆参考书，还有一个年迈、苍老的自己。似乎这就是一线教师的共同宿命。即使刚工作时，我内心也挣扎过，迷茫过，痛苦过，觉得自己本不一般，只是大家看我很一般。时间一长，却渐渐地和环境，和命运，和现实妥协了。我很快发现，身边的同事，有的一边工作，一边种田，两边都兼顾；有的这边上班，那边家里办个小作坊，挣点钱，日子过得倒也红火。受此影响，我也很快调整自己的工作状态，工作第二年就开始一边教书，一边帮助父母经营废旧塑料回收生意。

在乡村小学教书的九年时间里，我根本没有要成为名师的梦想，也根本不可能知道自己以后会成为特级教师。那时，我在专业成长上胸无大志，不敢有丝毫的"痴心妄想"。在这种意识支配下，当然没有了语文教学的研究动力。

现在，回过头来看当年的自己，再看看当下年轻教师的职业状态，尤其是那些在乡村偏僻学校工作的他们，定然和当年的我一样，卑微地把头低到尘埃里去。

如何让教师对自己有高远定位，非常重要。诗人鲁藜说："老是把自己当作珍珠，就时时有被埋没的痛苦。把自己当作泥土吧，让别人把你踩成脚下的路。"我倒觉得中小学教师们要把自己当作"珍珠"，梦想有一天自己能借助教学事业让生命光耀七彩，而不仅仅是甘心情愿做极其普通的泥土。"落红本是无情物，化作春泥更护花"，在具有春泥精神的同时，教师也要追求春花的烂漫，努力绽放自己，高调做事，低调做人。

二、教师工作过于忙碌

一线教师的生存状况是"忙碌"的，因为忙碌，他们没有时间投入读书、做学问行动。从而导致他们渐渐地淡出自我发展的圈子，我想发展，奈何没有时间发展啊！我曾经把中小学教师比作蜜蜂，整天飞来飞去，忙着采花粉，酿佳蜜。意在强调教师职业的艰辛，艰辛中却也有欢乐，这飞舞的姿态是优美的，飞舞的空间是广阔的。而现在，我觉得中小学教师就像一只只蚂蚁，每天奔跑着，搬运工一样，事务实在是繁杂啊！试问，以前的学校和现在的学校相比较，有什么不一样了？我要说，三十年前，学校的功能很纯粹，很单一，很明确，学校就是老师教学生读书的地方。那时候，学校里很安静，很简单，没有食堂，师生都回家吃中饭。只是在期末结束时，大家集中在临时简易厨房里，会餐一次。那时，基本上没有什么检查、评比、考核。只是一年一度有全镇小学生运动会，但给人的感觉不是负担，而是一种快乐。我们把学生带到镇中心校，晚上就住在教室里，一个人睡一张书桌。我也和学生一起住着，照顾他们。那时，基本上一学期不开会，只是暑期结束时，我们集中在乡中心校召开一次教师会。那时，没有手机，没有微信工作群，没有微信家长群，不像现在的老师那样，成了"群居动物"，整天在手机上关注工作通知、动态，在手机上回复家长留言、询问甚至不满。

因为忙碌，导致一些老师的迷茫，导致个别老师的盲目。如果一个老师整天忙碌，而没有了属于自己思考、学习的时间，他怎么会有强烈的内驱力，渴望自己在专业成长之路上走得更远呢？

好在，现在上级部门已关注到这一现象，教育部门已出台了一系列拒绝"非教育类活动"进校园的相关规定。相信老师们的工作状态会逐渐改善。

三、专业成长本身的艰巨

教师职业是一项长期的、充满挑战性的工作，其专业成长的难度非常大。上公开课，听课、评课，书写论文、反思、设计案例，做课题研究等，多管齐下，缺一不可。再说，做好上述各项专业之事的前提是必须多读书。让教师读一些文学类的书籍还好一些，如果让他们去读一些教育类、学科类的经典理论书籍，自是让他们"备受折磨"。我们曾组织教师共读杜威的《我的教育信条》一书，历时1个月。教师们坦言读得极为艰辛，读来读去，就是读不懂。面对一些深奥、生涩的理论术语，一头雾水，两眼昏花，头脑发胀。似乎不读还好，越读对自己的打击越大。直到读得怀疑自己的智商，怀疑自己的人生。

教师专业成长之路如同登山一样，每向上一步，都要付出很大努力。在这个过程中，还会遭遇各种失败、挫折。辛辛苦苦准备的公开课上砸了；一字一句码出来的文章，没有获奖或者未能发表，做课题研究是一次漫长的艰辛学习、思考和行动的过程。

如此吃苦之事，倘若没有热爱之心，确实很难做到有自发的内驱力。

除此之外，教师专业成长内驱力还会受其他因素影响。比如，教师所处学校的相关制度，领导、同事之间的人际关系等。

而真正最为重要的，影响教师自身内驱力的关键因素，我认为还是教师自身的人生规划，自身的理想信念，自身对教育事业的热爱。纵观那些在专业成长之路上从容行走、坚毅执着的名师，哪一个不是具有一种对事业的痴迷和热爱精神呢？

正是内驱力决定了教师自身的行动力，也决定了教师最终拥有的人生高度和境界。借用罗振宇先生的一段话："人类进入了一个新的落差时代，叫'动机落差'。拥有自我驱动力的人，可以利用非常便宜的工具进行学习、合作和创新。没有这种强烈动机的人，拥有什么资源都没用。所以，新的阶层固化又来了。自我驱动，决定命运；动机落差，决定阶层。"

是的,优秀就是我要努力前行,而不是别人或其他任何因素让我努力前行。

安排要合理

在一本书上读到过这么一个小故事,很有感触。

一天深夜,曼彻斯特大学著名物理系教授欧内斯特·卢瑟福经过校园时,发现实验室还亮着灯。他很好奇,就走过去看个究竟,原来是一位学生还在埋头做实验。卢瑟福问他:"上午你在干什么?"学生回答:"在做实验。""下午呢?""做实验。"听到这里,卢瑟福皱起眉头,继续追问:"那晚上呢?""也在做实验。"卢瑟福非常生气,大声斥责:"你一天到晚都在做实验,什么时间用于思考呢?"……

以我们多数教师的观点和感受,看到如此好学、勤奋、刻苦的学生,肯定高兴还来不及,肯定把他作为其他学生的榜样。

不过,静心思考、分析,卢瑟福教授的话带给我们很大的启发。从教师专业成长角度来说,如果一个教师过于忙碌,而且一味地忙碌于一般的事务,一味地沉浸在实践和操作中,就像事例中的这个学生一样,一天到晚都在"做",导致根本没有了"思"的时间,这样绝对不行。

实际上,有多少一线教师的工作状态和这位整天只知道做实验的学生不无二致呢?不妨把这句话略作修改:"老师,你一天到晚都在批改作业,什么时间用于看书呢?""老师,你一天到晚都在备课,都在讲课，都在管理班级，都在教育学生，都在和家长沟通、联系，都在整理资料，都在做台账，都在检查和迎接检查……什么时间用于思考和学习呢？"

经常听到一些教师挂在嘴边的一句话："我太忙了，没有时间啊！"也经常看到这样一个事实，刚在食堂吃过午饭，班主任或任课老师就急匆匆地走进教室，又争分夺秒地投入到"看管学生"或者"传经布道"的行动中。一刻也不得休息，一刻也不给自己放松的机会。这样的老师，如此敬业的精神，令人肃然起敬。然而，这样的教学行为也值得我们深入思考。如此"管押"学生，不给学生以一定的自由，这样的教育方式完全正确吗？老师如果把所有时间都花在学生的"管理"上，他们还有时间提升自己的专业素养吗？是不是正因为如此，老师就习惯性地陷入一种"蚂蚁"般的教育生活？的确，整日忙碌的工作状态，已成多数教师的一种生活常态。他们坦然接受，以老带新，代代传承。这既是好事，也值得思考。

我在思考，老师能不能改变过于忙碌的工作状态？学会"忙里偷闲"，学会"一张一弛"，学会"合理地安排生活节奏，合理地安排工作、学习和锻炼的时间"。

首先，可以坚持这样一个原则：每天无论多忙碌、紧张，一定要给自己安排至少半个小时的独处时间，一个人安静地思考。可以在暮色时分，也可以在午饭之后，可以从工作、生活和学习方面展开思考。如曾子所说："吾日三省吾身，为人谋而不忠乎？与朋友交而不信乎？传不习乎？"人须安静，静能生慧。我当校长的时候，和全体教师有一个协定：中午12点到下午1点这个时间段，我们相互之间不打扰，属于自由时空。要求全校处于"静默状态"，尽可能地保持安静，全体学生安静阅读，提倡老师也浸润阅读。意在给全校师生奔忙的生命节奏提供一个非常好的缓冲和休憩地带。我称之为"每天阅读1小时"，自己也坐在办公室里，稍作休息之后，静静享受阅读。

其次，我一直认为，学校要安排一个用来"闲聊"的场所，要让全体教师有一个彼此沟通、交流的平台，不能因为忙于工作，同事之间都很少说话。特别是大规模学校，有一百多甚至两百左右数量的教师，工作了1年，教师可能还认不出对方是不是自己的同事，即使知道是同事，却可能叫不出他们的名字。尤其是年轻教师，他们入职之初，工作经验缺乏，面临诸多困难和压力，更需要老教师们悉心指点，倾力指导。如果让他们有时间、有机会经常向老教师请教，老教师和他们推心置腹、促膝长谈，对年轻人的成长一定非常有帮助。

举一个典型的例子。英国剑桥大学有一个著名的"下午茶时间"。每天下午，都会有一些教授聚在一起，喝茶聊天，非常轻松，十分自由。这已经成为剑桥的一道亮丽风景。迄今为止，剑桥大学一共有60多位教授获得诺贝尔奖。有人戏言，这些诺贝尔奖一部分功劳是聊天聊出来的。这似乎也不无道理，教授同行之间的聊天，是一种高层次对话，其中有思想的碰撞、理念的对接、思维的摩擦等。而关键在于，"下午茶"轻松、自在的氛围可能更激发了人的灵感，更能迸射思维的火花，所谓闲暇出智慧。

基础教育阶段的中小学，由于现代技术的发展，一方面学校的工作效率越来越高，另一方面，教师的生活节奏越来越快。紧张之余，学校很需要类似于"下午茶"这样一种难能可贵的闲暇氛围。一位新上任的校长急切地和我探讨如何激发教师工作热情，调动教师学习积极性这一问题，我笑着提了个建议："你先在学校里开设一个'聊吧'吧！在场地不充足的情况下，把会议室改装成茶室，请工会或业务、德育分管线轮流负责，让全校教师每周1次到这里喝茶、聊天。至于聊的内容，要尽可能丰富一些，读书、班级管理、人际交往、家校沟通、学科教学、心理调适等都可以。你也可以试着慢慢地把校级班子、中层人员的会议，以及和不同层次教师的沟通、谈话，放在这里以'聊'的形式进行。"我敢断定，如果坚持下去，这个小小的"聊吧"，一定能聊出很大的收获。

当然，也可以采用其他形式进行聊天。我曾经到一所乡村学校调研。那天午饭后，没有风，冬天的阳光暖暖地照着，我看到学校的老师们自发在塑胶跑道上三五成群、悠然闲适地散步。他们一边慢慢地走着，一边轻松地说着，时不时露出笑意，飘出笑声。这是校园里最美的一道人文风景。

第三，学校要组织并开展一系列教师集体兴趣活动。比如"气排球队""篮球队""合唱队""文学社""读书会"等，要有专人负责，要有组织机构，要有相关制度，更要定期开展。让久坐办公室的教师们动起来，让一个劲只在教室里"传经布道"的教师们读起来，唱起来，写起来，同时也思考起来。

除此之外，教师们要慢慢把课堂研讨、观点报告、主题讲座等都视为另一种生活的方式，要追求学习即生活、生活即学习的境界。这样能够增加教师校园生活的丰富性和愉悦性，能够提高教师教育生活的幸福指数。

写到这里，我想用一句话概括教师工作的应有姿态：像蚂蚁一样工作，像蝴蝶一样生活，像蜜蜂一样学习。这是不是另一种意义上的"教师精神三变"呢？

教学"四阶段"

著名哲学家冯友兰先生把人生分为"自然、功利、道德和天地"四重境界，愈往上，境界愈高，也愈少有人能达到。像我等凡夫俗子，大多在"功利"境界追逐、打拼，最终能达到"道德"境界则已是相当了不得。至于"天地"境界，古往今来能达此境者，寥若晨星。

无独有偶，美学大师朱光潜先生有创作四重境界一说，分别是"疵境、稳境、醇境和化境"。"疵境"为下，所写作品有明显的诸多不足；"稳境"为中，经一番磨砺，创作者有章有法、中规中矩地遵循一定的规则、规律来书写作品；"醇境"为上，"醇"字带有纯正、纯粹、浓厚等意思，这一时期，作者的作品已明显带有自身个性、风格、主张和思想，主体特色极为鲜明。"化境"则代表着出神入化、行云流水、天马行空的自由境界，这是创作的最高境界，也是一切技术达到艺术层面后的绝妙之境。能达到这一境界者，通常是某一行业中能够独树一帜、傲视群雄的一代大宗师人物。这样的人物，自然是屈指可数，如高山耸立，令人仰视。

回顾自己在语文教学上走过的三十多年成长、求索之路，我得出一个结论：自己的小学语文教学定然没有"四重境界"一说，但也真实地经历过"四个时期"，或者称之为"四个阶段"。

一、迷茫期——见教材

顾名思义，"迷"和"茫"都有分辨不清之意，好比行路者人在旅途，不知走向何处。面临这一局面，怎么办呢？我们往往有两种凭借：一是凭经验，二是凭直觉。刚上岗的新教师几乎没有经验可言，如果有，也只是在师范院校或者见习、实习期间获得的一些经验。当然，还有一种所谓集体经验，就是从众、随大流，大家怎么做，我也怎么做。多数时候只能凭直觉，自己想当然地觉得应该"教什么"，应该"怎么教"。而且直觉也会告诉我们，自己应该这样做。这一时期，新教师的教学处于"见教材"时期。

"见教材"阶段，教师眼里只看见教材，心里只想着教材，以为我只要把教材给教过了，教掉了，教学任务就完成了。至于学生有没有理解、掌握，那是他们的原因。如果他们没有理解，或是他们学习不认真，不专心，或是他们资质平平，无法领会，或是他们不够勤快，懒于巩固、盘点导致。反正作为老师的我，是教过了，尽到自己的责任了。

我就有着这样的切身体会。1991年7月，我从浙江省黄岩师范学校毕业，分配到一所乡村完小工作。或许因为我是这所学校历史上第一个正儿八经师范毕业的教师，或许是我那时年轻气盛，自以为是，或许当年那所学校里，我的同事们没有作一定意义上的教学研究，仅凭自己的经验来教学。总之，并没有人来指导我具体怎么教学。

一所仅有6个班级（一到六年级）、10多位教师（以民办教师为主）的乡村完小，教学资源极其匮乏，除了上面配套下发的教学参考书之外，几乎没有其他教学辅助用书。刚步入工作岗位的我，只能捧着语文书和教学参考书开展教学。那时我每教一课，想得最多的是字词要教会，内容要概括，句段要理解，文章要分段，主题要领会。我按照教学参考的分析和要求，一步一步地加以落实。

这个时期，参考书上怎么说的，我就怎么认同，一五一十，原原本本地把它教给学生。记得有一篇课文是《小音乐家扬科》，教学参考书里给出的中心思想是课文通过对小音乐家扬科的悲惨遭遇，揭露了资本主义社会的罪恶。我就照搬，完全没有自己的想法。教学时，重点引导学生去体会、感受课文字里行间渗透着的这一主题思想。后来教到《凡卡》《卖火柴的小女孩》等课文时，也都以相类似、差不多的语言予以提炼课文主题。渐渐地，我还把教材里有着相类似主题、内容的课文联系、整合起来，让学生发现、总结学习这一类课文的规律。比如，学习以歌颂革命英雄为主题的课文，概括中心思想时，一般用"忠于革命、不怕牺牲、英勇无畏、坚贞不屈"等关键词语概括；学习以山水田园为主题的课文，体会思想感情时，一般用"热爱家乡、赞美大自然"等词语概括。

这一阶段，我的教学就是典型的"只见教材，不见其他"。这个时期的教学，无自己，无他人，无学生，只有一本语文书。这样的教学显得狭隘、浅薄、单一和枯燥，好在，它在我的教学生涯中存在的时间并不长。

二、觉醒期——见他人

如果一直在那个偏僻的村完全小学待下去，日子一久，我可能会渐渐变成一只"井蛙"。也有可能，我会觉得更"幸福"，拥有一种沉醉在自己小圈子里的盲目、麻木、茫然的"幸福"。为什么呢？我以为，愈是偏僻的乡村，教师就愈容易在学识、学问、学术上得以生存。其一，学生本身从知识、经历、经验等方面都不如老师，几乎任何老师都可以"独霸"一方，怎么说，学生就怎么做，唯老师"马首是瞻"。其二，相对而言，乡村学生家长忙于生计，或种地，或做生意等，少有时间顾及孩子学业，无意也无力关注学校教学。当然，个人极反对家长来干涉学校、班级教学工作，毕竟让非专业的家长来对专业的教师指指点点，绝非好事，也绝没有好事。

乡村小规模学校，确实有其独特的闲适、自由、恬静气质。只不过，任何事物都有两面性，这种弥足珍贵的气质如果不加以适度开发，不让它和学习、研究、探索及自我专业提升契合起来，就会适得其反。如同温水煮青蛙一样，会让原来极其优秀的一些青年教师在长期的"安逸"环境中，逐渐地适应"平静"，甘于"平凡"，而终究沦落为"平庸"。这可绝不是危言耸听！我说这样的话，不知道大家会不会认同？乡村学校的宁静、平凡、艰辛、素朴，一方面造就了一批拥有高尚师德的扎根乡村、奉献青春、奋斗终生的好老师，另一方面，它也可能不知不觉中让一些原本才华横溢、资质优异、心怀梦想的优秀青年教师渐渐地变得沉寂，走向沉默，终究沉没。就像一颗颗原本散发着迷人光辉的明珠，随着时日的推移，悄悄地沾染上尘世的灰土，而变成了灰灰的泥土。

诗人鲁藜曾经说过这样一句话："老是把自己当作珍珠，就时时有被埋没的痛苦。把自己当作泥土吧，让别人把你踩成这脚下的路。"我也经常用这句话来安慰一些分配到乡村小规模学校的年轻老师，让他们放低心态，适应环境。然而，现在我觉得光这样认知是不够的。年轻教师是要把自己放低，如同张爱玲说的，"低到尘埃里"。但是，我们内心深处却不能把自己的前景看低，我们的心头始终要有珍珠的光和梦。你想，如果一颗珍珠，仅仅因为把它放在极其简陋、素朴的木匣子里，它就应该变得普通、凡俗吗？珍珠永远是珍珠，无论在什么地方。是珍珠，终究要发光；是玫瑰，终究要开放。

我深深地感谢教师进修学校，感谢教研室，感谢我当时所在的镇、乡中心校。正是这些单位的领导、骨干教师、名师组织了一次次的培训、教研活动，让我得以从原本只有教材、参考书，只看到教材的教学之"井"中抽身出来，看到了外面精彩的世界。才知道，原来小学语文教学有着精妙的智慧境界，它既是一门科学，也是一门艺术。

从教前5年时间里，留给我印象极其深刻的有这样几件事。

工作第一学期，在见习期新教师培训活动上，人民路小学的语文名师赵慧英老师给我们讲课。她形象佳，气质高雅，内涵深刻，谈吐不凡，端坐讲台，从容自信，娓娓道来，让初入讲坛的我见识到小语名师的非凡风采，为之深深折服。直到现在，我都清清楚楚地记得，在新教师培训活动的讲座中，赵老师特别讲到一个神话故事——《精卫填海》。她真诚希望我们这些年轻人要学习精卫填海精神，明知不可为而为之，在教学之路上努力拼搏，成就一番事业，书写精彩人生。赵老师的话，给我们满满的正能量。

工作第二年的第一个学期，我以村完小老师身份参加乡中心校举办的一次区级各学科教研活动。这次教研活动还安排教研员上课，上午第3节课，所有学科的听课老师都集中在一个场地，现场观摩当时的椒江小学数学教研员赵苗木老师上《认识长方形》一课。作为一名新入职的小学语文教师，我用"醍醐灌顶"一词来形容当时自己的感受。赵老师的数学课，思路很清晰，气氛很活跃，师生互动很自然，老师语言很亲切，学生学习的进步很明显。从那一刻开始，我就隐约觉得，一个老师要是能上出一节精彩的课，是多么的潇洒、从容和骄傲。那时我正在阅读金庸的武侠小说，冥冥之中认为，一个会上课的老师，就是一位身怀绝技、笑傲江湖的侠客。赵老师的精彩课堂，在我的心头悄悄埋下了一粒上好课的种子。我的内心有了一种期待，要是我也能上出这样精彩的课堂，该有多好啊！

工作第三年，我调到另一所村完小。因父亲、母亲在另外一个村经营废旧塑料回收生意，忙不过来。我是长子，弟弟还在上大学，就向中心校领导提出申请，调到了这个村所在的小学。和我工作的第一所学校一样，这也是一所小规模完小。期间，发生了一件"重大事件"。就在这所村校一间简陋的仓库房里，有一天，我去拿粉笔，偶然从一堆零乱的参考用书中发现了一本《小学语文阅读教学方法大全》（记得大概是这样的书名），到现在我都清楚地记得这本书的样子，淡蓝色的封面，画着白色的花纹、图案，上面蒙盖着一层淡淡的灰尘。应该是长久没有人捧起过它，它是如此的孤独和落寞，就像是一棵开在茂林丛中、未被人识的海棠花。我半是好奇，半是激动地拾起它，用手轻拍，再抖几下，灰尘扬扬洒落。待尘埃落定，翻开一看，大为惊喜，嗨！里边列举了小学语文的一个个教学方法，既有理论阐述，又有实例佐证。一下子，有"众里寻他千百度，蓦然回首，那人却在灯火阑珊处"之感，我如获至宝，赶紧拿走。一回到办公室，就迫不及待地开始细细阅读。现在想来，这本书对于当年沉没在孤寂乡村教育氛围里的我而言，不亚于武侠小说里某位渴望习武之人偶然之间来到某一旷世山洞中，得到一本"绝世武功秘笈"。

我一页一页地认真阅读这本书，渐渐地知道了"导读法、图示法、拓展法、对比法、矛盾法、讲述法"等一系列语文教学方法。反复阅读的结果，让我对语文教学的理论书籍有了一种莫名的好感。懵懵懂懂之中，我觉得小学语文教学博大精深，里面大有学问。语文教学是一座巍峨的大山，而我目前还站在山脚。我开始有了登攀的向往。我向往阅读更多的理论书籍，在这之前，痴迷阅读的我，读得更多的是文史、地理、传记一类的书籍。

在第二所村完小工作一年以后，工作的第四个年头，我有幸参加浙江省团校组织的全省少先队大队辅导员培训。全区只有5个名额，来自完小的我竟然获得如此宝贵机会。先要感谢上级领导把名额给予乡村完小，更要感谢我当时所在学校的校长王道法先生，愿意在有限的资金中提供经费，让我参加入职以来的第一次省级专业培训。

这次培训的收获非常之大，让我见识了讲课教师的学术风采，结识了来自省内的优秀同行。更重要的是，就在这次培训活动中，我向团校老师打听，杭城有没有专门卖教育类书籍的书店？老师告诉我"教育书林"的名字，以及它所在的位置——杭州大学西溪边上。第二天我就"顺藤摸瓜"，找到书店。我买了教育学、心理学一类的书，也买了当时一些著名特级教师的著作，如张伟老师的《球形教学法》，乐连珠老师的《快速阅读法》，袁浩、周益民老师的《作文教学法》等。

发现一家教育类书籍"专卖店"，这让渴求在教学之路上成长的我是何等的欣喜，如同阿里巴巴发现了藏宝的山洞，如同一只蜜蜂发现了一个繁茂的大花园，如同一棵树的种子落到一片肥沃的黑土地。从此，我就成了"教育书林"的常客，只要有机会到杭城，我非到这儿买一批书回去阅读不可。后来，"教育书林"搬迁到古墩路边上，在"万象城"西边一个比较僻静之处。我多方打听，几经辗转，在高楼林立的杭城，终于把它找到。每次，我在那里一待就是半天。在壁立如林的书架间，在密密麻麻的书籍前，我伫立、凝视，一个书架、一个书架地搜寻，一本书、一本书地翻看。每次一买就是一大叠，回去的时候，左一袋，右一袋，满载而归。连续好几年，我都在那里购书，带回去用心阅读。直到后来，由于网购兴起、更加便捷，我才渐渐地和它不再谋面。

正是这些教育类书籍的大量阅读，让我这个身处僻静乡村的青年教师在主流思想上不落后，在教育灵魂上不孤独，在理论涵养上想当然地会超过一些没有像我那样浸润阅读的年轻人。一本好书，仿佛是一根无形的电话线，连接着我和书的作者，阅读的结果就是我和作者之间打了一通长途电话。当然，我只是静静地听，而作者是慢慢地讲。读书的结果，就是开始慢慢地觉得自己的渺小，渐渐地产生一种自卑心理，或者说是一种对语文，对事业，对专业的敬畏心理，我愈来愈觉得语文这门学科的博大精深了。

读书多了，我的眼里、心头，慢慢地有了专家、名师的影子，他们的教学方法、技巧、艺术、理念、思想不知不觉地影响、感染了我。渐渐地，有意无意地，我开始把阅读得来的一些教学方法、技术、理念在课堂教学中加以实践、运用。这是我语文教学的模仿时期，慢慢地，我的课堂变得"有板有眼"起来。

在工作的第六年，我第一次现场观摩了小学语文特级教师的精彩课堂。我清楚地记得，听课地点是现在的椒江区教育局五楼会议室，场地约两个普通教室那么大。听课的教师挨挨挤挤，却又安安静静，个个专注入神。因为课上得实在是太好了！上课名师都来自上海，一个是左友仁老师，执教五年级《伟大的友谊》，另一个是张平南老师，执教六年级《松坊溪的冬天》。我全神贯注地聆听两位全国著名特级教师的课堂教学，连一个细节都不舍得放过。我甚至不愿意记笔记，因为一记笔记，我的眼睛就离开了课堂。我不愿意记，还因为我来不及记，那时我还没有手提电脑，只能用钢笔记录。我就呆呆地听着，仔细地看着，默默地记着。在这之前，我阅读过左友仁老师教学实录的书籍，已经在书中领略过他的《伟大的友谊》一课教学的风采。所以我就只管听课，课后可以回去看实录，再次细细回味精彩教学。

听课之后，我回去把左老师、张老师的课堂教学进行复盘，并尝试按照他们的设计，在自己班级里实践。渐渐地，我发现自己的课堂变了，变得有意思了。

过了一个学期，我又一次参加区里举行的小学语文名师观摩活动。这次听课地点在区里的部队营房，我们聆听全国著名特级教师、杭州市王燕骅老师的《找骆驼》。听课场地非常空旷，坐了400多位教师。现场气氛非常热烈，老师们一个个两眼发光，兴奋异常。会场一片安静，大家都沉浸在王燕骅老师极其精彩的课堂艺术中，被她的教学深深地吸引。遇到师生之间精彩对话细节即兴生成之时，大家都情不自禁地鼓掌，掌声如潮水般涌动。活动结束后，大家从会场出来，还一个劲地谈论着课堂的精彩细节。这种场景，令当时还在乡村完小教书的我激动不已。想要学习名师教学技艺的念想越来越强烈，我是多么渴望，自己有朝一日也能上出如此精彩的课堂啊！

这个时期，我渐渐地悟得，在小学语文教学的世界里，有一批在教学技术和艺术上极其出色的名师、大家。我把他们和自己热衷的武侠小说联系起来，得出一个结论：不同区域、不同年龄、不同性别的名师，他们的语文教学有着不同的个性、风格和思想。比如，阅读《贾老师教作文》一书后，贾志敏老师的作文课教学，让我叹为观止。其中一个精彩细节，深深印在我的脑海里。学生写秋游活动在公园湖上划船的作文，里面有这么一句话："忽然，有两个同学不约而同地掉进了湖里。"学生刚读完这句，贾老师马上敏锐地指出："哦？不小心掉进湖里，还要彼此商量一下吗？"幽默、机智的话语逗得学生哈哈大笑，他们马上明白"不约而同"一词使用不妥。这样的教学真可以说是"神来之笔"，贾老师对语言文字的敏感，令人叹服。

再后来，我多次观摩了区、市及省级的一些名师课堂，不断地从他们身上学到一些教学的方法和技巧。我的课堂教学也在不知不觉中发生改变。

工作第十年，我调入城区百年名校人民路小学。就在这里，我首次遇见全国著名特级教师的教学录像。于永正老师的《草》《小稻秧历险记》，支玉恒老师的《曼谷的小象》，贾志敏老师的《贾老师教作文》（系列），靳家彦老师的《跳水》等，我一遍遍地认真观看，一次次地用心揣摩，看一次，激动一次；看一次，进步一次。我开始有意识地观察、揣摩名师上课时说话的语气、语调、表情和动作，试着分析他们精彩应对背后的智慧所在。看录像课，对我的教学技能提升有很大作用。

也在这个时候，我获得几本对青年教师成长来说弥足珍贵的书籍。一本是周　贯先生著的《小学语文名师优课论》，封面的照片印象深刻，周先生穿着暗红色直条衬衫，手捧书籍，端坐书房（容膝斋）。在这本书中，周先生深入浅出地阐述什么是小学语文好课的观点，反复阅读，拓宽了我的教学视界。另一套书是《小学语文名师课堂实录》，分上、下两卷，几乎把当时全国顶级的小学语文名师的"主打课""成名课"都记录其中。支玉恒老师的《第一场雪》特别精彩！我看了又看，看了还看，如临其境，如闻其声，深深沉醉在他如有神助、精彩无比的教学细节里。

我一遍又一遍地看，一遍又一遍地想，一次又一次地回味，是什么原因，让支老师如此睿智呢？支老师是怎么想到这样精妙设计的呢？我什么时候能够拥有支老师这样的教学艺术呢？哪怕学得他的三招两式也好。

2002年上半年的一天，我的师傅、人民路小学副校长陈锦芬找到我，跟我说了这样一番话："王崧舟老师的《万里长城》一课上得不知有多少精彩，代表了小学语文教学的一种全新高度。我个人预判，接下来小学语文会迎来王崧舟时代。"临了，她语重心长地说了一句："我希望你以王崧舟老师为榜样，也在小学语文教学上闯出自己的一番天地。我觉得你可以做到！"我望了望师傅，她的眼神里满是期待，满是信任。我默默地使劲点了点头。

也就在那一刻，我知道自己今生今世都要沿着语文教学之路一直走下去，尽管不知道自己究竟能走多远。那时，我心里想得最多的是汪国真在《热爱生命》里说的两句话："我不去想是否能够成功，既然选择了远方，便只顾风雨兼程……我不去想未来是平坦还是泥泞，只要热爱生命，一切，都在意料之中。"我的教学之心已然从梦中醒来，我从名师的课堂教学上，看到了小学语文教学的方向和胜景。

这个时期，我大量阅读或观摩小语名师的精彩课堂，并试着进一步去模仿、学习他们的教学技术和艺术。这样做的结果，我的课堂变得丰富，变得生动，变得有活力了。这既是我认知上对语文教学是一门艺术的觉醒期，也是我在行动上自觉和不自觉的模仿期。

三、独立期——见自己

大概在 2002 年之后，我开始有意识地在语文教学上追求与众不同、别具一格。每上一课，我都会刻意避开和别人雷同的设计，努力追求属于自己的新的思考。对我帮助很大的一位同事，也是我的良师益友——徐先昌老师，每次听完我的课，都会热情地说："听你的每节课，总有让人惊喜的地方。别人想不到的，你想到了。非常好！"每当这时，我的心头有一种说不出的欣喜。

不妨举一个例子。2003 上半年，我上了一节公开课《祖国，我终于回来了》。这节课的设计很有个性，第一板块，我让学生用成语概括每个自然段的意思，分别是"功成名就、归心似箭、历尽艰辛、矢志不渝、多方努力、终遂心愿"。第二板块，引导学生把 1、2 自然段提炼成"身在曹营心在汉"，把 3、4 自然段提炼成"半路杀出程咬金"，把 5、6 自然段提炼成"男儿有泪不轻弹"。这样的教学设计，让听课教师眼前为之一亮，非常欣赏。课后，他们纷纷向我打听，这节课是怎么设计出来的？灵感来自哪里？我自然清楚，这都是因为我追求教学的刻意求新、求异而得。

再举个例子。2005 年，我上了一节公开课《小音乐家扬科》。从这节课开始，我对课堂教学有了"聚焦"意识。一节课的教学要"咬定目标不放松"，要么聚焦一个段落，要么聚焦一个句子，甚至聚焦一个词语。这一思想深受王崧舟老师教学《我的战友邱少云》一课影响。在这一课的教学中，王老师紧扣"纹丝不动"展开教学，什么是"纹丝不动"？为什么邱少云要做到"纹丝不动"？他是怎么做到"纹丝不动"的？"纹丝不动"的结果是什么？整节课的教学以点串线，以线带面，环环相扣，回环复沓，荡气回肠，余音绕梁，极其精彩。

我就来个移花接木，上《小音乐家扬科》一课，紧紧围绕"食具间"这一独特意象展开。分"初识食具间"——"食具间是扬科的天堂"——"食具间是扬科的地狱"这三个板块展开教学，尤其是后面两

253

个板块，教学非常大气，引导学生通读全文寻找相关理由，最后让他们从"天堂"和"地狱"的对比中悟得课文隐藏的深刻内涵。教学的主旨不是俗套地落在揭示资本主义社会黑暗上，而是巧妙地引导学生关注课文中人物身份的特殊性：监工、管家、仆人、更夫、短工（扬科的母亲）。课文中出现的人物其实都是"小人物"，都是"底层人物"，稍有点地位的人物都没有出现，比如地主。在此基础上，我再让学生去关注课题，为什么以《小音乐家扬科》为题？用《小乐迷扬科》或者《爱好音乐的孩子扬科》，似乎也可以啊！经过深入分析，让学生知道，作者用"小音乐家"来形容扬科，其潜在的话语是，如果这个叫扬科的孩子没有被活活打死，那凭他的音乐天赋，长大了绝对是个音乐家。如果仆人有爱心，他不光会大大方方地让扬科摸一下小提琴，还会让他拿去拉，甚至说不定会把琴送给他。如果监工有同情心，他会觉得这个被风吹草堆发出的声响所陶醉的孩子是多么可爱，就不会去惊动他，更不会解下皮带狠狠地揍他。如果管家有良知，他会觉得这样一件芝麻大小的事儿，对这样一个热爱音乐又有天赋的孩子来说，完全可以免予处罚，甚至他应该会帮助这个孩子实现音乐梦想。如果更夫哪怕有一丝的怜悯之心，下手也会轻一点，只是象征性地打一下，或者根本不打，把这个吓坏了的孩子抱离现场，然后让他悄悄地离去即可。可惜，这里的"小人物们"不是《穷人》里的桑娜和渔夫，不是《凡卡》里的阿辽那、马车夫和艾果尔。他们是一群没有良知、人性的丑陋"小人"，是可恶的"小人误"，正是他们，联手扼杀了一个未来的"音乐巨子"。而这正是作者显克微支所要表现的深刻主题。为什么奥地利、匈牙利、德国等产生了一批伟大的音乐家，而波兰只有钢琴诗人肖邦？原因就在于当时这个国家人和人之间缺乏互相包容、信任和爱心，尤其是对一些拥有天赋的人缺少一种惜才、爱才之心，取而代之的是冷漠、无情、嫉妒，甚至是攻击和伤害。这样的结果，导致一些像扬科这样天赋异禀的孩子，过早地夭折了。

  这样的课，在当时真的如雨后彩虹，挂在天空，清新绚丽。听课老师莫不啧啧称奇。这期间，邀请我上课的学校逐渐多起来，我开始有意识地确立自己的教学主张，形成属于自己的教学个性。

自 2005 年起，我开始关注文本细读。我所设计的每节课，都建立在对这篇课文深入细读的基础上。一言蔽之，我自己是怎么读懂这篇课文的，我发现这篇课文的秘妙之处后，教学时，我就把自己的发现教给学生。我高高地站在课堂的中央，手握文本解读的钥匙，自信满满地俯视学生，引领他们步入课文的密林深处。

比如，教学原人教版四年级冯骥才先生的《花的勇气》一课。在备课环节，我反复细读文本，发现文中作者用了大量非常特殊的词语，表达极为精彩，值得在教学时引导学生细细品味。教学时，我设计了一个核心问题：有没有发现，这篇文章中作者有些词语用得很特别。粗看，甚至觉得他在乱用，但细细品味，却觉得他写得非常精妙。请大家默读课文，试着画出相关句子，圈出这些词语。

在我的引导下，学生找到这样几个用词特别的句子：

（1）没有花的绿地是**寂寞**的。（2）绿色到处**泛滥**，见不到花儿，下次再来非**躲开**四月不可！（3）原来青草下边藏着满满一层的小花，白的、黄的、紫的；**纯洁、娇小、鲜亮**；这么多，这么密，这么**辽阔**！（4）我想它们刚冒出来时肯定很**壮观**。（5）此刻那些花儿一下子全冒了出来，顿时**改天换地**，**整**个世界铺满了全新的色彩。虽然远处大片大片的花与蒙蒙细雨融在一起，低头却能清晰地看到，在冷雨中，每一朵小花都**傲然挺立**、**明亮夺目**、**神气十足**。（6）它们为什么不是在温暖的阳光下冒出来，偏偏在冷风冷雨中**拔地而起**呢？

教学按照"发现——品味——比较——积累（运用）"这样几个环节展开。整个教学板块清晰，重点突出，干净利落。听我上这一课的老师不由得眼前为之一亮，纷纷为我富有个性、极具思考的教学设计叫好。我当然很高兴，渐渐地给自己的课堂教学目标定位为"一课一得"，即一节课关注一个重点，落实一个核心。在此期间，再经过一番实践探索，结合相关理论，我提出了"简约课堂"小学语文教学主张，初步形成属于自己的教学风格。知道自己的课堂教学有着什么样的独特追求，这自是好事。

不过，冷静下来一番思考，我这个阶段的课堂教学缺点非常明显。成也"自我"，败也"自我"。教学中带有太多的个人色彩，导致课堂上教师的强势。这样的课堂，是"教"堂，不是"学"堂；是完全按照教师意愿来一步步实施的课堂，是学生始终被教师牵着行走的课堂，是经过充分预设、刻意凸显教师自我对教材解读、认识的课堂，是教师站在教室中央，学生坐在路边欣赏、鼓掌的课堂，是学生被动接受的课堂，是教师彰显个人才华的课堂。显然，这样的课堂，不是真正的、理想的课堂。

这样的课堂，是教师"孤峰独立"，学生"众星拱月"的课堂。真正要让课堂教学走向更为成熟、深刻、科学、高效的境界，我还要继续反思，修正，提升，完善和优化。

四、成熟期——见学生

经过长期的思考与实践，我渐渐确立了自己的教学主张——"简约课堂"，并形成了自己的教学个性——"大气精致、灵动深刻"。我一边探索，一边不断地思考，希望自己的课堂教学能有所突破。

这期间，几位名家的言论和思想给予我很大的启发。

有一天，我读到号称"北大教授中的教授"陈寅恪先生的"四不讲"一说，不禁为之一振。陈先生说："前人讲过的，我不讲；今人讲过的，我不讲；过去曾经有人讲过的，我不讲；我自己讲过的，也不讲。现在只讲从未有人讲过的。"细细忖度，陈先生对自己的教学要求极高，每上一课，必然出新，课课不同，课课引人。要做到这个程度，谈何容易？对陈先生的学生及听众来说，他讲的每一课都不会重复，每一课都会大有收获，自然每一课都值得期待了。难怪陈寅恪先生上课时，讲堂里座无虚席，许多其他系的学生甚至教授都慕名前来蹭课。

细细分析，陈教授"四不讲"的核心理念是"学为中心"，时时处处把学生放在第一位，他是真正做到了为学而讲，以学定讲，顺学而讲。

受陈先生"四不讲"启发，我也尝试着提出自己的语文教学主张"四不教"：非语文的内容，我不教；之前教过的，我不教；学生已经懂了的，我不教；教了学生也不懂的，我不教。现在只教除却这四个方面以外的内容。有了"四不教"教学主张之后，我对于"教什么"相对可以清晰地把握。

又有一天，我读到周一贯先生的一场学术报告，眼前为之一亮。周先生说，一线教师现在思考得最多的是"教什么""怎么教"的问题，固然没错。但是，恐怕我们更需要思考的是"为谁教"这个问题，而且必须是第一位的问题。这一理念和陈寅恪先生的"四不讲"其实同出一脉。

教学最难突破和做到的，确实是走向"学本"和"生本"。通常我们拿到一篇课文，在备课环节，关注得更多的先是教材。教材里究竟有什么可教的？结合语文课程、学段要求、单元要素等来确定教学目标，定位教学内容。在此基础上，再努力构思如何一步步地扣住内容，落实目标。特别是公开课，我们往往非常注重现场效果，导致教学带有一定的表演性质，重点关注教学环节的行云流水，甚至追求达到滴水不漏的地步。哪里要如何导入，哪里要怎么过渡，哪里要怎样结语等，都作了极其充分的预设。

这样的语文课，看似非常完美，实则过于死板。记得有一句话这样说：别追求太完美，它虚幻不存在。这是虚假的完美，而非真实的教学。要做到真实的教学，必须牢记周先生说的"为谁教"这一深刻提醒。从文本解读开始，到确立目标，选择内容，设计环节以及拓展、练习，全部都要从学生的角度出发，思考学生的学习需求，关注学生的最终习得。这样才能确保课堂教学做到让学习真正发生。

在浙江省小学语文教师高端培训的一次活动中，导师汪潮教授语重心长地提出了"让学"这一主张。提醒我们，课堂教学要把学习的机

257

会、时间和空间让给学生。教师不要跟学生"抢",要让学生主动、充分、深入、深刻地学习。教学时,教师尽可能地少说,有时候甚至不说。要遵循这样一个教学原则:该出手时就出手,该讲话时才讲话。教师要明确树立这样一个观念:课堂是学生学习的课堂,是学生实践的课堂,是学生生长的课堂。

后来,我又读到全国著名特级教师肖培东的一句话:"如果说四十多岁的阅读,就像唐诺说的那样,'你看见了更多隐藏于字里行间的东西,有时它是发现,也有时会是揭穿和破除',那么,四十多岁的语文教学,更应有一种适时内隐的领悟,压抑住了滔滔不绝、气势凌人的宣讲,更多的是温和地、智慧地引领学生去看见文字中的诸多隐藏。语文教学,始于教师的解读,基于学生的阅读。教师淋漓尽致了,课堂不见得就是好。"这一番话如此朴实,又如此深刻,说到了我的心坎上,听起来特别亲切、舒服。"四十而不惑",到了这个岁数的人,在思想上应该成熟了;到了这个岁数的语文教师,他的教学思想也应该走向成熟了。

在反复学习的基础上,我再一次对自己的教学作了全面、深刻的反思,终于明白:课堂教学的目的,不是展示教师自己的才华,也不是张扬教师自己的个性,更不是简单地把教师自己所理解的知识、内容等教给学生。课堂是学生成长、发展的平台,是学生实践、思考的舞台,只有让学生切切实实获得提升的课堂,才是真正的课堂。

于是,在教学目标定位上,除了紧密结合单元语文要素,切合课程年段要求,契合课文教学价值之外,我更加关注学生面对这篇课文的整体学情:他们能自己读懂的是什么?他们最难理解的是什么?他们希望老师给予指导的重点是什么?……

为了更加精准地把握学生的学习起点,了解学生真实的学习需求,我精心拟订《预学单》,让学生认真预习,独立完成。在认真批阅《预学单》并详细统计、分析之后,我再调整教学设计,力求有针对性地展开对学生学习的指导,充分体现"以学定教"策略。

这样做还不够，我对自己的课堂教学作全面、深刻的反思。我意识到，自己以往的教学设计过于细密，教学基本上按照预设推进，看似有条不紊，实则教师过于牵引，给予学生的学习时空不够，自由度不足，缺失课堂应有的自由和活力。我试着在以下几个方面做了调整：

其一，在教学目标上力求"聚焦"。从课文学习角度讲，"弱水三千，取一瓢饮之"，发掘其一个核心教学价值作为重点目标。而不是平均用力，这个要，那个要，面面俱到，最终什么都不重要，什么都得不到。确定重点目标的依据，要视学生的学情而定。这一目标是否对学生的语文核心素养有重要提升作用？是否接近学生的学习发展区？是否能引发学生对本课学习的深度思考？……

特别要指出的是，一节语文课要确立三维目标：知识与技能，过程与方法，情感态度价值观。这一观点当然没有错，但是我们要思考这样一点：课堂教学中，三维目标不能平均用力，要有所侧重。根据课文，依托学情，只能重点选其一，重锤敲打，加以落实，其余两点只能一笔带过。这就好比写文章，要有详略之分，主次之别。

其二，在教学内容上力求"取舍"。根据目标来定位、筛选教学内容。面对一篇课文，不管是长文还是短文，不管是小说、散文还是诗歌、文言，教学时，要"盯住"一处，深挖细掘。这一处，可能是一个字、一个词，也可能是一个句子或一个段落。具体如何"取舍"，还是要充分考虑学生的学习起点和学习需求。而非单凭教师的一厢情愿，一己之见。

其三，在教学板块上力求"清简"。一定要变"线性"设计为"板块"设计。"线性"设计比较详尽、周密、有序，适合新教师及还没有成熟的年轻教师。其优点在于因为教学设计非常充分，"怎么教"的过程，一步一步，极其清楚，甚至教师每一个环节说什么话都预设得滴水不漏，整个设计如同"剧本"一样。这样的教学就像在演课本剧，学生往往成为摆设的"道具"。"板块"设计则显得粗放、大气、空旷、通透，有大量的"留白"。为师生对话、生生对话、师生共同和教材对话，以及学生最终和自我对话，提供了表现与存在的无限可能性。这样的教学以对话、探究、思辨为主要方式推进，它基于预设，却更重于生成，重于学生在学习过程中思维、言语、情感及思想的即时、即兴实践和磨砺。能够充分实现学生作为课堂学习主体的真实存在。

以《草原》第一课时教学为例。首先，在教学目标定位上，因为这是人民艺术家、语言大师老舍的文章，非一般作品可以相提并论。我经过仔细思考，把"语言习得"作为本课学习的重要目标，对应的学习任务群是"文学阅读与创意表达"。

其次，在教学内容选择上，同样做减法。文中老舍精彩的语言表达可以说俯拾皆是，随便找一个句子，都有值得细细品味之处。单以比喻句为例：（1）"羊群一会儿上了小丘，一会儿又下来，走在哪里都像给无边的绿毯绣上了白色的大花。"这一比喻句堪称一箭双雕，作者分别把"羊群"比作"白色的大花"，把"草原"比作"无边的绿毯"。（2）"远远地望见了一条迂回的明如玻璃的带子——河！"作者把草原上的"河"比作"明如玻璃的带子"，"明如玻璃"写出了"河水"的清澈，"迂回的带子"写出了"河"的蜿蜒。细细品味，极是精妙。（3）"忽然，像被一阵风吹来似的，远处的小丘上出现了一群马，马上的男女老少穿着各色的衣裳，群马疾驰，襟飘带舞，像一条彩虹向我们飞过来。"把"迎接我们的人群"比作"彩虹"，可以说既形神皆备，又入情入心。

此外还有拟人句，还有老舍语言特有的韵律感，还有文中标点符号使用的精妙等。老舍的文章字字攒珠，语语滚玉，可以教的、值得教的，有太多太多。当然，什么都教是不行的，面对满屋的珠玉金银，我们"贪心"不得，应该学会有智慧地选取。经过一番筛选，分析六年级学生在赏析语言时表现出来的共同行为特征，发现学生对句子、段落的感知能力有一定基础，但是在微观层面上的字、词体会缺乏一定的敏感度和赏析力。他们能发现某个句子写得很出彩，但是要让他们具体地说出、品鉴出句子美在何处，好在哪里，则说不出所以然，只是说一些看似正确，实则肤浅的通用话语。这种情况，好比"隔靴搔痒"，学生未能真正品出句子的个中滋味，未能识得作者语言的个性精髓。

于是，我把"品鉴字词之美"作为《草原》第一课时教学的重点和难点。这么做，完全从学生的真实学情出发。在教学内容上，我确定了以下几个"鉴赏点"：

（1）"绣"的精准。"羊群一会儿上了小丘，一会儿又下来，走在哪里都像给无边的绿毯绣上了白色的大花。"让学生重点分析"绣"字的妙处。

（2）"流"的精彩。"那些小丘的线条是那么柔美，就像只用绿色渲染，不用墨线勾勒的中国画那样，到处翠色欲流，轻轻流入云际。"让学生重点思考"流"字的好处。

（3）"碧、绿、翠"的丰富与准确。"在天底下，一碧千里，而并不茫茫。四面都有小丘，平地是绿的，小丘也是绿的。羊群一会儿上了小丘，一会儿又下来，走在哪里都像给无边的绿毯绣上了白色的大花。那些小丘的线条是那么柔美，就像只用绿色渲染，不用墨线勾勒的中国画那样，到处翠色欲流，轻轻流入云际。"比较"碧、绿、翠"三字的异同，让学生深入体会作者语言表达的丰富与准确。

（4）"一百五十里"的反复与强调。"汽车走了一百五十里，才到达目的地。一百五十里全是草原。再走一百五十里，也还是草原。"作者连用3个"一百五十里"，意在突出草原的悠远广阔。

（5）"走"和"飞"的错位和变化。其一，羊群的"走"。"羊群一会儿上了小丘，一会儿又下来，走在哪里都像给无边的绿毯绣上了白色的大花。"用"走"不用"跑"，意在表达草原的辽阔。其二，汽车的"走"。"汽车走了一百五十里，才到达目的地。一百五十里全是草原。再走一百五十里，也还是草原。草原上行车十分洒脱，只要方向不错，怎么走都可以。"用"走"不用"开"，意在写出行车的洒脱，人心的自由、愉悦，再次衬托出草原的辽阔。其三，由"走"到"飞"。"车跟着马飞过小丘，看见了几座蒙古包。"一字之变，足见功力。表面上是车子在"飞"，实际上是人的心"飞"起来了，如王静安先生所说，"一切

261

景语皆情语"。

（6）"心情"表述的层次和递进。"那里的天比别处的更可爱，空气是那么清鲜，天空是那么明朗，使我总想高歌一曲，表示我满心的愉快。""这种境界，既使人惊叹，又叫人舒服，既愿久立四望，又想坐下低吟一首奇丽的小诗。""在这境界里，连骏马和大牛都有时候静立不动，好像回味着草原的无限乐趣。"仔细梳理，我们发现老舍表达心情的用语相当缜密，层次非常清晰。"高歌——惊叹——久立——低吟——回味"，由激动到赞叹，由赞叹到沉醉，由外在到内心。不愧是语言大师，真是让人佩服不已！

第三，在教学环节设计上，非常简洁。重点内容分三步展开教学："寻找最美句子"——"赏析最美句子"——"创写最美句子"。"寻找最美句子"，让学生自由言说；"赏析最美句子"，师生对话，巧妙点拨；"创写最美句子"，由建构到运用，从名家到学生，实现语言的内化和创造。

这一时期，我的教学相对成熟，努力做到眼中、心中都有学生，自始至终尽力把学生放在第一位。但是，我也深知自己目前还仅处于意识层面，属于"知"的阶段，在"行"上还要下大功夫，下苦功夫。在接下来的时间里，需要潜心学习相关理论知识，再紧贴课堂一线，扎实行走，方能不断精进。

课堂教学的"四个阶段"，代表了我专业成长的"四个时期"。我的这一行走历程，也是年轻教师专业成长共同的发展轨迹。从时间维度来讲，这"四个阶段"必然逐一经历，由不得我们在任何时期越级进行。如同四个台阶，一级一级，拾级而上。另外，"四个时期"不能割裂，无法分开，它们是一个整体。即使我们到了"成熟期"，哪怕设计、教学任何一堂语文课，都必须从"教材"入手，向"他人"学习，以"自我"为本，然后把"学生"提到核心地位。四位一体，开展设计，再付诸实践。这样，我们的教学才可能真正意义上走向成熟。

如果我们有信心，有更高远的目标，课堂教学需要走向更高层次的

"智慧期"。努力追求能够把课上得风生水起，行云流水，出神入化。诚然，对我和大多数教师而言，这可能只是一个永远的梦想。但是，有梦想并非坏事。教无止境，学无止境，进无止境，我们自当努力精进！

学习需"背景"

几年前，父亲和母亲一起参加村里组织的"全村老人游北京"活动。这是他们第一次去北京旅行，自然非常期待，我们也很高兴。

有意思的是，旅行回来后，父亲和母亲的感受截然不同。父亲非常开心，这次北京之行让他收获很大，尤其是谈到故宫游览，他更是印象深刻，非常激动。而母亲呢，则一脸无奈和失落，说自己此行没觉得有什么好看的。一来，看不懂什么风景，故宫在她看来，无非一排排、一间间的老房子。二来，她听不懂导游的普通话讲解，更不要说讲解时引用了大量的历史资料和人文典故了。母亲平时在家看电视，都是看台州方言版节目。

同样的队伍，同样的导游，同样的风景点，为什么不同的游客会有如此截然相反的结果呢？出于职业的敏感，我想到了这样一个事实：同样的老师，同样的班级，同样的课本，为什么同一个班里却有学生学得开心，有学生学得郁闷呢？且抛开态度、智力等诸多因素不去探讨，比如《学弈》一文，主要讲两个学生的学习态度不同，造成的学习结果不一样。现在假设父亲和母亲是一个班里的两个学生，他们学习同一篇课文（北京），结果却大不一样，主要原因是什么呢？

我以为，主要是父亲和母亲对北京的前期储备知识、信息不同导致的结果。罗振宇先生曾说过这样一句话："远游的目的是重塑自我，是深度的人文互动。没有书籍和知识伴随旅程，是不可想象的。"用苏霍姆林斯基在《给教师的建议》里的话来说，就是他们拥有的"智力背景"不同。父亲和母亲都已年过七旬，父亲是初中毕业，读过一些书。对于一些历史方面的知识，尤其是明、清两朝和北京的一些历史故事，他是有所了解的。他去北京旅游，某种意义上说是去印证、见证自己读过的历史现场。另外，有导游的专业讲解，会弥补他对风景名胜古迹认知上的遗漏。可以想象，他在故宫游览时，定然非常激动，全身心地投入其中。眼睛看到的，脚下踩着的，耳朵听见的和内心想象、感受到的，构成了立体式的信息场。这些信息都不知不觉地和父亲本来就具有的知识储备自动发生对话。这一过程，吻合了奥苏贝尔提出的"有意义学习"这一理论。奥苏贝尔认为，有意义学习的实质是新旧知识之间建立实质性的、非人为的联系。要真正做到有意义的学习，必须达到三个条件：新学习的材料本身是有意义的，有原有知识经验，有有意义学习的心向。父亲在北京旅游的过程，就是他投入到有意义学习的过程，所以他是快乐的。

而母亲呢？则完全不是这样。在我看来，母亲其实非常聪明，她的记忆力非常好，可惜没有上过一天的学，是个文盲。同样用奥苏贝尔的理论来对照，故宫这一名胜古迹对她来说是没有意义的，因为她根本看不懂、听不懂，她对故宫的原有知识经验为零，她对历史知识的了解也是零。她看一切都很陌生，了解一切都很困难，这样的旅游活动怎么能给她带来快乐呢？

如果用教育语境来看，父亲是班里的一个优秀学生，母亲则是一个后进生。优秀学生经常阅读，基础扎实，视野开阔，知识面丰富。后进生根本不阅读，基础非常薄弱，眼界很狭隘，知识储备极其微小，甚至没有。苏霍姆林斯基说："要想改变后进生，提高他们的学业成绩，不是让他们做练习，而是让他们读书，读书，再读书，别无他法。"读书，就是不断夯实后进生的"智力背景"。《傅雷家书》里有这样一个细节，傅雷和傅聪谈起学习时，曾这样说："《人间词话》，青年们读得懂的太少了；肚里要不是先有上百首诗、几十首词，读此书也就无用。"细细体会，其实傅雷先生也在强调，读懂一本书，需要拥有相关的知识储备。

由此，我们可以明白这样一个真相：学习一篇课文，优秀学生对这篇课文的作者、主题、内容、形式和写作背景都有一定程度的了解和储备，他具备了和这篇课文对话的厚实基础。学习这篇课文时，就不会一头雾水，而是带着某种期待和强烈的学习兴趣，希望自己通过学习能进一步深入了解，能有全新的收获。这样一来，老师所讲这篇课文的"秘妙"之处，所拓展提供的相关信息、资料，他能听得懂，感受得到，发现得了，能引发共鸣。而后进生则完全不是这样，因为知识储备、信息积累等原因，这篇课文显得过于"陌生化"，即使老师讲得具体，对他来说，也有很大距离感。他很难和课文之间产生联系，形成对话。对他来说，这篇课文学习的难度太大了，学习是一种痛苦的过程。面对这样的情况，"后进生"又怎么会对学习感兴趣呢？

如何改变这一现象呢？要不断提升学生，特别是后进生的"智力背景"储备。有两种途径可走，第一条，必须重视学生的预习活动。在正式上课之前，老师要精心研制预习单，下发给学生，让他们认真、独立完成。预习的重要目的，是在学生和课文之间搭建一个"脚手架"。让学生通过自学，对课文有着相当程度的了解和认知，具备一定的学习基础，尽可能地拥有在课堂学习时和老师、同学以及课文对话的能力。我们不妨冷静想一想，对于一篇课文的学习，语文教师都需要认真备课，读懂课文，了解学情，做好充分准备，更何况在知识、经验、能力等方面都不如老师的学生呢？学生更需要做好充分、必要的预习，而不是仅仅带着听老师讲的心态走进课堂。

第二条，必须加强学生的课外阅读。尤其是和课文有关的课外阅读，可以读这篇课文作者的其他文章、书籍，也可以读和这篇课文同一主题、同一内容、同一写作形式的相关作品。经常有家长、学生甚至老师问起，某某年级的学生应该读哪些课外书为好？我经常这样告诉他们，除了一些名师、专家推荐的书目以外，读课文作者的书籍也很重要。我们的教材属"文选型"，编者选取名家名篇名作名段作为一篇篇课文，阅读时，可以顺"藤"摸"瓜"，按"图"索"骥"，去读课文作者的一本或几本书籍，对语文学习肯定大有裨益。

试想，教学《那个星期天》一课，如果我们提前一个星期或几个星期，布置学生认真阅读史铁生的相关作品，《灵魂的事》《遥远的清平湾》《我与地坛》……学生对史铁生有了比较详尽、深刻的认识之后，再去学习、研究他的一篇课文，定然会有一种全新的期待、发现和共鸣。这就好比站在半山腰或山顶俯视山脚下，会有一种独特的视角和体验。这就好比远出的游子回到熟悉的故乡，会有一种无形的亲切感和认同感。都说一叶知秋，倘若我们从秋天的山林里回来，尽情观赏层林尽染、万山红遍的大美之后，再去欣赏一片细小的秋叶，会不会有一种"似曾相识"的亲切与舒服呢？

总之，夯实学生的"智力背景"，才能更好地提高他们学习的兴趣和能力，是实现课堂有效教学的"诗外功夫"。这一点，值得一线语文教师高度重视。

评课三角色

教研活动的重要环节是评课，评课者水平的高低，对活动的效度起着决定作用。而评课者如何把握、定位自己的角色，是一个值得深入思考的重要问题。

在一次工作站培训活动中，导师严华银教授说了一段让我们印象极其深刻的话："教研活动评课中，评课教师的角色定位有三种：分别是喜鹊、乌鸦和啄木鸟……"

接下来，严老师逐一加以说明。"喜鹊"，指评课教师只说好话，所讲皆溢美之词，没有半点否定之意。根据教研活动实际情况，此类表扬、夸奖、鼓励话语分这样三类：其一，上课教师确实上得好，此为实事求是。其二，课上得并不像评课者所说的那样好，只是评课者带有一个发现优点的显微镜，一旦发现上课者某个环节、某个细节有可圈可点之处，就一个劲地加以夸大、夸奖。其三，课上得确实不怎么样，但评课者"无中生有""妙嘴生花"，出于各种考虑，加以粉饰宣扬。

不能否认，上课教师经过精心准备，艰辛打磨，才得以上出这样一节或好或一般或不尽如人意的课堂教学。如同一句熟语所说，"没有功劳也有苦劳"，对之加以肯定、鼓励和表扬，于情于理都有必要。然而，我们要思考一个最为本质的问题：开展这场教学研讨活动的目的是什么？当然是为了提升教师课堂教学的整体水平。就上课教师来说，自然渴望获得听课专家、同行的引领和指点，让自己把课上得更好。就参与听课的全体教师来说，能够以上课教师的课堂为例子，学习其教学的精彩之处，思考、分析并改进其教学的不足之处，扬长避短，增强对课堂教学的深入认知，这才是他们参加教学研讨的目的所在。就参与听课的专家、名师来说，他们承担着更加重要的任务，要从学理角度向上课、听课教师作深入浅出的阐述，这节课哪个环节上得好？好在哪里？为什么？这节课哪个部分上得不尽如人意？造成这样结果的原因是什么？应该作如何调整？评课环节，往往起着"拨云见日""指点迷津"的方向引领作用。

从这一角度来说，评课者光说好话，单单肯定上课者的优点，是不够的，甚至是不负责任的。傅雷先生说得更为深刻，他在1954年9月参观华东美协为黄宾虹先生举办的个人画作展览会后，在座谈会上讲了这样一句："发言的人一大半是颂扬作者，我觉得这不是座谈的意义。颂扬话太多了，听来真讨厌。"傅先生是真文人，真性情，自然说的也是真心话。

现实情况是，在一些教研活动场合，评课的人们更愿意说一些好话，说一些讨巧的话。这样上课者听后，内心欢喜，主办方听后，脸上有光，听课教师听后，也习以为常。活动过去后，在微信公众号发出的文章上，我们看到的都是对一节节课优点的阐述，对一位位上课教师的赞美，而很少有批评或者指出不足之处。这样一种评课风气，个人以为，值得商榷。欣赏和鼓励，肯定和褒奖，当然有一种催人上进的力量，对上课者来说，确实极为需要。但是这样一来，最大的问题是不真实。这样的风气如果蔓延开来，长此以往，教研的真正价值倒有可能淡化了。到评课环节，听课教师对评课者的发言，可能会产生一种"心意相通"之感，从而默认，心知肚明。这样，评课就流于一种形式。

评课光像喜鹊那样说好话，是不行的。但不是说评课就应该说不好的话。在这里，我举熊十力先生批评徐复观读书一事为例子。熊十力让徐复观读《读通鉴论》后，问他有什么收获。徐复观觉得自己读得很认真很仔细，未免有些得意，开口就说书里有很多他不同意的地方，并且一条一条地说起来。结果遭到熊十力的怒声斥骂："……读书是要先看出它的好处，再批评它的坏处，这才像吃东西一样，经过消化而摄取了营养……"我在思考，评课可能也需要先看出、说出这节课的好处，再指出它的不足。这样方可。

有一类评课者，他们扮演的是"乌鸦"角色，大胆地指出上课老师的不足之处。这本来无可厚非，但也存在实际问题。评课环节，这一类"乌鸦"角色的评课者，如果优点不说，只讲缺点、不足，这是在考验上课教师的心理承受能力。辛辛苦苦准备，好不容易上了一节公开课，当然想得到同行、专家的肯定和鼓励。哪料想，评课者一上来就是这个不对，那个不行，来了个"缺点大轰炸"，无异于当头浇一盆冷水，敲一记闷棍。这样的评课，变成了"批课"。

我也冷眼旁观过这一类评课者，他们大多数当然丝毫没有心存私心、恶意，特地来揭上课老师的短处，只因性格较为豪爽、耿直，大大咧咧，不拘小节，不会过多考虑上课老师的心理感受。另外，他们也确实看过、读过、见过不少的课堂教学以及相关理论书籍，自身教学修为较高。其看课堂的眼界、要求也高人一等，一般的课堂教学难入他的法眼。当然，也不排除一些个性因素，比如极个别教师较为自负、孤傲，不要说一般老师的课堂教学，就是著名特级教师的课堂教学，他们也会加以议论、指点。当然，现实中，这样一类眼高手低的教师少之又少。

有一句话我们都很熟悉："课堂永远是一门遗憾的艺术。"教学总有缺憾，课堂定有不足，如果真要找出缺点，恐怕没有哪一节课是完美的。

只讲不足，不谈优点，这样的评课，也不足取。那么理想的评课应该是怎样的呢？严老师说，应该是"喜鹊""乌鸦"和"啄木鸟"三种角色都具备。先当"喜鹊"，对上课者进行必要的表扬、鼓励，这是一种必要尊重。至于优点的多少，要视课堂教学的实际情况而定，确实优秀的课，不妨把优点说得多一些；仅仅是一般的课，则说得少一点；假如这是一节失败的课，那是不是就不说优点了呢？不是的，无论怎么失败的课，优点都会存在。哪怕这样说一句："这节课真的很难教，一般老师根本不敢教，今天某某老师敢于上这一课，本身就是一种教学的勇气。"也是一种表扬和肯定。

至于指出这一节课的不足、缺点，评课者一定要注意表达的方式。最好不要出现"不足""缺点"这样的词语，采用一些相对比较婉转、含蓄的语词，比如用上这样的语句，"个人以为，这节课尚有商榷之处"，"个人谈一点不成熟的建议"，"要是这节课在以下几点上作进一步调整，那就更好了"，"我讲得不一定对，但出于对这节课的思考，我把它说出来，请大家指正"……

无论是肯定，还是建议，评课者的态度都必须真诚、谦逊，切忌自恃过高，用俯视态度看待上课者，看待这节课。整个扮演"教导员"角色，这可不受大家欢迎。古希腊哲学家泰勒斯说过："世界上最简单的事，就是给别人意见。"吃菜的人往往不知道烧菜有多难，自己不上公开课的老师，一定要体谅并认识到，上好一节课其实有多难。

评课者应当先做"喜鹊"，再做"乌鸦"，在肯定上课教师优点的基础上，诚恳、委婉地指出不足，提出建议，或者谈谈自己听课后的困惑，和上课、听课教师一起商榷。在此基础上，再做"啄木鸟"，根据自己对这节课的认识、理解，站在理论高度，从实践出发，针对某一环节、片段、板块甚至某个教学细节，详尽而清晰地提出不同的构想。比如说，这个环节是否可以采用以下教学步骤、手段？先怎么做，再怎么做，最后怎么做，并谈一谈为什么自己觉得应该这样做，有什么理论依据。让自己"下水"，躬身入局，置身于真实的教学场景。这就是我们所说的"建设性意见和建议"，能够让上课、听课教师听得清楚、明白。两相比较，他们发现评课者所说的建议，对于这节课教学有明显的帮助和促进。于是，就欣欣然点头称是。

评课者应当像一位高明的医生，通过认真听课，深入、细致地进行"望、闻、问、切"，然后"对症下药"，开出合理、有效、可操作的药方，让上课、听课教师茅塞顿开，悠然心会。让参与教研活动的所有人都能有所触动，有所明白，有所收获，这正是教研活动的目的和意义所在。

愿我们在参与各级各类教研活动时，都能真诚地扮演好"喜鹊""乌鸦"和"啄木鸟"这三种角色。

思维须跨界

2021年11月，我到区内一所小学蹲点调研。出于好奇，也出于一种跳出语文看教学的想法，苏轼不是说"不识庐山真面目，只缘身在此山中"吗？我主动要求听一节六年级的数学课。

教学内容是"圆的周长"。看得出，这是一位非常优秀的数学教师。整节课的教学设计简洁流畅，又有梯度，每个环节的安排都可以感受到老师的用心之处。她先带领学生复习圆周长的计算公式，然后学生做练习，接着反馈、交流。

让我这位语文教师深为佩服的是，在交流环节，主角是学生，学生到讲台上阐述，老师悄悄退到一边。讲台上的学生充分讲述之后，老师并非马上以裁判员身份加以评判，而是智慧地担任起主持人角色，笑着问其他学生，"元芳，你怎么看？""其他同学还有补充的吗？"……或者根据其他同学的评价，追问刚才发言的学生，"你可以把理由再阐述得充分一些。""现在请你来回答这个同学的疑惑。"……整个过程，教师讲得少，学生说得多，教师不分析，只作穿针引线、巧妙点拨，学生不断地沉入思考，学习一步步走向深刻。这真是一节非常好的"生本课堂"。

接下来，教师出示一道具有一定难度的"挑战题"：求下图阴影部分的周长。这道题的设计非常精妙，阴影部分的周长由三个半圆的周长组成。看似只提供了一个信息，大圆的半径，实则暗藏玄机，需要学生静心思考，方能逐一解决。学生经过一番更深层次的思考后，一个个开始做学习单。随后，老师请他们再一次上台表达、解析、回答，全班同学再一次进行对话、探讨、交流。同样，老师也尽量少说，只是该出手时才出手。

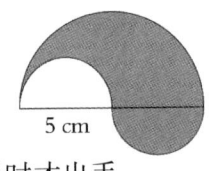

我打心底里佩服这位数学老师，她的理念前卫，思路清晰，目标明确，课堂效率非常之高。这些都值得我和许多语文老师学习。

评课、交流环节，我真诚地表达了自己这节课的感受和收获。和我一起听课的业务副校长，是一位数学名师，他说了一句："黄老师，谢谢你的肯定。不过，请你也指出一些不足，让我们这位老师能把课上得更好。"我想了想，那倒也是。我非常认真地说："这节课，王老师确实上得精彩。如果说我一定要提个不成熟建议的话，那就是这节课'太数学'了。"在场的老师一听，都不由得愣了一下，随即，大家的脸上露出期待的神情。

我表达了这样一个意思，这节课老师的"学科本位"意识非常强，是一节真正的、原生态、高水平的数学课。但是，对于像王老师这样优秀的数学老师来说，如果其认识仅仅是坚守学科边界，只想到把"圆的周长"这一知识点、能力点加以落实，学生的数学思维得以发展，那还是不够的。教育的本质是促进学生的全面发展，我们要追求知识育人，文化育人。所有老师，不管你教哪一门学科，教学时，都必须思考这样一个重要问题：在立足自己所教学科的基础上，要努力寻求和其他学科的交互、融合。每个学科都有其独特的优势和内涵，值得相互学习和借鉴。

接着，我回到这节课的教学。我认为，这节课"挑战题"中的图案其实相当不简单，它是太极八卦图中心"阴阳鱼"的一部分，实际上阴影部分就是"阴鱼"，而"阳鱼"部分没有把它全部呈现。这些知识点老师肯定都知道。当然，我的意思不是说老师要在这里教给学生有关"太极八卦图"方面的知识，这不是数学学科承担的教学任务。我的建议是，老师在设计这道数学题的时候，语言不要过于简单，不要过于明了，不要过于实用，把"求下图阴影部分的周长"一句改一改，向语文学科学习，创设一个基于问题的故事情境：

在武当山上，有一座道观，因为前来参观旅游的人很多。道长看到道观墙上的"太极八卦图"有点褪色，就让当地著名画师重新描一下。要描的地方，就是阴影部分的边沿。现在请大家帮这位画师计算一下，需要描画部分，周长是多少？

故事不需要太长，话语不需要太多，只是稍加点缀。这样的情境创设带有很多的暗示。其一，学生知道了这是"太极八卦图"，如果感兴趣的，说不定课后会自己去研究；其二，有了这样一个故事氛围，给原本只想着"计算"的单一任务，涂上一层哪怕是薄薄的欢乐的果酱，而多了一些学习的趣味；其三，无形中渗透了"武当山""道观"等一些信息，使得数学和人文自然交互、融合，实现潜移默化、润物无声的文化渗透。

我想表达的意思是，教师在坚守"学科本位"的基础上，还要考虑"跨学科教学"，要拥有"跨界思维"。这样的教学可以摆脱"小"的束缚和制约，走向"大"的自由和洒脱。语文教师要向数学教师学习理性、简约的思维品质，数学教师要向语文教师学习感性、温润的教学品格，还要学习英语教师的生动、音乐教师的激情、体育教师的刚健、信息科技教师的现代以及科学教师严谨、清晰的逻辑体系等。

纵观那些学科精英教师，他们大多拥有学科跨界思维，而拆除了"学科本位"的藩篱。

赫赫有名的小学数学特级教师华应龙酷爱阅读，博采众长，拥有非常深厚的人文学养。他上的数学课，既空灵，又厚重；既大气，又精妙；早已超越"纯数学学科"概念，达到"看山还是山，看水还是水"的自由境界。他写的文章，通俗之中见深刻，细微之处显博大，引经据典，信手拈来，悲悯之心，跃然纸上，如此实力，让人仰望。

在论及如何教数学时，中学数学界的大神级名师孙维刚老师说："八方联系，浑然一体，漫江碧透，鱼翔浅底。"这完全是一位文学大家的精彩表达。文学语汇在孙老师的思维原野上，如同一支轻骑兵，纵横驰骋，迅捷如风。一堂数学课，孙老师可以旁征博引，自然生发，讲到历史、军事、世界局势、地理风情和唐诗宋词，直把学生听得如痴如醉，如梦如幻。你说这样的数学课，怎么不会深深吸引莘莘学子呢？这样的数学老师他不仅是一条宁静、清澈的溪流，他更是奔腾的江河，更是深不可测、一望无际而又碧波万顷的蔚蓝大海。让莘莘学子深深仰望和膜拜。

台州籍浙江大学数学系著名教授蔡天新先生，也是一位了不起的诗人、作家。他以极其洒脱、智慧、温情的文字讲述数学学科的前世今生，他以极其素朴、真诚、清新的文字记录人生百态、尘世悲欢，他以极其灵动、优美、深刻的文字描绘大地山河、草木生命。他的文字令人回味无穷，读者怎么也不会想到，他竟然是一个名牌大学数学系的知名教授。蔡先生既是一位"专家"，更是一位"杂"家。

一位优秀的学科教师，不能只"盯着"自己任教的学科，不能只关注把学科的知识、方法和技能教好。要跳出本学科来思考教学，要向其他学科教师学习，要站得更高，看得更远，要有大格局、大视野、大境界、大修为。要先努力做一位学科的"大教师"，再努力成为一名人民的"大先生"。

成为研究者

如果让我对现在的年轻教师说一句在教学专业成长上非常重要的话，我会告诉他们："一定要选择一个适合自己教学研究的点，花五年、十年甚至更多的时间，坚持做下去，定能出成果。"

作为一名已经工作了三十多年的小学语文教师，我越来越感觉到时光消逝之飞快。自己对语文教学的研究不说"渐入佳境"，也是"渐得其味"，内心有一种无言的欣喜。在一直以为寂寞、平凡的语文教学之路上默默行走，深知这条路的前方有绝美的风景在等候。却发现，我已行走得太久，时间似乎不够用了。在岁月的流光里，在静静的沉思中，我终于读懂苏子当年的慨叹："人生如梦，一樽还酹江月。"我终于切身体会到，"弹指一挥间，人生三十年"的滋味。也终于对孔子说的"追如不及，犹恐失之"，有了深刻的领悟。

好在，经历这么多年的行走，我终究还有值得庆幸之事。工作前十年，我的语文教学一直处于游离状态。根本不知道自己研究的方向，那时还没有具备语文教学的研究意识。都说"十年磨一剑"，我是"十年长一见"。直到工作第十年，我才开始自己的第一个课题研究。我把它命名为《小学生幽默叙事作文研究》，在区级立项。当时选择这个研究方向，是因为自己平日上课、说话、写文章还算幽默，比较受学生喜欢。听了一位专家关于课题研究的讲座之后，很受启发，就尝试着从这一主题去研究。课题研究行动促进了我的专业成长，为了做这个课题，我买了一些幽默方面的书籍阅读，有古代的，比如《笑林广记》《世说新语》；也有现代的，比如《幽默漫画》，比如《读者》《故事会》上的笑话；还有相关的名家幽默文章等。在实践过程中，我发现学生非常喜欢这样的习作内容，能激发他们对习作的浓厚兴趣。随着行动研究的不断展开，我开发了一系列幽默习作案例。后来，我写了一篇论文《习作优化，要从内容入手》，参加一家杂志社的论文评比，竟然获得了二等奖。这对名不见经传的我来说，内心深受鼓舞，仿佛一束光，照亮了前方。

初尝研究甜头之后，我趁热打铁，又继续申报了市级课题研究，为期1年。又经过一番研究，累积了丰富资料，课题幸运地省级立项。围绕"幽默"这一主题展开的课题研究，历经5年时间，有一系列论文、案例获奖、发表，另有二十多次的公开课和几个专题讲座。整理相关成果后，文字累计有15万多字，几乎可以出一本著作了。

"幽默习作"是我教学生涯的第一个研究课题，对我专业成长的影响，不言而喻。

"文本细读"是我的第二个研究主题。这个研究主题的确立，有各种机缘巧合。读初中三年级时，校长兼语文老师翁豹先生古诗文教学上深厚的底蕴积累，让本来就最爱语文学科的我，更是觉得语文学科深不可测，魅力非凡。考入黄岩师范后，教学文选与习作这门学科的李欣老师刚从大学毕业，是一位帅气、潇洒的文学青年，他的教学散发着一种清新、高雅气息，将我们深深吸引。更令人惊喜的是，后来幸运地遇见章西顺先生。章先生原是一所名牌大学的著名文学教授，担任过一家重要报纸的主编，退休后回到故乡黄岩，被黄岩师范学校特聘为文学专职教授。现在想来，深为黄岩师范学校的这一智慧决策和行动叫好，引进退休的黄岩籍名教授、专家来学校授课，让我们这批中师生虽然没有正儿八经地上过大学，却享受到了名牌大学知名教授的学术熏陶，实乃幸运至极。章先生的课，是那样的精彩和特别。他不是一课一课地上，而是挑几篇课文来讲。但他不讲则已，一讲就如同"掘井"一样，挖地三尺，把课文讲明白，讲透彻，讲深刻，让我们听了豁然开朗，那种感觉如沐春风。他给我们讲艾青的《大堰河，我的保姆》，一讲就是一个星期。讲孙犁的《荷花淀》，一讲就是半个月。上课时，章老师穿着一身笔挺的中山装，连第一粒纽扣都紧扣着，表情庄重、严肃，两眼熠熠发光，语气从容淡定。印象中，他只带一本文选教材，但只把它放在讲台上，基本上不看。手捏一支粉笔，一边娓娓动听地讲，一边即时在黑板上洒脱地写下关键词句。每一次我们都听得如痴如醉，不知不觉间，下课铃声响起，我们一个个依依不舍，感觉意犹未尽。你想，这是多么深刻的语文学习体验啊！章老师的精彩课堂，让我们班掀起了文学阅读的热潮。那一年，我们经常往图书馆、阅览室跑，借书，看书，做摘记。直到现在，我还珍藏着师范读书时的3本厚厚摘记本。

师范毕业后，我分到乡村完小，依然保持着强烈的文学阅读兴趣，坚持每天课外阅读至少1小时。那段时间，在那所孤独的被大片大片绿色的、金色的田野包围着的小学校里，我就像一个流落"孤岛"上的现代鲁滨逊，教学之余，一个人安静独处，开始大量阅读外国文学名著，雨果、巴尔扎克、塞万提斯、大仲马、福楼拜、托尔斯泰、屠格涅夫等作品都看。我在灿烂的霞光里阅读，在明亮的阳光下阅读，在乡村宁静的清风间阅读，也在听取童声一片的欢声笑语中阅读，直读得昏天黑地，沉醉痴迷，读得全然忘记身处乡村完小的孤独和冷清。只是，那时我还没有完全意识到语文课本里文字的精彩，只是凭着自己的感觉为学生上课。回想起来，我那时上的课已经不知不觉地在试着运用文本细读功夫。当然，这种功夫尚显稚嫩，显得混沌、感性，没有上升到自觉和理性层次，如同有一层淡淡的诗意的雾气笼罩着寂静的树林，它呼唤、等待着有一束光来照亮、点燃……

直到2005年暑期，机会来临。学校安排我参加王崧舟先生的"特级教师面对面"短期培训活动，仿佛一个待在"黑屋里"很久的孩子，我终于找到一扇"天窗"，看到那里投进一束期待已久的亮光。在拱宸桥小学为期10天的培训学习，让我一下子如梦初醒，醍醐灌顶。这次培训会上，王崧舟先生向我们展示了他深厚、精湛的文本细读功夫。我第一次零距离、面对面地聆听王老师精彩的讲学。他渊博、智慧的学识如同火炬一般，照亮了我语文的夜空。如清风流水般雅致的话语，一下子把我带回到十四年前章西顺先生的精彩课堂，两者一远一近，一呼一应，隔空对话，让我叹为观止。看似简单的一篇《长城》，王崧舟老师从"起、承、转、合"角度，逐一展开细微解读。让原本读来感觉甚为一般的文字，一下子变得精彩非凡，我们这些来自全省各地的学员一个个神情庄重，端坐默然，心头滋生起对王老师的深深崇拜。那是7月，外面的太阳火辣辣地烤着大地，而我的心头，却也燃烧着一团火焰，我深深地被王老师精湛的文学功底、高深的文化修为折服。紧张的白天培训结束后，晚上，我们在宾馆里细细回味，情不自禁地发出这样的赞叹："原来，语文学科如此有魅力！"对语文的敬畏之心，油然而生。如果说语文是一座高耸入云的山峰，而现在的我，还在山脚下徘徊。好在，一双渴望的眼眸已然投向前方，闪烁着希望的光芒。

这次培训学习后，我暗暗下定决心，一定要好好学习文本细读功夫。除了更加密切地关注王崧舟老师的文章、课堂教学之外，我开始有意识地阅读文本细读相关的理论书籍。孙绍振、叶嘉莹、王富仁、童庆炳、钱理群、莫砺锋、詹丹、郦波、蒙曼、傅道彬等教授、学者的著作陆续进入我的眼帘，我开始像春蚕咀嚼桑叶一般，沉醉在无限快乐的阅读之中。

阅读之余，我试着运用相关的文本细读方法、策略去解读课文。渐渐地，我养成了一个重要的备课习惯。备课第一关，必然对课文进行细读，我捧着语文书，将课文认认真真、反反复复地读十遍甚至二十遍。慢慢地，有感觉了，渐渐地，融入文字了，再进入第二关。我打开电脑，看着语文书，放慢节奏，一个字，一个字地用键盘敲打下来，我称之为"触摸文字"。一边打，一边用心揣摩、体会，往往完成一篇课文打字之后，我对相关的文字细节有了相对深刻的体认。然后进入第三关，形成这篇课文的文本细读文章。有时候，一篇仅四五百字的课文，我写的文本细读文字却有四五千字之多。我的体会是，一旦文本细读到位了，教学思路也就清晰了。可以说，我每一篇课文的教学设计完全建立在对它进行文本细读的基础上。

一来二去，在文本细读这条路上，我行走了整整十六年。十六年来，我写下120多篇文本细读文章，部分在杂志上得以发表。2021年10月，我将一部分统编教材课文的文本细读文章结集出版，取名为《文字味道》。因为我觉得，文字是有味道的，热爱、沉醉文字，真是味道好极了。

这是我的第二个语文教学研究主题。我的第三个研究主题是"简约课堂"。

一开始，我把主题定为"简约语文"。后来，在申报课题成果评比过程中，得到省、市教科院专家的精心指导，他们一致认为"简约语文"这一提法值得商榷。语文是博大、精深、厚重的一门学科，把它定位为"简约"，容易产生歧义，不如调整为"简约课堂"。把复杂的语文教得相对清简，让本来感性为主的语文学科变得相对理性，这才是语文教学的智慧追求。

"简约"这一思想首先源于我对《老子》的阅读，里面提及的重要话语，对我触动很大，"为道日损，损之又损，以至于无为，无为而无所不为。"还有，"大道至简"等说法。结合自己三十多年的小学语文教学实践和体验，我深感语文课堂存在着过于"繁、浅、杂"而造成效率不高的现象，需要在"精、深、专"方面下大功夫，寻求教学品质的提升。

找到这样的研究方向之后，我的课堂教学就自觉地朝着这个目标努力。自2012年以来，我所上的系列语文公开课都力求体现、实践"简约课堂"这一思想。从《珍珠鸟》《花的勇气》《猫》《渔歌子》《游子吟》，到《刷子李》《慈母情深》《少年闰土》《我的伯父鲁迅先生》《好的故事》等，"简约"成为这些课堂教学的精神指引和价值追求。因为有了明确的风格追求，我的课堂拥有了与众不同的个性特征。不得不说，明确研究的方向，对于一个教师的课堂教学水平提升来说，实在是太重要了。导师汪潮教授就经常提醒我们："方向决定成败，细节造就精彩。"

我的第四个研究主题，也是我接下来要倾力去完成的一项工程，是"小学生文学启蒙课程"开发。这一主题在2014年就已启动，只因体量太大，需要准备的材料太多，再加个人才学疏浅、精力有限，以致拖延到现在。不过，我相信慢工出细活，这件事，慢慢研究，细细思考，才能出得真正成果。

说起来，这个研究主题还是基于我对文学的爱好，对语文的热爱。在阅读古典诗词系列作品中，专家、学者的解读，让我痴迷并佩服不已。诗词里隐藏着神奇的文化符码，中华文化是特有的"月亮"文化，讲求含蓄、委婉、曲折，作者往往巧妙地借助一些特定的意象，寄托、表达自己的丰富情思。这中间有咏怀述志、咏史明心、沧海桑田、君子之交、美丽情歌、天伦之情、民生疾苦、忧国情怀、边塞豪情、壮丽河山、田园情趣、离愁别恨、时光节候……随着阅读的推进，我逐渐有了这样的思考和体会：诗的灵感，来不可遏，去不可止，藏若景灭，行犹响起。诗的构思，精骛八极，心游万仞。诗的情感，悲欢离合，喜怒哀乐。诗的语言，反复推敲，比较玩味。诗的意象，精心挑选，特别设置。诗的背景，特定时期，特别遭遇。诗的意义，仁者见仁，智者见智。诗的意脉，如同血管，巧藏潜存。还有诗的语序，诗的格律，诗的典故等，真是一诗一世界，一词一天堂。诗词人间，曼妙无穷。

于是，我有了一个梦想，如此绝妙诗词，是我国独有。如此精彩语言，乃母语精髓。作为一名小学语文教师，应当担负起对学生进行文学启蒙的重要责任和使命。把祖国文学殿堂里的明珠推介给学生，让他们感受其中的无限美妙。

我决定以"意象"为研究切入口，从花鸟虫鱼、山川草木、日月星辰等文学作品中的经典意象出发，从《诗经》到先秦散文、唐诗、宋词及现代诗歌，对相关的主题意象作一次穿越时空的艺术解读巡游，结合相关的典故、传说，以讲故事形式，向小学生进行专题讲述。最后做成一门语文课程，目的在于唤醒学生的文学审美、鉴赏意识，同时又渗透必要的传统文化理解，结合必要的语言积累、运用，引发学生的思维拓展和创新，最终全面提升学生的语文核心素养，让他们在爱上祖国语言文字的同时，又获得身心健康和谐发展。

我将其称为工程，因为个人学养有限，需要大量的专题阅读和广泛的素材搜索，再加以必要的文字加工，并经课堂教学实践尝试，才能最终形成文字，供学生阅读。这是属于我的语文课程开发之梦。

或许，在接下来的教学旅途中，我会有新的语文教学之梦，会产生新的语文教学研究主题。这是好事，我当然不会予以拒绝。有时，看到一些非常优秀的年轻语文教师在教学之路上始终处于跟风、追风状态，今天听这个专家说要研究什么，明天听那个名师说什么可以研究，于是什么都想研究，什么都去研究。结果呢？可能会把自己"逼疯"，却始终形成不了自己的研究风格、特色和成果。如同我们所说的，"十八般武艺样样都通而不精"。

我要真诚地告诉年轻教师，一定要找准适合自己的研究切入点，越早确定越好。一旦确定，要有十年磨一剑计划。孔子说"吾十有五而志于学"，对我们来说，值得思考和学习。这里我还要特别提到一个人，那就是明朝的大思想家、军事家、书法家、政治家王阳明先生。500多年前，他就提醒弟子："为学当如掘井。"意思是说，做学问应当像挖一口水井一样，先找准一个井口，然后持续不断地挖下去，直到挖到一定深度，井水自然会源源不断地冒出来。王阳明在表达这个意思的同时，还将"井"和"池塘"进行了生动的对比。他告诉弟子，不要以为池塘面积大，水量多，但是它浅，深度不足，而且是死水，主要靠外面注入。不要以为井口小，水量少，但是它深，而且是活水，可以源源不断地涌出来，可以取之不尽，用之不竭。

仔细思考，阳明先生说得实在精彩！在我们长期的教学生涯中，确实需要具备"掘井"意识，找准井口，深挖细掘十年、二十年，甚至更多年。待到井水涌出之时，我们定然觉得自己的教学人生是有意义的。很多时候，我们没有在"掘井"，而是在"挖坑"，浅浅地挖，始终不见有水冒出。

我还不算糊涂，至少自己挖了几口"小井"。我当然会继续挖掘下去，期待把"语文之井"掘得更深。我真诚希望年轻的语文教师也努力去设计和完成这项个人极其重要的教学工程。

在专业成长之路上，我们一定要找到一个适合自己、属于自己的研究方向。然后，坚定不移，坚持不懈地走下去。这是一个行走了三十多年的小学语文教师的真诚提醒。

阅读"三策略"

时下，在教师群体中掀起一股阅读教育经典的热潮，当然是大好事。百年大计，教育为本；教育大计，教师为本；教师成长，阅读为本。阅读教育经典就是培根行动，就是铸魂工程。

然而，通往理想之路往往崎岖、坎坷。当教师们打开教育经典开始阅读之时，问题也随之而来。难读，读不懂，坚持不下去等现象困扰着一线教师和发起者们。

作为一名基层研训人员，笔者对此做了分析和思考。其中原因有多种，较为突出的一点，是一线教师队伍中主动阅读者少，多数教师处于被动阅读状态。是上级部门或者学校要求我读，而且是指定读某一本、几本书籍，不是"我要读"，而是"要我读"。对本来就觉得教育经典晦涩难读，而不喜阅读的一线教师来说，读完厚厚一本教育经典确实需要勇气和毅力。更多时候，教师阅读某一本教育经典"半途而废"，读到一部分或一半，就知难而退，搁置一边，不予理睬了。或者即使硬着头皮，耐着性子，坚持把它"啃"下来后，却觉得自己究竟读懂了什么吗？所得似乎非常浮浅、有限。

阅读者的被动阅读，也是一种消极阅读。做任何事情，如果处于消极状态，一般不大有好结果。如何让教师阅读教育经典变被动为主动，化消极为积极，使之真正地读出厚度、深度和高度，真实、有效地促进教师自身思想和行动的变革呢？我从自己的经验出发，试着谈以下几个观点。

一、带着问题读，经典阅读要有务实意识

目标意识对做好一件事显得非常重要，经典阅读也是如此。我们阅读教育经典的根本出发点是为了解决教育教学中实际存在的困难，让教师向大师学习，向经典学习，从中汲取解决问题的方法、策略和智慧。有一个重要的教学原则——针对性原则，在阅读教育经典的过程中，我们要根据区域教师教育教学实际状态，选择什么书来阅读，选择哪一位大师的书来阅读，这一点尤为重要。如同医学里的"对症下药"一样，要解决什么样的教育教学问题，就必须有目的地阅读相关的经典书籍。这样的阅读图式是，我们想要解决什么问题——哪一（几）本教育经典或哪一位教育名家在这一问题上能够给予我们必要的启示，我们就主动地选择读哪一（几）本书或哪一位名家的书籍。

教师或者阅读行动的发起者必须对区域内教育教学上普遍存在的突出问题有清楚、精准的了解、把握，加以一一罗列、分析，而且要分析出不同层面存在的不同问题。可以是区域层面普遍共存的教育教学上的困难、不足，比如，"双减"政策实施之后，如何确保"减负不减质"，学校、教师应该怎么做。也可以是某一学校在教育教学行为上突出存在的个别问题，比如，为了提升学业成绩，有的学校始终相信"抓反复，反复抓"这一传统法宝，导致教师教得累，学生学得苦，如何扭转这一局面？还可以是某一年龄层次教师集体甚至是个体在教育教学上存在的普遍现象，比如，如何激发年轻教师的学习内驱力，如何引导骨干教师向精英教师迈进等等。

相比带着群体普遍需要解决的问题展开阅读，笔者更推崇教师个体在阅读时一定要自觉树立"问题解决意识"，即自身要"有目的地阅读"。这不是功利，而是一种智慧，是为了让阅读行动更加高效。历史上苏东坡创造了著名的"八面受敌"读书法，他读一本书，要多遍阅读，每次读都带有明确的、不同的目的，这对于我们阅读教育经典类书

籍极具参考价值。台湾省的傅佩荣先生谈到经典阅读时，曾提出这样的观点："真正读书没有只读一遍的，真正的阅读是重读，这时才做得到'且读且思'，并且吸取精华转为己用。"傅佩荣先生的阅读习惯是，第一遍略读，意在对书本内容有个大致了解。第二遍精读，抓住一些精彩、精要之处，细细品味，反复思考，力求咀嚼出文字背后的悠远味道来。可以发现，傅先生每一次阅读都有着明确的目的。

苏东坡也一样，每一遍阅读，他都有着明确的目的。每次阅读他都会有所选择，有所扬弃，有所重点，清楚地知道这本书的哪一部分，哪一章，哪一节，或者哪一页重要，就反复地去品味、分析，直至读出个中滋味来。

带着清晰的目的去读一本教育经典，而且这个目的是"我希望从书中获得什么"，"我要从这本书的阅读中寻找解决困难的方法和智慧"等。这样的教师，他在阅读过程中始终处于清醒的对话状态，知道自己要的是什么，就会敏感地去感受大师在书中阐述的和自己希望获得的答案密切联系的内容。一旦遇见，立刻就碰撞出思维的火花。这种阅读的过程就带有热切的期待，结果就有着一种发现的欣喜，"众里寻他千百度，蓦然回首，那人却在灯火阑珊处"。

有着这样的阅读意识和目的，那些因无目标的漫读和随意的泛读带来的迷茫和虚无感，自然会在不知不觉中消弭。

二、带着辨析读，经典阅读要有批判精神

阅读教育经典不能仅做一个倾听者，更要做一个思考者、思想者。一方面，我们聆听大师智慧的话语；另一方面，我们也要时刻保持自己独立的思想，不能唯大师是从。拥有这一意识，在阅读教育经典过程中，尤为重要。

《人民教育》杂志编辑余惠娟老师曾专门撰文，提醒中小学教师要在课堂教学中加强对学生批判性思维的培养。怎样的教师就会带出怎样的学生，教师自身必须要拥有批判性思维，才能为学生树立学习的榜样。教师的批判性思维应该在阅读教育经典过程中慢慢滋生，久之成为习惯。虽然教育经典是经过岁月验证、大家公认的智慧之作，但是它也有着种种值得教师深思、咀嚼、推敲乃至大胆否定，勇于质疑之处。

1. 文化差异。现在我们阅读的大量教育经典多来自异域，比如苏联以苏霍姆林斯基为代表的作品，再如欧美国家等。中西方在文化语境、文化价值、文化取向上有着明显的不同，某些教育经典书籍还渗透了作者非常浓郁的宗教思想、宗教情怀。对此，我们要特别关注，在怀一颗敬畏、虔诚之心阅读之外，还要保持一种理性的辨析态度，必要时甚至予以合理的否定。绝不能"唯书，唯上，唯名家"，对之全盘肯定，全面吸收。

2. 时空距离。有些教育经典离现在一百年甚至更长久，时代不同，关键是学生不同了，教育的环境、条件、要求等都不同了。它在当年符合教育实际，但时过境迁，沧桑百年，有些教育的原则、规律就不一定适用于现在。举个例子，一百多年前玛丽亚·蒙台梭利教学法的十一大特征中，就有一条是"摒除奖惩制度"。但现在我们看到的现实是，几乎所有的幼儿园（至少我所知道的）都在实施对小朋友的奖励行为。蒙台梭利当年提出这一想法，自有她的考虑。我们现在反其道而做，并非不可以。教育行为不能搞一刀切，适切的才是最好的。这不就是最好的事实证明吗？阅读经典没有必要像"海绵吸水"一样全盘吸收，而应该是如"捡矿"一般，加以选择。

3. 发展观点。教育经典一经诞生，并非就一成不变。它的生命力在于一批批的读者来阅读它，思考它，同时也在不停地诠释它，完善它。"作者用作品来讲述自己，读者在作品中发现自己。"这一理念同样适用阅读教育经典行动。大师用经典书籍来讲述自己的故事和理念，他们所讲的、所做的，今天，我们通过阅读吸收并进行二次创造。经典阅读既是"六经注我"，也是"我注六经"。阅读是一种对话，一种读者和作者的对话，读者和作品的对话，也是读者和自我的对话，更是一个时代和另一个时代的隔空对话。对话让经典阅读更精彩，这样的对话是灵动和自由的，因为阅读是个性化的行为。台州市教师教育院徐美珍院长说："阅读教育经典最重要的是让教师拥有自己的思想，以思想造就思想。"这就是经典立人，追求阅读者思想上的独立和精神上的自由。

正因如此，读者自身的水平和阅读思想决定了他能够从教育经典中读得的收获。优秀的读者能够使经典作品变得更丰富，更广阔，更深刻。比如，李镇西、闫学、魏智渊这三位名师，他们读苏霍姆林斯基作品的同时，也在不断地对其进行本土化、时代化和个性化的完善和充实。某种意义上说，他们使苏霍姆林斯基的思想、理念获得了更好、更具体、更清晰、更接地气的发展。精彩而深刻的阅读，让经典作品的生命内涵不断丰富和拓展。

今天，我们阅读教育经典，要敢于质疑，要大胆言说，要"以我观书，让书皆着我之色彩"。如果说阅读有姿态的话，我的建议是，教师阅读教育经典，要保持"平视"姿态，而非"仰视"，更非"俯视"。

三、带着梦想读，经典阅读要有研究气质

阅读经典，尤其我们现在提出的"啃读"经典，绝不是一般意义上的阅读。它不是消遣性阅读，不是浅阅读，它是研究性阅读，是专业化、深层次的阅读。参与这一行动的教师，绝不是普通读者，而是专业读者。

既然是专业读者，必然带有一种研究的眼光，不再仅仅是为了阅读这本书而阅读。应该有着更为重要的任务和使命。我们可以为了系统地去研究某一位教育名家、大师的理念、思想去深入阅读，有一个自己成为"某某教育家思想研究者"的梦想，这也未尝不可。也可以就自己的某一个课题研究需要，阅读某一类或某一位名家的教育经典。在沉醉阅读，汲取教育智慧之后，再结合自己的所思所得，撰写相关体会文章。或者，我们可以因为承担了教育专题讲座的任务，而去阅读相关的教育经典。

孔子说"见贤思齐"，司马迁说"虽不能至，然心向往之"，在阅读

一本又一本的教育经典时，我们难道就没有这样的一种冲动吗？要是我也能写一本属于自己的教育教学书籍，那该有多好啊！这种感觉应该有，必须有，特别是我们这些阅读教育经典的"啃读"者。我们要有一种近似于"野心"的属于个人的"伟大梦想"，这个梦想会超越我们一直以来自我约束、禁锢的身份和灵魂。朱永新先生说过，很多时候，我们的中小学一线教师自我定位都过于谦卑。从心底里以为自己只是一个平凡乃至平庸的教师，对于成为名师、名家想都不曾想，想都不敢想。这让我们想起安徒生笔下那只寄居在鸭棚里的丑小鸭，"出走"让它最终成为真正的白天鹅。对教师来说，"出走"就是让自己拥有更高远的梦想。当拥有梦想，心头被这个伟大的梦想鼓舞的时候，我们就拥有了不竭前行的力量。

试问，那些教育名家、大师，谁又不是阅读了大量的经典作品才写就自己的经典的？以苏霍姆林斯基为例，他一生大量阅读书籍，其中以教育学、心理学著作居多，这为他的教育写作提供了源源不竭的精神养料。广博的经典阅读，铺就了大师的写作之路，大师的思想高度是依靠一本本厚重的经典之作堆砌起来的。我们这些凡夫俗子当然成不了大师，成不了名家，但是我们难道就不能有更高远的梦想吗？我们就不能通过一次次的经典阅读，离"做人民的大先生"近一点，再近一点吗？

罗翔教授说："我们无法成为伟大的人，我们只能心怀伟大的爱做细微的事。"对我们而言，阅读教育经典需要怀着伟大的梦想，做研究的事。静心研究教育经典作品里的每一个故事，每一处细节，慢慢读，慢慢欣赏，说不定，某一天，我们的梦想就实现了。

以上关于"教育经典"阅读的三种策略，仅是个人一管之见，不一定正确。阅读是极具个性化的事，其方法和策略因人而宜，因书而宜，因时而宜。我敢于表达出来，本身就是阅读教育经典带来的结果。权作抛砖引玉，以期引发更多思考。

读经典之道

教育经典阅读对教师专业生长和发展的重要意义，已成教育界同行共识。越来越多的教师发展机构、学校（园）采取各种方式，组织、发动一线教师投身阅读之途，希求走近大师，汲取智慧，获得切实、有效的自我提升，以达到改良教育教学质量之目标。这一现象令人欣喜。

然而，我们也要看到这样一个事实：教育经典晦涩难读，甚至无法读懂，导致多数教师望书兴叹，阅读行动难以坚持。这一困局，该如何应对和解决呢？

首先，我们要清楚，造成这一结果的原因是多方面的。比如，教育经典离我们时空久远，一些较为抽象、深奥的概念化语言表述难以读懂，再加上多数教育经典均来自异域（西方），存在东西方文化的差异。一个不争的事实是，一线教师和大师在思想、精神之间的差距，实在太大。大师太深刻，我们很浅薄，大师太巍峨，我们很渺小。大师令人敬畏，让人仰望。阅读教育经典本身就是"望而生畏"之事。

而最根本的原因，可能在于我们平时的阅读习惯和状态。在我看来，多数教师一直处于阅读的舒适区，是凭借兴趣支持的浅阅读，是沉浸在手机、电脑上的碎片化阅读，是带有明显目的的功利化阅读等。这些都让我们的阅读行为失去了安静、深刻的本真常态，从而变得浮躁、热闹和肤浅。

其次，我们要寻求教育经典阅读的合理方法和应有对策。它是一种专业阅读行为，绝非一般意义上的阅读。面对教育经典书籍，教师应该拥有一种近乎宗教般虔诚和庄重的阅读态度，其阅读的过程必然也应该是一场属于教师心灵、精神的庄严旅程。

具体应该如何阅读教育经典呢？我根据自身经历，试着谈几点粗浅看法。

一、静心潜读

阅读教育经典是一种对话，是我们这些凡夫俗子和著名大师的心灵对话。我们必须认真思考这样一个事实：能够写出如此精深的教育经典著作的灵魂，该有多么博大和深沉。定能生慧，静能安顿，毫无疑问，大师的心灵是沉寂的，他们用寂寞来对抗喧嚣和浮华，用智慧来思索、分析教育的现象和本质，在千般理性、万般冷静之中，不断沉淀慧思，方能写就经典。如钱锺书先生所说："大抵学问是荒江野老屋中二三素心人谈培养之事，朝市之显必成俗学。"教育经典天然拥有孤高、寂冷的非凡气质。

因此，要想读懂教育经典，我们必先让自己成为一个"素心人"，摒除功利，静心阅读。唯有这样，才能让自己尽可能地走近大师，沉入文字，打开书本，浸润其中。台州市教师教育院倡导的"走进经典"阅读行动，自开始之日，就明确要求一线教师在阅读教育经典时，一定要去功利化，说的就是这个道理。不过，少数教师阅读教育经典仍带着"求医问药"心理，渴求读了一遍书籍之后就能收到"药到病除"的效果。如此功利、浮躁的心态，当然不妥。教育经典需要静读默思，方能咀嚼出无限滋味。

我就有这样的体会，自参加工作以来，保持天天阅读的习惯。即使出差在外，乘飞机，坐高铁都不忘带书阅读。事实证明，要想真正读懂教育经典并不容易。我曾在某个晚上坐在灯下，打开杜威的《我的教育信条》阅读。但是，读了好一会儿，终究有一种迷茫之感，困惑之意，面对一行行深刻、深奥的文字，怎么也读不进去。想必自己白天过于忙碌，心还没有完全沉静，思绪还在纠结，思路比较纷繁。于是，暂且把这本书放在一边，改为阅读散文集或故事书。却发现，这样倒可以相对顺利地阅读下去。待到第二天清晨，从晨光微明中醒来，一时心神俱静，头脑十分清醒，此时静坐窗前，再次打开《我的教育信条》阅读，终于有了进入个中语境的感觉。看来，没有一种安静的氛围，没有一颗安静的灵魂，真的很难阅读教育经典。

后来，我又有了新的体验。在某个双休日，跑到山间民宿去阅读教育经典。在清晨之时，在高山之巅，在青云之端，在云雾缭绕之间，在物我两忘之际，一个人静坐某座茅亭里，坐在某扇竹窗前，坐在某个凌空搭建的木台之上，打开教育经典静静阅读，慢慢地，就有了一种豁然、通透之感。

教育经典必须由安静之人，处在安静世界，物我两忘，静默阅读，如沙石沉潜一般，像空山落叶一样，一人一书一世界，方能渐渐识得经典的"庐山真面目"。愈静，愈潜，读之方能愈深刻。

二、反复品读

俗语说得好，"一回生，二回熟"。这一说法，同样适合教育经典阅读。只不过，在阅读教育经典的过程中，大多数教师是"读一遍"足矣，极少有人去第二遍、第三遍地反复阅读。长期以来，在阅读上我们有着刻意"求多"的心理，以为读得多，就想当然地知得广，识得丰，学得厚，实则不然。在《读书与人生》一书里，傅佩荣先生就明确指出，"读书贵精不贵多"。他认为，"真正读书没有只读一遍的，真正的阅读是重读，这时才做得到'且读且思'，并且汲取精华转为己用。正如孔子说的：温故而知新，可以为师矣。"这又让我想起毛主席的一个阅读观点："一部《红楼梦》至少要读五遍，否则读不出名堂。"

我认为，在阅读一些用于消遣、放松的书籍时，我们可以只读一遍，仅作了解目的，不作深入研究思考，一读而过。而教育经典绝非"浅阅读"，它是一种立足专业角度的"深阅读"，自带研究气质和探究目的。

前文述及，教育经典书籍的确堂奥，纵使我们逐字逐句品味过去，凭我们自身学养，光读一遍，远远不够。傅佩荣先生的阅读习惯是，第一遍略读，意在对书本内容有个大致了解。第二遍精读，抓住一些精彩、精要之处，细细品味，反复思考，力求咀嚼出文字背后的悠远味道来。这对我们阅读教育经典有着极其重要的提醒和借鉴作用。我们一定要改变原有的"读一遍"模式，确立"读反复，反复读"的观念。读第一遍时，可在觉得精彩或困惑处分别作不同批注、标记，以备第二遍读时，针对不懂、深奥之处进行反复阅读。或者在阅读过程中，读到某个章节、片段，一时觉得困惑，可以先想一想，如还不明白，不急，先读下去。等一会儿，再回过头来，重新读一遍、两遍甚至多遍。读之，思之，思之不得，复又读之，直到心头有了感觉和体悟。窃以为这一阅读策略，美其名曰，就是"啃读"。

古人云，"书读百遍，其义自见"。教育经典阅读自当反复去读，如同"啃骨头"一般，敲骨吸髓，不断"啃读"，方能真正读懂。

三、夯实背景

在《给教师的建议》一书中，苏霍姆林斯基指出，要想提高学生的学习效率，激发他们的学习热情，必须丰厚他们针对这一学科或者具体一篇课文的"智力背景"。这一建议非常重要。举个简单的例子，我们带领学生学习《景阳冈》，如果学生没有阅读《水浒传》，他就不知道武松来景阳冈之前的遭遇以及打虎之后的去处，也不可能知道武松在整个梁山好汉之间的地位，更不可能知道武松这一人物的典型性格特点。这样，他们在学习《景阳冈》时，可能会因浮浅而"迷茫"。反之，如果学生熟读了整本《水浒传》，拥有一种"高高在上"的"俯视之感"，他学习《景阳冈》一课，就会思考得更全面，更深刻。自然，他也会学得特别快乐。

由此可见，阅读者具备和阅读材料相关的"智力背景"，对于提高阅读品质来说，显得特别重要。

阅读教育经典同样也要思考这一问题。我们有一个共同感受，阅读某位教育大师的著作，最难读的应该是第一次读他的著作，或者说读他的第一本著作。因为之前我们对他不了解，很陌生，不知道他的核心教育思想，不知道他教育理论的整个体系架构和流派。如此一来，我们阅读他的著作好比摸着石头过河，仅凭经验和感觉，读来自是艰难。

在读某位大师的理论著作前，我们要尽可能地先去了解"这个人"。可以简单地以信息检索的方式获得对"这个人"的提纲式了解，了解他的核心思想、重点著作、主要贡献以及在整个教育史上的地位。如果你对"这个人"的整个人生经历有着相对深入、全面的把握，比如读过他的传记，自是最好不过。在此基础上，再去读"这本书"，就不一样。有了"这个人"的知识背景作基础，再去读他的"这本书"，自然会有一种"似曾相识"之感，对于深入阅读，必然大有帮助。

照这样思考，在阅读教育经典时，我们可以采用"聚焦式阅读"策略：找准"一个人"，读他的代表性著作，甚至读他的所有著作。而不是我们通常的阅读行为，这个月读这位大师，下个月读另一位名家，这样过于"飘忽"，"摇摆不定"，所得就比较有限了。这种"聚焦式阅读"，正合王阳明提出的"为学当如掘井"观点。这样的阅读方式，会让我们越读越有感觉，越读越有收获。这一方式，近似学人做学术研究，比如周汝昌先生研究《红楼梦》，李一冰先生研究苏东坡，魏智渊老师研究苏霍姆林斯基等，无一不是如此。

这样，围绕一个大师的主题阅读时日愈久，读其著作愈多，所累积的"智力背景"就愈丰厚，自会愈读愈有感觉，愈读愈豁然了。

四、对话明辨

阅读教育经典需要对话，既是教师和大师的对话，和书籍的对话，也是教师和教师之间就某一本书籍、某一个观点进行的对话。思想从思考中来，思想需要对话，思想在对话中碰撞交锋，相互砥砺，共同提升。古人云："独学则无友。""有朋自远方来，不亦说乎？"真正要把学问做透，做深，确实需要"集思"，需要"聚慧"。这也是我们现在分不同层面组织"啃读坊""读书会（社）"一类阅读团体的重要目的。

有了读书组织的存在，我们有了一个相互对话的学习平台。从个体阅读的"独学"，到集体阅读的"共学"，到有相应专家、学者的"导学""点学"，再到进一步的"延学"和"拓学"。确实能让我们参与其中的每一位阅读者都能深度卷入，汲取智慧，完善自我。

我们要把理论专著里大师、名家提及的思想、理念、主张和学说跟现实教育的事情、案例对接起来，用理念来解释、分析现实教育中发生的事情，以确定这样做是对还是错。同时，我们也要用真实的教育案例来佐证某一种教育理念和教学理论，证明其科学性和合理性。如果用这种方法来阅读，我们将会愈读愈有感觉。

这是理论和实践的隔空对话。进行读书交流时，我们会安排案例辨析环节，这非常有必要。这样，一方面阅读者相互之间切磋、探讨，充分展开对话；另一方面，努力实践"学以致用"思想。

当然，在"读书会（团、坊）"团队里，天然存在阅读者个体与个体、个体与群体之间的对话。这种对话是平等的，都是基于某一本专著阅读而展开的交流。这种对话是自由的，无论是形式，还是内容。当然，这种对话也是"共生共长"的。你有你的思想，我有我的思考，我们相互分享之后，就拥有了更为丰富的思考和更为深邃的思想。"三个臭皮匠，顶个诸葛亮"，何况我们是有着一定思考力的教书匠。读书交流，相互对话，确实能够彼此增进，相互受益，这一点毋庸置疑。

五、切己体察

"切己体察"是朱熹读书法的一种，对教师阅读教育经典来说，也是最重要的一种。我们今天为什么读经典？为什么啃读经典？是为了"立己"，为了"达己"。阅读的原初目的是为了自身的生长，生长的终极指向是自由之精神、独立之思想。对于教师专业发展来说，没有比思想的生长更为重要的了。

我以为，阅读教育经典需要努力做到"切己体察"，这恐怕是最具有思辨性意义的。不妨从以下几个方面去思考。

第一，阅读教育经典需要我们具备"批判性"思维。不是所有的教育经典都是完美的，由于时空距离、文化差异以及生存环境等原因，教育经典中的个别言论、观点、思想可能已落后于时代，或者它适用于异域，但无法适切于我们。不唯书，不唯上，只唯真，只唯实，始终保持必要的理性和冷静。我们聆听大师，学习大师，膜拜大师，却不跪拜大师。

第二，阅读教育经典需要我们具备"实践性"思维。我们开展这一行动的重要目的，是为了转变观念，改良行动。一言蔽之，读以致用。一线教师阅读教育经典有一个得天独厚的优势，我们手捧教育经典的同时，置身于教育教学的真实场景之中。我们的目光一会儿专注地看着著作里大师、名家真诚激情、理性智慧的话语，一会儿会望望我们身边活泼、可爱的学子。不知不觉间，我们成了一座连接经典书籍和现实世界的"桥梁"。我们要将理论和实践对接起来，一方面，用理论来解释、指引实践；另一方面，用实践来印证、运用理论。就在"读"与"用"之间，我们对教育经典有了更为切身、真实的感悟和体验。

第三，阅读教育经典需要我们具备"创新性"思维。阅读本身就是对作品的重构和创造，正是一次又一次的阅读，赋予教育经典以绵绵无尽的生命力，让它们得以在不同的时代，在不同的读者那里，有着不同的内涵滋生。在接受美学主义看来，任何文本都是一个不确定的"召唤结构"，所以有"一千个读者就有一千个哈姆雷特"的说法。因为读者不同，阅读所得的结果自然不同。

傅佩荣先生曾从两方面来谈该如何读出真味，读出新意，其一，阅读要融会贯通。就是把自己的思想和书本融合、渗透，整合一切经验，做出属于自己的合理解释，即传统意义上的"六经皆我注脚"。其二，必须做到推陈出新。既要从经典作品中汲取智慧，又要结合自身实际，立足时代发展需要，能够合理吸收，科学分析，辩证思考，批判接受，让经典作品和重要思想焕发新的生机活力。这是阅读的真正要义所在，如同萨特所说："如果缺少了阅读这一行为，无数的所谓经典只不过是沉睡的'巨人'，甚至仅是留在白纸上的污渍。"

真正要做到这些，最为根本、要紧的是，在阅读过程中我们始终要有"我在""我读""我思"意识。

诚然，除了上述谈及的几种方法、策略之外，提升教育经典阅读品质还有更多途径。比如，撰写读书心得、笔记，是一种对阅读所得的梳理、总结和反思，会让阅读真正走向深刻。再比如，聆听知名专家、学者对某一教育经典、某一教育大师的专题讲学，或者阅读他们撰写的相关阅读教育经典著作，都有着绝佳效果。或者，提取教育经典中的某一思想、理念，采用专题研究等形式，落实到具体的课程、课题和课堂中，同样有非常积极的意义。

不管怎样，阅读既是群体行动，也是教师个性化行为，不同的方法途径，各有千秋，孰优孰劣，因人而异，因人而宜。我们要记住，"合适的，才是最好的"。

做个"摆渡人"

随着 2021 年 7 月 24 日，中共中央办公厅、国务院办公厅印发《关于进一步减轻义务教育阶段学生作业负担和校外培训负担的意见》，"双减"行动正式拉开大幕。

作为基础教育一线中小学教师，在这场具有里程碑意义的教育变革行动中，要深入思考：为什么要开展"双减"行动？"双减"行动中，我们要做一些什么改变？作业负担和校外培训负担减下来之后，如何确保学生的学业成绩不下滑？等等。最终，我们发现，"双减"行动的核心和实质在于提升课堂教学质量。课堂教学质量提升了，即使作业量减少，基本上不会影响到学生的学业成绩。据美国资深作业研究者库柏（Cooper）等人对作业与学习成绩的大量实证研究来看，在小学阶段，作业时间和学业成绩之间存在微弱的正相关甚至是零相关。对于中学生，两者的相关性比较强。但这也不是说中学教师就应该大量布置作业，而更应该合理、科学地布置作业。

就我个人对一线小学教师长期观察来看，凡是支持多做作业的教师，大体相信这样的教育主张：学生要靠"压"，成绩要靠"抓"。学生做得多、练得多，熟能生巧，成绩就提升了。有部分教师甚至排斥"教研""科研"，认为这些都是银样镴枪头，花架子，摆噱头，中看不中用。受这种思想支配的教师，他们的课堂早已失却研究精神，他们仅凭经验开展教学。

我们不反对经验对于教育教学有着重要作用和意义。传统的木匠、铁匠、泥瓦匠师傅确实凭着经验就能把自己的事业做得很好，令人佩服，他们的确不需要理论学习和探索。但是，教师千万不要把自己和这些匠人混为一谈。匠人面对的是不会说话、没有思想的器物，教师每天与之打交道的是活生生、有血有肉、有思想、有灵魂的生命，两者绝不能相提并论。生命是最富有内涵，也是最为复杂的。教育者最为根本也最为重要的本领应该是对"人"的认识，对人的学习心理、行为变化的认识，对学科学习规律的认识等。这些都不是教师仅凭经验就能解决的。

熊培云先生说："人活在经验里，但经验是靠不住的。"教育不能仅靠经验，仅凭经验开展教育教学的教师，是"无知"的。这个"无知"，主要指教师的"专业知识"，指"从事教育职业的人所必须具备的专业基础知识，包括教育学、实践教育学及课程理论、教育视野、文艺类教育学素材、教育管理、职业认同、心理学等"。

我们有太多的中小学一线教师是"不讲理的"（不注重理论学习），他们在布置作业的时候，在开展教学设计的时候，在实施课堂教学的时候，在教育引导学生的时候……他们不讲"理论支撑、凭借"，只是想当然地认为应该这样，或者是大家都这样做，我也就这样做，准没错。这样的教师是在"苦教"，而非"巧教"。因为教师"苦教"，所以学生只得"苦练"，久而久之，师生就觉得累了，学生对学习的兴趣慢慢地减退了。"学而时习之，不亦苦乎？"这不是我们所追求的教育。

任何一次基础教育的变革、改革、革命，最终的落脚点是在中小学一线课堂，成败的关键在于中小学一线教师。可以这么说，教育教学改革，"成也教帅，败也教帅"。

在"双减"背景下，教师的角色要作什么样的转变呢？个人以为，当下一线中小学教师要由过去的纯"经验型"向"经验型＋理论实践型"发展。这不是说让中小学一线教师去研究、创立教育教学理论，正如许多教师说理论研究是专家的事，我们一线教师只是实践者。

的确，象牙塔里的专家、学者以及古今中外的教育家在理论研究上的努力行动，成果颇丰。在当前教育语境下，一线教师需要做的是，走讲这些教育理论经典，根据自己工作实际需要，挑选适合自己的一类书、一个教育家的书，或者其中的一本书，认真阅读，消化吸收，汲取书中的理论涵养。通过理论专著的阅读，一线教师转变自身教育教学观念，掌握重要教学理论、原则，并将之和自己的课堂教学实践对接，将专家的理论扎实有效地转化为自己的教学行动。在教育教学理论指引下，教师在教学中真正做到"知其然更知其所以然"，每一个教育教学行为背后都有相应的理论来支撑和解析，教得科学，做得合理，知行合一，有效教学。这样，教师就慢慢地从单一的"经验型"，蜕变、提升为"经验型＋理论实践型"。

在这样的行动中，中小学教师实际上担负起一个重要的全新角色

——"摆渡人"。他们撑着教育这艘"夜航船",行走在教学理论和教学实践之间。有了先进教育理论的学习,教育"夜航船"上就有了"指南针""导航仪"和"灯火",它的航行路途中就有了"灯塔""航标"指路。这样,教育之舟就会行走得更加安全、轻捷、快乐。这样才能真正落实"双减"精神。

智慧的教育教学理论让教师慢慢地变得理性、理智,他们心中有学生,眼中有学科,脑中有经验和理论,自然也不会再出现只把学生当做知识的容器、做练习和考试的机器,而"只要练不死,就往死里练"的教学乱象了。

在"双减"背景下,教师一定要加强教育经典理论书籍学习。"摆渡人"角色像桥梁和纽带一样,一方面,把中小学课堂和高校教授、专家的理论研究紧密联系起来,使得高校专家的理论研究找到很好的实践试验田。另一方面,教师通过对教育经典的阅读、研究,把其中的思想、理论精髓经过自身的理解、消化和吸收,个性化地结合、落实到教学实践中,既唤醒经典生命,又滋养教学现场,真正实现教育范畴上的"经典永流传"。

教育史上,苏霍姆林斯基就是一个典型的、智慧的"摆渡人"。他为什么能做得这样成功?除了他自身三十多年坚持在乡村学校帕夫雷什中学工作之外,还跟他一辈子的理论学习分不开。初步统计,苏霍姆林斯基一生阅读了2000多本书籍,其中当然包括大量的教育学、心理学理论著作。我们阅读苏霍姆林斯基的著作时,会有这样一个深刻体会,他在向我们讲述教育的故事,但每一个故事都有着理论的阐述和分析。苏霍姆林斯基就是将理论和实践结合得极其完美的典范。

此外,著名教育家陶行知、叶圣陶先生也如此。一方面,他们刻苦阅读、努力学习古今中外著名教育家的经典教育书籍,从中汲取丰富的教育理论学养。另一方面,他们扎根一线学校,奋斗教育教学现场,把理论知识和实践操作紧密结合,不断探索,不断思考,不断总结、完善,从中悟得教育真谛,谱写了教育生命传奇。他们又何尝不是伟大的教育"摆渡人"呢？

往更近一点说，当下一线中小学教师中的那些著名特级教师，试问，又有哪一位仅仅是实践者，而不是教育理论的"摆渡人"呢？单以小学语文名师为例，王崧舟的"诗意语文"，薛法根的"组块教学"，窦桂梅的"全人教育"……他们之所以在教学实践上做得如此精彩，是因为他们都高度重视教育教学理论的学习和吸收，博观而约取，厚积而薄发。他们将经典教育理论和自身教学实践进行巧妙对接，合理消化，科学应用，个性创生，最终形成属于自己的教育教学风格。

教育理论犹如浩瀚星空，教学实践就像广袤大地。中小学一线教师们，让我们脚踏实地的同时，又抬头仰望星空，加强自身理论学习，深入开展实践探索，在这个伟大的新时代，做一名教育理论的"摆渡人"吧！

标语要温情

某日，去一所区外的农村初中学校调研。我们走进一间教室听一节语文课，一抬头，赫然发现教室南边两扇大窗之间的墙壁上贴着一句标语："不拼不搏，人生白活。"

一时怔住，凭着自己对语言的直觉，我完全能够理解老师说这番话的良苦用心。他们在真诚地告诉学生，一定要努力学习啊！从中不难感受到老师的责任心。老师的出发点当然是好的，他们希望学生珍惜大好时光，在这个生命的黄金季节，把更多的精力投入到学习上去，力争取得令人满意的成绩。

但是，为什么非要用这样的语气说话呢？这样的语气里，有一种高高在上的、命令式的口吻，有一种"我来告诉你"的强烈的说教味道。

为了加重这样的效果，用了"双重否定"的句式，确实起到了突出、强调作用。

而问题在于，这句本来包含着一种温暖情意的话说出来却有点冷，不是一般的冷。"不拼不搏，人生白活。"学生，尤其是那些真的不拼不搏的后进生，他们从中会不会读到这样的一种负面信息或暗示：如果你不努力读书，你就白活了一场。什么是白活一场呢？不言而喻。

人生当然需要拼搏，需要奋斗，幸福是奋斗出来的。然而，我们能保证这个世上的每个人都能做到吗？我们就不能允许有些孩子现在还"不拼不搏"吗？绝不能说"不拼不搏"就"人生白活"。

纵使我们要唤醒、鼓舞、激励目前"不拼不搏"的学生奋发向上、努力前行，也不一定就要非用这样的语气、语言说话啊！

有时候，我们有些学校、老师总是不好好说话。他们就像一个个严厉至极的父母亲，用我们家乡的俗语来说，叫"刀子嘴，豆腐心"。你看看网络上流传的这些话语，就知道了。"只要学不死，就往死里学！""今日疯狂，明日辉煌！""就算头破血流，也要冲进一本线的大楼！""累死你一个，幸福你一家！"……

学校本是高雅之地，教师自是文雅之人，为什么会说出这样让人触目惊心、冷酷无情的话语呢？

言为心声，这些冷漠话语的背后暴露了一些学校和老师过于功利化的心态。尤其是一些以中考集散地、高考加工厂闻名的所谓"名校"，更是把这样的话当作最平常不过。"军事化管理"是他们的治校特色，更是他们的立校之本。在他们看来，成绩要靠"抓"，学生要靠"压"。人们热衷于"严校出成绩""严师出高徒"一说。殊不知，多数人对于"严"的理解，有失偏颇。我以为，学校教育教学之"严"，绝不是"严厉"，那种声色俱厉，让人望而生畏的教育；也不是"严苛"，对学生过高、过度的约束。而应该是"严明"和"严格","严明"就是告诉学生"人生当有所为而有所不为",知道自己应该做什么,不应该做什么。"严格"就是制订规范的学业上的标准、品德上的范式、生活中的榜样、人生奋斗的方向,随时给予学生前行的力量。

我觉得,教育还是需要学校、老师对学生好好说话。教育要有温度,学校要有情怀,老师要有温情。对于一个孩子来说,同样是来自父母亲的爱,他更愿意接受的是慈母如水的关心,而不是严父棍棒的管束。教育不是"如狼似虎",教育应有"似水柔情"。教育就是杜甫笔下的"随风潜入夜,润物细无声"。就是泰戈尔说的,"不是锤的敲打,而是水的载歌载舞,使卵石臻于完美。"

我想起了阿尔卑斯山道上的一句诗意标语:"慢慢走,欣赏啊!"那是提醒开车的司机降慢速度,注意安全。仔细咀嚼,简简单单的六个字,又是多么的不简单啊!就像一位贴心的友人微笑着告诉你,那样的亲切、舒服。而同样的意思如果这样表述:前方危险,去年已发生多少起交通事故,死亡多少人。效果是达到了,目的是实现了,但是从这经过的人们恐怕被吓得不轻。这似乎和我们某些学校的教育标语如出一辙,不可取。

学校里有的是才华出众的老师,能不能在设计教育标语的时候慎重一点,反复推敲,把标语设计得温情、诗意一些?在设计校园标语的时候,要充分考虑到它们的读者是学生。校长和教师要换位思考,学生看到这些标语的时候,会有什么样的体会、感触?小学校园要设计得有儿童味一些,中学校园要设计得有青春气息一些。尽可能地设计得有趣一些,好玩一些,幽默一些。我们的教育还是过于严肃,我们的教师队伍中,迫切需要更多灵魂有趣的人。两千多年前,孔子就给学校教育定下基调了:"学而时习之,不亦说乎?有朋自远方来,不亦乐乎?"

如果让学校标语也变得有趣一些,不是更好吗?如果把"不拼不搏,人生白活",改为"又拼又搏,快乐生活",不是更好吗?或者改为"人生能有几回搏?快乐学习爱生活",不是更好吗?如果把"只要学不死，就往死里学"，改为"学习不止，前进有时"，岂不好些？如果把"今日疯狂，明日辉煌"，改为"不要疯狂，只要向上；不求辉煌，只求发光"，岂不好些？

我们经常说，有话好好说。说话是一门学问，一门艺术。学校的教育标语，更要好好说，更要说得有艺术。苏霍姆林斯基说过，"让墙壁说话"，他可不是说"说的话要像墙壁一样冰冷、沉重"。

愿所有的学校、所有的老师，在校园中、教室里设计、张挂教育标语的时候，都慎重对待，反复推敲，三思而行。让每一句教育标语都如珠玉般温润，如花朵般芬芳，如露珠般晶莹。

自然大课堂

最近几个月，有机会参观、访问了三所农村学校——两所小学，一所初中。印象深刻的是，三所学校的校长都很有内涵，很有思想。在校园环境布置和文化建设上可圈可点，可以说让人赏心悦目。

第一所学校，地处一江之畔，一山之南。学校有假山一座、修竹一片、水池一个、茂林一丛，极为清雅，让人感觉这就是理想的为学之地。

一条迂回山间的公路延伸至大山深处，我们前往群山环抱中的第二所学校。一路上溪流淙淙，鸟鸣声声，空气清新，良田美池，入目皆是，往来人们，质朴敦厚。真让人有一种世外桃源之感。直至入得校内，下车四望，不由惊叹。这所乡村小学堪称花园式、园林式学校，绿树成林，满目苍翠，遮住天光，一派清幽。更有大小不等的文化石点缀其中，另有形状不同的花坛镶嵌其内。园内的几棵大树，尤为粗壮、茂盛，可知时日已久。不由得我们惊讶、赞叹。

第三所学校是初中，环境同样优美。东邻高山，南临大江，西靠民居，北接田野。走在校园里，安静清宁，丝毫没有喧闹之感。让人又是一番感叹。

如此优美之环境，如此神奇之自然景观，理当让师生时时亲近，日日沉醉。但是，事实上未能如此。在第一所小学，我们看到竹林、树丛旁边围起了一堵绿色钢丝网墙，仿佛"天罗罩"一般，严严实实地把绿树翠竹和学生隔开。问及理由，学校的解释是为了安全。学生进入竹林、树丛，万一遇到蛇，被虫咬，或者硌了脚，划破了皮，责任重大。干脆来个隔离行动，用上网状墙，虽不能近玩，但也可以远观。

环境特别优美的第二所小学，绿化面积非常之大，树木花草长得非常浓郁。但是，等到走近这些绿化区、绿化带，我们不禁有点失望。一大片一大块的绿化地带，密密麻麻的，人竟然无法进入。由于天长日久，所有绿植自由生长，枝挨着枝，叶靠着叶，彼此之间已然不留空隙。独有的山间盆地气候，充足的水分和肥沃的泥土，还有人们的纵容和保护，让它们长得蓬蓬勃勃。在所有的绿化块设计上，没有空出路径，即没有路可以让人走进去。实际上，校方的设计可能一开始就没有考虑过让人（老师或学生）走进去。为什么呢？可能还是为了安全，或者在设计者看来，绿化带有什么好玩的，无非是树而已，无非是花罢了。再说，树的高大、挺拔，花开后的艳丽，学生都能隔着一段距离看到。树的清香，花的芬芳，同样能够闻到。这就够了。

第三所初中学校的东面，是一座树木茂密的山陵。正值深秋时节，漫山红遍，层林尽染，多姿多彩，甚为壮观。但是，在秋山和校园之间竖立着一道又阴又冷又厚又高的灰色水泥墙。一墙之隔，隔开了美好的秋色，校外"落叶满空山"，学生"何处寻行迹"。当然，他们如果站在教室外的走廊上，倒是可以远远地看到。可能在校方看来，初中生是不需要看这些所谓风景的,他们哪有闲情逸致欣赏自然山水?哪有闲暇工夫看山看树看红叶?或许,校方和老师们正是怕他们被校外的美景所"迷惑",分散了注意力,就特地造了这样一堵厚实坚固的高墙吧!

把三所学校的同一行为放在一起思考,我的心头有些许的遗憾。想起蕾切尔·卡森说的一句话:"那些感受大地之美的人,能从中获得生命的力量,直至一生。"人是自然之子,是大地的一员,没有人的生长和发展能脱离得了大自然。那些树木、花草、虫鸟等大自然的生灵,虽然无言,但无不有着美的特质。大树的安静,是不是有一种坚毅的力量?花朵的开放和凋零,是不是有着一种生命的从容和淡定?小草的一枯一荣,是不是代表着生命的一悲一喜,岁月的来来去去?……

这些花草树木、鸟兽虫鱼,本身就是绝佳的教育资源,甚至就是学生的无言之师。"天地有大美而不言",它们在行不言之教,一切大地上的美,都应该让学生去接触,去观赏,去体会,去发现,去感悟,而不能人为地让学生和这些自然之美远远隔离。

古往今来,有多少热情的生命在自然美的唤醒和启迪下,开启了自我心智生长的幸福之路。"王阳明格竹""苏东坡种竹""郑板桥画竹、写竹",以及文与可的"胸有成竹"典故,我们都耳熟能详。试问,他们如果没有和竹子一次又一次的亲密接触,而只是隔着一堵墙、一层铁网、一段距离,远远地看着,能有这样的灵思和悟性,能有这样的艺术造化吗?不可能。

我想起了一所著名的中学,上世纪 20 年代创办于白马湖畔的春晖中学。它创造了"过去的中学"的神话。一时间,多少才俊翘楚在这里汇聚,他们在白马湖自然之美的熏陶感染、潜移默化下,终究造就了"白马湖散文"清淡、朴素、隽永的风格,造就了春晖中学独有的精神气质,这是一种春茶和黄酒的风格。这是学校和自然、大地融为一体后结出的精神果实。

在《给教师的建议》里,苏霍姆林斯基提出,"要无限相信书籍的力量",要求从小学开始,教师必须培养学生养成认真阅读的习惯。其实，大自然又何曾不是一本厚重、博大的书呢？它是一本无字之书。在《给教师的建议》这本书中，我们一次又一次地读到这样感人的教育场景：苏霍姆林斯基带着学生走进农庄，白天在蔚蓝色的湖水里游泳、嬉戏，在葡萄园、苹果树下观察、劳动；晚上就坐在高高的稻草垛上，在皎洁的月光下唱歌、讲故事。然后，孩子们在自己搭建的帐篷里，带着微笑，甜蜜睡去。第二天，他们在阳光里快乐醒来……苏霍姆林斯基一直把大自然称为学生"思维的源泉"，做他的学生是幸福的。

的确，学校教育除了让学生学习教科书，阅读课外书之外，更应该让学生去读懂大自然这本最厚重的无字之书。试想一下，学校为什么每年都安排春、秋两季的外出游玩、研学呢？仅仅是为了所谓的"放松"吗？当然不是。可惜，我们非常失望地看到一些学校的不当做法，一些家长的不当做法。有些学校只是把学生安排到游乐场去玩个半天、一天，家长呢，则在这一天给学生购买了一批包装精美的各色食品，让他们背着、挎着、抱着，在车上，在公园，在草地，把它们一一吃掉。春游秋学实实在在地蜕变成春吃秋喝行动。

有没有发现，现在的孩子已经对大自然失去了一些兴趣。在学校里，他们习惯于安静地坐在教室里，刷题目做练习，不愿动了；在家里，他们满足于"一机在手，万事无忧"，待在家里，不动了。其实又何止是学生，大人们何尝不是如此？在城市钢筋水泥的丛林里，住着多少个"宅男宅女"啊！在乡村朴素、安静的民居里，又有多少孩子和年轻人就是不愿意到田间地头走一走，不愿到阳光下晒一晒，不愿到树木花草间逛一逛。

"去自然化教育"已经成为这个时代的通病之一。在《丛林中的最后一个孩子》这本书里，理查德·洛夫揭示了人与自然关系异化的历程，空调、电视、动画片、电子产品、治安状况以及网络等一系列因素导致儿童与自然日渐疏离，愈行愈远。

早在上世纪七八十年代，三毛在《塑料儿童》中就提到过这样的担忧。她在台湾省带几个孩子一起去看海，目的是让他们领略自然之美。

可事与愿违，这些孩子一路专注于手中的游戏机，到了海边仍不为所动，一脸不屑地说："这就是海啊，我们回去吧，六点半动画片要开始了！"

必须反思，我们的教育太功利了！学校如此，家长亦如此。通常在我们看来，学生最应该打交道，应该大量花时间的是练习，是试题。"万般皆下品，唯有分数高"，这是不对的。我们必须改变这一现状。教育的最终目的是为了学生作为生命的发展，作为一个健全的人的发展。

大自然的教育功能，任何最先进的媒体、最先进的教育手段和理念都无法代替。在这个美好的时代里，学校教育当然需要智育，但是，美育同样必不可少。在《人本主义教育宣言》里，杨东平先生说："教育不仅要开创未来，而且要安顿人心，涵养性情。美育是帮助人的美好天性自然生成的最好方式。发展学生鉴赏美和创造美的能力，可以提升人生趣味和生活理想，弥补价值真空，从而提升生命质量。"

我想和上述这三所学校的校长商榷。我能理解作为一名校长做出这样决定的理由，安全很重要，成绩很重要，必须这样做。然而，我们能否在这样考虑的基础上，思考得更深远一些，教育不仅关注学生的现在，还要着眼学生的未来。教学生六年，看学生今后十六年，想学生未来六十年。不仅仅关注学生的学业，还要关注学生整个人生。当然，也不仅仅是校长，还有教师，还有家长，还有全社会的人们，教育是我们共同的责任。改变一种局面，有时候需要一个人，有时候需要一群人，更有时候，需要所有人一起协同行动。

我们要一遍遍地思考，为什么学生的近视率越来越高？为什么肥胖的人群越来越多？为什么有些人的感官逐渐退化，对美的事物熟视无睹？为什么现在类似于注意力紊乱等问题儿童越来越多？为什么抑郁现象频繁出现？其中有一个共同的因素或许是，人与自然的脱离产生的直接后果。

当下，我们的校园更具现代化气息，教育设备愈发先进，教师队伍越来越优秀，教育质量也日益提升。而我要说，理想的学校不管怎么变化，它必然保留一个共同的、永久的基因，即它要始终保持一种"自然的野性"。它必须像大自然一样存在，必须传承、延续着大自然的气质和血脉。"自然之美"实在太重要了。加德纳多元智能理论起初提出了7个智能，分别是语言智能、逻辑—数学智能、空间智能、身体运动智能、音乐智能、人际智能和自省智能，后来又特别补充了第8个智能"自然探索"或"博物学家"智能。这一智能指培养学生具有强烈的好奇心、求知欲和敏锐的观察能力，善于观察自然界中的各种事物的细微差别，对物体进行辨析和分类的能力。

人应该是自然之友，而且永远是自然之子。在21世纪，我们的理想状态是，既生活在互联网带来的极大便捷和幸福之中，也生活在我们周边永远有着无限美丽的大自然中。作为自然资源极其丰富的农村学校，自然就在身边，风景就在眼前，天天生活在自然的怀抱里，不能视而未见，更需要重视、重建与自然的联系。教师要带领学生亲近自然，走进自然，发现自然，理解自然，保护自然。与此同时，培养学生热爱生命，珍惜一草一木，关爱动物。

爱默生说："培养好人的秘诀就是让他在大自然中生活。"美丽校园是大自然的一部分，大自然是无限广阔的美丽校园。我们要让学生天天接触、亲近这种最弥足珍贵的教育之美，此为大美，真美！

愿我们的学校都更加重视"自然之美"的育人价值，让我们的学生和老师每天都能享受大自然的独特之美，在自然的怀抱中，自由、快乐地成长。

那天很生气

写这篇文章的时候,我的心仍然不平静。我怎么也想不明白,一个准备当老师的年轻人,怎么会连这样的事情都不知道呢?

事情是这样的。那天我去担任教师资格证的评委。有一个考生,看上去年纪已30出头,估计是一位有着长期代课经历的人。其实,每次碰到这样的考生,我都提醒自己,生活不易,只要说得可以,尽量让他们过去。

先由考生回答两个规定问题。我看着电脑屏幕上跳出来的第一道题目,心想:这道题简单。组长开始读题:

1952年,在朝鲜上甘岭战役中,黄继光用胸膛堵住疯狂扫射的敌人的机枪口而英勇牺牲。中国人民志愿军为黄继光追记特等功,追授"特级英雄"称号。请谈谈你对抗美援朝精神的认识。

读题完毕,请考生回答。出乎意料的事情发生了,这位考生略显为难,皱着眉头想了想,然后平静地说:"非常抱歉。我平时不太关心政治,对这道题目不是很了解,所以,我就不作回答。"

啊!听到这里,组长、我和另外一名考官都震惊地相互对视了一下,眼睛里露出无比惊讶的神情,这是什么情况?出于对考生的尊重,我们很快调整好情绪,努力平静下来。组长禁不住问了一句:"这位考生,这不是政治,这是关乎热爱祖国的事情。黄继光的事迹——你不知道?"

原以为组长这样一问，这位考生应该会"苏醒"过来。哪里想到，这位考生依旧平静地回答："我好像听说过，但这道题目我真不好作答。"

唉！我们的脸上不动声色，内心已成死灰，暗暗发出一声长长的叹息。组长用右手在桌子底下作了个"刷下"的动作，我和另外一个考官已是心领神会。是啊！如果让一个连黄继光都不知道的人考上小学语文教师资格证，那简直是天大的笑话！那简直是对教师职业的嘲讽！

第二道题，这位考生回答得也很一般。接下来是模拟试讲，毕竟有一点基础，可能也做了相对充分的准备，她讲得倒也还好。但也是处于可上可下的临界点，不是说完全可以通过的那种。

到了最后的提问时间，出于复杂的心理，一方面我们还是想不明白，一个30多岁的想考教师资格证的人，怎么会连黄继光都不知道呢？是不是因为她太紧张了？另一方面也出于对她的一丝同情心吧！如果有了教师资格证，她的工资可能会高一点，工作可能会稳定一些。

我极其真诚而满是期待地问这位考生："这位同学，你好！刚才关于黄继光和抗美援朝精神的第一道规定问题，你现在再次想一想，有没有答案了。"组长和另一位考官完全明白我的心思，嘴角露出浅浅的微笑，眼睛里充满期待，静静地注视着这位站在台上的30多岁的女青年。

那位考生想了想，依旧略带失望而平静地说："我还是不知道。"这下，我们三位考官的心彻底凉掉。"好！请你擦掉黑板，留下资料。谢谢！"组长貌似平静地说出这句话，但我们分明听出她内心的失落和生气。

"谢谢！"那位考生礼貌地回应。年轻人，你可知道，这一刻，希望的花儿已经彻底谢了！

等那位考生离开场地，我们不约而同地大声说了出来："怎么可能？""怎么会这样？""怎么会连黄继光和抗美援朝都不知道？""这样的人怎么可以当老师呢？"……

我们很生气！既有一种恨铁不成钢的生气，更有一种难以置信的生

309

气，怎么可以有这样离谱的事情？怎么还会有这样识见短浅之人？只要是读过书的中国人，没有谁不知道黄继光英雄事迹的。无论是哪一个年代的人群。看这位考生的年龄，她读小学的时候，语文书里一定有《黄继光》这篇文章。她到底是怎么读书的？真是不应该！伟大的抗美援朝事迹，即使是不识字的中国人也都知道。那首铿锵有力、动人心魄的《中国人民志愿军战歌》，在我没有上小学的时候，就很熟悉了，"雄赳赳，气昂昂，跨过鸭绿江。保和平，卫祖国，就是保家乡……"这位年轻人怎么会不知道呢？

　　退一步说，近在2021年，就播放了《金刚川》《长津湖》和《跨过鸭绿江》等讲述抗美援朝英雄事迹的精彩电影，掀起了全国人民对抗美援朝英雄的新一轮拥戴热潮。2020年10月23日，在中国人民志愿军抗美援朝，保家卫国，出国作战70周年纪念大会上，习近平总书记发表了振奋人心的重要讲话，他特别指出："伟大的抗美援朝精神跨越时空，历久弥新，必须永续传承，世代发扬！"什么是抗美援朝精神？就是不畏强暴、反对强权的斗争精神！就是为了祖国，愿意付出生命的牺牲精神！就是坚定信念、排除万难去争取胜利的乐观精神！就是为了世界和平，与友好邻邦同仇敌忾、并肩作战、生死与共、血浓于水的国际主义精神！

　　在这个媒体信息迅猛发展的时代，手机、电脑、电视、电影、报刊、书籍等几乎是铺天盖地地报道有关伟大的抗美援朝事迹，歌颂抗美援朝精神，可是这个考生为什么连这个都不知道呢？她关心的究竟是什么呢？何况，她的目标是当一个小学语文教师。这怎么说得过去呢？其实，那天我们三位考官不能有这样的"同情之心"，对这样一位"灵魂缺位"的考生，哪怕她的模拟试讲有多优秀，她的教学素养有多出色，她也不能胜任教师这一身份。以老师自己之昏昏，岂能让学生之昭昭呢？

　　那天我们都很生气！站在考场里，坐到车里，回到家里，心久久不能平静，怎么会出现这样的事呢？到底是这位年轻人学习、成长的哪个环节出了问题呢？需要深刻反思。我们希望那位年轻人在得知自己被淘汰的消息之后，要清楚地知道自己为什么被淘汰，然后努力去改正。

年轻人啊！希望你们不要让我们生气，而应该给予我们，给予这个世界以更多的生气！那种蓬勃向上、热爱阳光的生命和生活的气息！

读书是大事

以读书来促进教育优质，以读书来改变教师气质，以读书来改善课堂教学品质，把教师读书当作头等大事来抓，这是台州市教师教育院发起的一次"教师教育革命"行动，称之为"走进经典"教师阅读工程。我有幸加入其中，感触良多。

徐美珍院长是这项工程的核心人物，她提出教师阅读经典行动的理念是"向最懂教育的人学习教育"，教育变革，教师为本；教师素养提升，经典阅读为本。

的确，当下一线教师太需要用阅读来提升、改变自我了。在这个信息化时代，当知识变得唾手可得的时候，恰恰容易滋生浮浅现象。当大家一个个都乐于阅读百来字的微博、短文的时候，渐渐地难以静心阅读长文和整本书了。当我们沉醉于一个个看似丰富多彩、光怪陆离的短视频中，热衷于热闹和喧嚣，虽然看上去很快乐，却不知道什么时候开始，已然远离了深刻，甚至失去了思考。陈平原先生提醒我们："每天睁开眼睛，看电视，上网或者上街，都会被塞入一大堆广告——大部分的文字是没有意义的。现在的读书人和以前的读书人相比，更加需要选择的眼光、阅读的定力和批判的思维。"

台州市教师教育院倡导的"走进经典"行动，坚定不移地带领教师选择阅读教育经典，就是对陈平原教授观点的努力实践，就是对喧嚣现实的有力抵抗。

但是，教育经典不易读懂，尤其我等凡夫俗子。这中间的过程定然艰辛甚至痛苦，需要时间浸润，需要毅力坚持。刚开始，有人对这一行动持怀疑、观望态度，觉得教育变革要看教育质量，教育质量要看学业成绩，真正要改革，就要风风火火地抓学生的分数，抓训练，抓考试，才能红红火火地出成绩，出名气。而现在，想通过教师阅读来改变教育品质，似乎有点"遥不可及"，过于理想化。这样的想法，我们完全可以理解。教师阅读行动，一方面需要教师投入大量时间，另一方面它不是立竿见影、立马见效之事，短时间内，根本看不到教师有什么变化。"书犹药也"，这药肯定是中药，而不是西药。肯定需要服好几个"疗程"，长时间坚持，才有效果。对于一些寄希望于"大刀阔斧""快出成绩"的校长、教师们来说，读书这条路，似乎行不通。

此外，参与阅读的部分教师对为什么一定要读教育经典，还未能深度认同。有教师认为："这些教育大师的话不一定就对啊！首先，在时间上，离我们年代久远，100年前甚至更早些时候的理念，现在还适用吗？其次，他们中多数人可能更多的是坐在研究室里深入思考，都是纸上谈兵，自身恐怕没有一线工作的经验呢！……"

一线教师最有优势凭借的，往往是自己十几年、几十年的实际工作经验。有教师甚至认为，读不读书，尤其读不读所谓的理论书籍，对自己的教育教学工作没什么影响。我当我的"小老师"，你做你的"名大师"，我对你呀，敬而远之。

这样一种认识当然不对，令人担忧。我们并不否认经验对教育教学工作的重要作用，老教师完全可能要比刚上岗的新手教师教得好。从某种程度上说，教师教育生涯的过程就是其教育经验不断丰富和累积的过程。但是，任何事物我们都要辩证看待，教育教学经验同样如此。教师职业有长期性、挑战性和创新性等特点，每隔一段时间，我们都要经历一次次由上至下的"教育变革"行动。多年以来，我们的教材在变，课程在变，教学模式和理念在变，变得越来越科学、合理。而这一切的前提是，我们的现实世界在变，变得越来越美好。还有我们的学生在变，他们变得越来越聪明，自然也变得越来越复杂。试问，如果我们教师仅凭经验，不思改变，墨守成规，能接受一轮又一轮课程改革的全新挑战吗？当然不可能。

在专业成长过程中，教师自身需要蜕变，只有从"经验型"教师走向"反思型"教师，走向"学习型"教师，最终才有可能成长为"学者型""智慧型"教师。一线教师让我们佩服的是他们对教育的热爱，对学生的关爱和对事业的责任。当下最流行的一个词汇，称之为"卷"，单从小学层面来看，为什么从中央到地方，要掀起一场轰轰烈烈的"双减"行动？就是因为我们的教学"太卷"了，我们的教师太负责任了，有些教师布置的作业太多了，生怕自己没把学生教好。有些教师时时提醒自己，要对学生负责任，而唯独"忘我"了。忘记只有改变自己，提升自己，不断完善自己，其实就是对学生的最大负责。人民教育家于漪老师说："什么是师德？上好课就是最大的师德。"于漪老师说这句话的实质，是在提醒一线教师，我们不光要爱学生，还要尽可能地让自己具备更强大的爱学生的能力。我们光有爱还不够，还要有爱的能力，否则我们光会以爱的名义，却"爱莫能助"，给予学生"糊里糊涂的爱"，让他们"容易受伤"。

我们的一线教师有仁爱之心，有道德情操，多数教师有理想信念，但可能在"有扎实学识"方面，还真的不够。王尚文教授说："如果一个语文教师真正意识到自己是教母语的和教文学的，那么他自然会对自己汉语、文学所知甚少的状况而如坐针毡，决不会因'语文'的囫囵、含混、虚泛而满足于自身知识的囫囵、含混、虚泛了。"庄子说"学海无涯"，单从语文学科的本位知识来说，恐怕就要如王尚文教授说的，语文教师需要不断广博阅读，坚持长期阅读，以夯实自身厚重学识，才可以自信站立三尺讲台，为学生指点迷津。毫无疑问，教师需要通过阅读来改变自己的课堂品质。

著名特级教师曹勇军先生教学王维的《山居秋暝》，从《唐才子传》里面选了一则材料，由材料引出王维这个人真是不简单，他有一双画家的眼睛，有一对音乐家的耳朵，还有一颗禅悦的心灵。整首诗的学习从"画之美""声之美""禅之美"三方面展开，可谓别出心裁，非常精彩。课后交流的时候，有听课老师请教，问他是怎么想到这个思路的？他说因为阅读了葛兆光的《唐诗选注》，从这本书上得到启发。

由曹老师的真实课例可见，一节精彩的语文课需要通过阅读来长期准备。教师的阅读越是广博，其学识就越是丰富，从而造就了灵动、深刻和厚重的课堂教学。

一线教师在教育教学理论方面的阅读，也亟待跟进和完善，这事关课堂教学的理念和方向。多数时候，我们仅是在师范院校读书期间，接触并开展这方面的学习。等参加工作之后，由于种种原因，我们就少有或不再进行理论阅读了。

我这样一说，恐怕有教师要反对。一线教师学什么理论？读什么理论书籍？理论似乎是大学教授或者教研室、教科所专家的事，我们只负责认真教书就行。似乎说得理直气壮，可问题在于，有时候，光"认真教书"，不一定就能"把书教好"。教师光"苦教"是不行的，最终只能带来学生的"苦练"。要从"苦教"提升到"巧教"层面，只有教师教得科学、巧妙和智慧了，学生才能学得灵巧、轻巧、精巧，抵达"巧学"境界，这样才有可能真正实现"轻负优质"的喜人局面。也只有教师"巧教"，学生"巧学"了，师生才有可能享受到"乐教"与"乐学"的幸福。

可是真的要让教师转变观念，谈何容易？到底是什么原因导致他们不觉得自身阅读的重要性呢？在阅读教育经典的过程中，我找到了答案。那天，我捧着杜威的《我们如何思维》认真阅读，在第63页，杜威说："在教学中重视表面标准，表现为强调获得'正确答案'的重要性。有人认为，在教师的心目中，教师的主要工作是让学生正确地诵读他们的功课，而不是把注意力集中到思维训练上。"读到这一句，我情不自禁地喊出声来："讲得太对了！事实上就有教师是这样做的。"多数时候，老师讲作业，讲练习，目的是让学生获得准确的答案。老师以为这样讲过了，学生就知道了。老师们太相信"讲"的力量了！

对此，杜威认为："这种看法必然会铸成不可挽回的错误，或许没有别的事情比这更为严重的了。只要过分地抬高这种目的（不论是有意的还是无意的），那么，思维训练必然处于偶然和次要的地位。"这番话让我们明白这样一个事实：为什么有时候大量练习的结果，反而造成学生对学习的消极甚至抵触？为什么从一年级到六年级，学生变得越来越顺从了，变得沉默了？

更让我感到震动的，是杜威分析了造成这一现象的原因所在。"教师要与大量的学生相处，而且家长和学校当局要求协力使学生取得迅速而确实明显的进步。这一目的只要求教师具有教材的知识，而不要求教师了解儿童；更有甚者，要求教师关于教材的知识只囿于有限的特定的那一部分，以便学生更为容易地掌握。"这一段文字告诉我们，教师为什么不觉得阅读有多么重要，只因为他们完全可以应付自己的教学工作。尽管从长期来看，这一方式是不对的，但关键是，这样做眼前有用。于是，大家就都这样做了。

久而久之，习以为常。习以为常，众皆茫茫。

杜威接下来的一番话足以惊醒我们，"以改善学生的理智态度和方法作为标准的那种教育，则要求教师具备更严格的预备训练，因为这种教育要求教师对于个体的心智具有同情的和理智的观点，并且要求教师能够非常广博地、灵活地掌握教材——从而使教师做到需要什么知识，就能选择和运用什么知识"。教育的目的不同，观念不同，行为自然就不同了。就在认真阅读《我们如何思维》的过程中，我隐约觉得，自己似乎对教育的认识变得深刻起来，切实感受到当下的教育行为需要不断地改变和提升。

通过阅读教育经典，我的教育思绪慢慢地觉醒，我渐渐地迫切向往更优质的教育教学。虽说只是懂得了一点，但至少比之前的自己更清醒和理智了。愈是有了清醒的认识，就愈是体会到经典阅读的重要价值和意义。自然，我也越来越觉得"走进经典"行动的及时性、必要性和重要性。

一线教师阅读教育经典，要当作一件大事来抓。台州市教师教育院的这一举措，是抓住了教育变革的根本。

阅读的幸福

总得有人去擦亮星星，总得有人去点燃火把，总得有人去做多数人的榜样。教师队伍建设同样如此，无论一所学校也好，一个区域也罢，总得让一部分教师先觉醒起来，行动起来，强大起来。教师阅读是教师专业成长中最为重要的一项行动。

教师阅读的意义在于什么呢？著名特级教师曹勇军先生告诉了我们答案。他有一枚读书章，上面刻着"阅读唤醒灵魂"六个字。曹老师说："人的精神运动总是这样的，是在各种各样的他者之中寻找到自身的影子，进而丰富对自我的认识，投射到世界上，丰富我们对世界的认识。我们可以说，理解就是在他者之中发现自我的过程，而发现自我其实是生命和心智成长的过程。所谓阅读，就是让自己的生命和心智获得成长。"

曹老师说得真好，阅读让人苏醒。这种苏醒的感觉，让我忽然想到了一个场景：种子发芽，破土而出，向上生长。教师群体里必须有一个、几个或一群像"种子"那样的人，率先行动，引领全体。在台州教育界，就有这样的一群人，就有这样的一场"破土"行动。

"学而"啃读坊

这是台州市教师教育院引领的读书会组织，徐美珍院长亲自兼任坊主。饱读诗书、学识渊博、气质高雅的徐院长身先士卒，倾力而为。两年来，她带领全市各县、市（区）60多位痴迷阅读的教师，在用心共读教育经典后，认真开展形式丰富又讲求实效的读书交流活动，掀起了台州教师阅读经典一波又一波的浪潮。一时间，台州教师阅读成风，每个校园书香氤氲。

这一读书组织的背后，寄托着徐院长对全市教师队伍建设的无限希冀。

我们先看这一组织的名称，"学而"一词来自《论语》："学而时习之，不亦说乎？"以徐院长的意思，"学而"可以联系"时习之"，也可以联接"时思之"，还可以联想"时行之"，更可以联结"时辩之"等。一句话，以读为本，以读为始，开卷有益，阅读必将带来教师人生和教育教学的无限精彩。

定名"啃读坊"，而不是通常我们说的"读书会"，这里包含深层意思。"啃读"不是一般的阅读，更不是休闲、消遣的浅阅读，它是专业化的深度阅读，带有"敲骨吸髓"一般，不读出个名堂誓不罢休的气势。足见读心之坚，读意之决。

事实也确如此，入选"学而"啃读坊的成员，可以说是千里挑一。一个县、市（区）只限区区几人加入，倘若仅是一般的阅读爱好者，或者是仅出于一种好奇心参加，或者是被单位"委派"加入者，对不起，不消多日，不等组织给你"大信封"，请你吃"烤鱿鱼"，你自己可能惊呼一声："噫，此地非一般人所待，三十六计，走为上策。"

要说"啃读"的架势,实在是让一般阅读者望而生畏,掩卷叹息。阅读内容上,每次共读的书均为教育经典,杜威的《我的教育信条》《我们如何思维》,苏霍姆林斯基的《给教师的建议》《帕夫雷什中学》,陶行知的《陶行知教育思想》,佐藤学的《静悄悄的革命》等,没有哪一本书能让人一读就懂,甚至有些书你读来读去,有如雾里看花,似懂非懂。这是在磨砺所有成员的读书意志。想想也是,"啃读"自然啃的是"骨头",岂会是面包、蛋糕和奶酪呢?

其次,每读一本书,台州市教师教育院都用心策划,精心组织。先开展连续二十一天的线上打卡,"逼"得每个成员天天坚持,渐渐地习以为常。然后集中在某个县、市(区)一处书香浓郁之地,大张旗鼓开展现场读书交流活动。活动内容之丰,形式之新,讨论之热烈,每个人体会、收获之深刻,可以说一次比一次有进步,一回比一回更精彩。这里单举几例,就可见一斑。一般情况下,读书交流活动中会安排解释关键名词、术语环节,现场随机抽签进行。如果准备稍不充分,万一"不幸"被抽中,那在众目睽睽之下,诸多书友面前,说话辞不达意,表达支支吾吾,那可是谁都不愿意看到的"人在囧途"。这样一来,势必倒逼着每一个成员,平日里,捧着书,细细地啃,慢慢地品,深深地思。如此用功,方可有备无患,一旦抽中,才能自信登台,精彩开讲。接下来,还安排分组讨论某一话题,再派代表上台阐述,或者干脆展开"正、反方辩论大赛"。一时间,台上选手唇枪舌剑,观点横飞;台下听众热血沸腾,掌声四起。有时,安排特邀嘉宾学者助力站阵,为全体书友指点迷津,深度讲解某一名家、某一本著作的思想精髓。学者深入浅出、耳目一新的讲解,让所有人听得茅塞顿开、如痴如醉。有时,还会就某一本书的核心理念讨论之后,现场集体观摩课堂教学,随后再进行激烈而深刻、严谨而自由的辩课、议课,重点是要结合这本书的思想、理论来谈,要言之有据,言之有理,言之有悟。这分明是"读思结合、知行合一"的范例引领。

开始几次,"啃读"活动为期半天。几次下来,大家"咬牙切齿",

人人"啃"劲十足，从早上8点半，"啃"到太阳当空照，肚子呱呱叫，领导微微笑，专家直说好，各位队员还意犹未尽，直到下午1点多钟，才"鸣金收兵"。这时候，大家才从精神世界醒悟过来，发觉已是饥肠辘辘，不由向往人间烟火，赶紧走向餐厅庖厨。考虑到"啃读"之势已然风起云涌，全面铺开，市教师教育院就把活动的时间增至一天或两天，在内容上，增加了"教育家书院"参观、学校读书行动特色展示等。读书这把火真是越烧越旺。

还有一点要特别说明，每到一县、市（区）举办"啃读"活动，所在地教育局都高度重视，分管人事副局长、人事科长，以及教师进修学校（或者教师发展中心）的领导都亲临现场，发表重要讲话，对教师阅读行动予以全力支持。这对进一步深入、全面推进教师经典阅读行动，意义重大。

最后，为了提升"学而"啃读坊全体成员在专业阅读上的素养，台州市教师教育院还安排了"啃读经典专题培训"行动。2022年11月深秋，"学而"啃读坊全体成员汇聚山镇宁溪，入驻枕山酒店，开启为期3天的封闭式专题培训。

在这次培训的开班典礼上，我有幸代表学员讲话。因为住在山中，行在山下，学在山间，我以"山"为关键词，从三方面谈了自己的感触。第一，"如山"。典籍如山，大师如山，思想如山。让我们高山仰止，景行行止。第二，"枕山"。我们入住的酒店名为"枕山"，和此次的培训主题极为妥帖。真的是告诉我们，"书香做伴好入梦"，"书卷多情似故人，晨昏忧乐每相亲"。第三，"为山"。我们阅读教育经典，要有一个梦，努力让自己成为一座山，哪怕是低矮、贫瘠的小山坡。我们要坚信，沉醉阅读，浸染书香，积淀学养，坚持下去，一定会拥有"山"一样的厚度、气度和高度。

阅读如登山，步步皆风景。参加"学而"啃读坊，是幸福的。

沧海读书会

作为市级"啃读坊"的核心成员,我还有一个重要的责任,在自己所在区内,带动一批爱阅读的青年教师成长。我深深知道,读书对青年教师专业成长乃至人生幸福,将有着何等重要的意义。也自然懂得,把热爱阅读的他们以读书的名义,召唤到一起,共乘一艘阅读的夜航船,驶向那片书籍的大海,是功在当下,利在永远的美好事业。

2021年9月28日,孔子诞辰纪念日。这个秋风习习的晚上,椒江区"沧海教师读书会"在教育教学发展中心七楼隆重成立。共有来自全区24所中小学、幼儿园的24位教师参加,因为我们规定,一个单位只能参加1人。这样,不说百里挑一,至少也做到几十人中挑出一个最热爱阅读的教师。刚好24人,当时我戏称之为"二十四节气"。

为什么选在孔子诞辰日呢?不言而喻,孔子是万世师表,当是所有教师共同的精神偶像。我们要像孔子那样做老师,努力做一个像孔子那样的好老师。

为什么选在教育教学发展中心的七楼会议室呢?七楼代表一种高度,意在告诉所有成员,读书的重要目的是让自己拥有思想的高度(傅佩荣语)。熊培云不是有一本书叫做《自由在高处》吗?读书让我们在思想上获得更大的自由。

在接下来的时间里,沧海教师读书会所有成员每月读一本教育经典,每月写一篇阅读心得体会,每月集中交流一次,时间就定在每月的28日晚上。为什么选择晚上呢?为了不影响大家的工作,而且固定在28日晚上,可以让全体成员在安排工作和学习时尽早、尽量避开。

开始,我们还担心会不会是"荷叶上的露珠——不长久",大家坚持不了几个月。就一个劲地打气、鼓励,如果坚持到一周年,我们一定要好好庆祝一番。结果,大家的表现出人意料。除极个别人退出之外,不断有新的成员加入,到2023年上半年,人数竟然有60人之多。我们不得不把"沧海读书会"再分成"江月""河光""湖镜"和"清溪"四个读书坊,按照两个月分坊小活动,第三个月读书会集体大活动的节奏开展。

是什么原因让"沧海读书会"的成员乐于阅读,不辞辛劳地坚持下来呢?我想,可能有以下几个原因。

首先,这些老师确实是阅读痴迷者。这一点很重要,他们本身在自己单位就是最热爱阅读的人。没有热爱,就没有快乐,自然也没有了坚持。鲁迅说:"嗜好的读书,该如爱打牌的一样。"先生所言极是,好麻将者一听麻将声,手就发痒,好阅读者同样如此。

其次,阅读教育经典确实吸引人。我们且不说"有用"还是"无用",就我个人而言,有时候读一本书,哪怕从书中的某一个词句、语段、篇章中获得一种看法、见解、主张或思想,就好比在沙滩上走过,偶然捡到一只贝壳、海螺,内心欣喜至极。读书到了一定境界,只会觉得愉悦,不会觉得疲累。为什么呢?这时候,你读书不是在读书,而是在和智者、大师、哲人对话,或者说对话都太庄重了,应该用"聊天"一词来得更好。聊天说明是极其放松,双方关系极度亲切,想说什么就说什么,想怎么说就怎么说,说错了无关紧要。你想,如果你坐在书房里,很轻松地就可以穿越时空,和梭罗,和怀特海,和叶圣陶,和陶行知等大师、先贤聊上一阵,这还不是人生一大乐事吗?很多时候,我们一边阅读,一边沉浸书中的美好场景,恍如身临其境,完全悠然忘我,待到苏醒惊觉,却已过去多时。读书让时光无声无息地流淌,而你丝毫不觉烦恼和惊慌。反之,当你从书中忽有所悟,心头那种充实、丰盈之感真是无法用言语来形容。

第三,我们读书交流的方式非常轻松、自在。每月 28 日集中交流的地点各不相同,有时在学校的阅览室,有时在新华书店现场,有时在图书馆场地,有时在区内一些纪念场馆。还有的时候,我们会放在环境清雅的茶馆里进行。每次活动,都有茶水、果品、糕点、小吃提供,经费全取之于会员,用之于会员,不要单位出一分钱,包括购书费用。有好几次，我们全体会员开车到市内的古老书院，到秋日果实累累的山上，到春光明媚的大自然中，开展读书交流活动，更是风雅高洁，潇洒飘逸。

还有，我们的读书交流方式也是多样的。每次都有核心汇报者，他们制作课件，详细阐述，也有自由言说者，随机表达，还有重要引领者，深入解读、剖析。我们有一个共同的要求是，大家在表达观点、讲述感受时，最好能用自己的话讲清楚对这本书的理解和认识，我们称之为"内化"。这一做法，也是受朱光潜先生影响，他说："我读一篇文章，读一本书，必用自己的话把它表达出来，才觉得真的把这本书消化了。"我们这么做，就是用实际行动来证明阅读必然是一种个性化的行为，即使读同一本书，我们都充分尊重每个人的独特体验和自由言说。因为，阅读让人自由。

最后一点，阅读让各位成员获得实实在在的生长。历时两年多，历经二十几本专业书籍的阅读，二十几次的讨论交流，二十几篇文章的撰写，不知不觉地，每个人都切身体会到徐美珍院长说的"韧性生长"。不必谈各自的学科教学突破，不必谈各人的论文发表、获奖，更不必谈有好几位成员职务提拔，担任校长、园长，单看这些读书会成员的精神气质、阅读习惯、耐心定力以及生命三观，从他们身上，你会感受到一股蓬勃的力量，一种教育的生机，一片无限的希望……

更让人欣喜的是，沧海读书会的这些成员，他们在自己的单位里，就像一粒硕大的书香种子，生根、发芽、长叶、开花……他们以自身的生长，召唤、吸引、组织和带动一批年轻教师，爱上阅读，沉醉阅读，享受阅读带来的生命幸福。

平凡的感动

在我居住的小城里，有许多小店极其有名。

比如吃的，有"城门头肉粥""胖胖大肠糕""然香姜汁""花园海鲜面"等。比如修理类的，"林记开锁""老王修鞋"……

有一间根本算不上店，是专修拉链的路边摊，只是在一个小巷口露天摆一凳一椅而已。记得摊主是一位叫"友隆"（读音）的老大爷，他的名声非常之大。要是谁有衣服、裤子或鞋包的拉链坏了，主人正发愁到哪里去找人修补，这时，有人就会用毋庸置疑的语气宣布一个真理似的告诉他："找友隆啊！绝对没问题！"

我曾经找友隆老爹修过手包的拉链。他的手艺确实好，三两下就修补完毕，价格又极为便宜。可惜这位可敬的老师傅，几年前离开了人世。每次我路过那条街道时，总是情不自禁地想起他。

还有一家杂货店，它连正儿八经的店名都没有，但是生意极好。这家店卖的货物齐全，大至电饭锅、电风扇，小至针线头、纽扣，凡老百姓居家生活必需品，这里一应俱全。再加上店老板态度诚恳，服务好，商品较便宜，开店时间长，一来二去，大家都来这里买日常物品了。

曾带领学生学习冯骥才先生的《刷子李》一文，重读了他的《俗世奇人》一书，深深被老天津卫里的那些平民大匠折服。其实，我前面提及的这些店主，也都可以算得上是"江城奇人"了。如果我有冯先生那样的文笔，有着他那样的情怀，说不定我也可以写一本《江城奇人》

来呢!

值得一提的是,这些江城的"名店",店铺本身极为普通,个别的甚至简陋不堪。尤其是,它们并没有占据所谓的地理区位优势,大多远离繁华、昂贵的城市黄金地段,居于僻静小巷深处。这也正应了那句古话:"酒香不怕巷子深。"

这些店主们一个个布衣素裤、其貌不扬,放在芸芸众生、人潮人海中,绝对一下子淹没其间,让人无法找到。但他们可是真真切切的实力派人物。据我观察,这些店主虽然有的雇有帮工,但是一个个仍然亲力亲为,奋斗一线。比如,光明路和育才路交界路口那家肉包子铺,我原先工作的单位离它很近,常常光顾那儿吃早餐。现在我调到新单位,距离远得多了,少有光顾。在双休日的早晨,我总是不知不觉地想起那里喷香的肉包子的好。于是,要么健步走半个小时,要么骑车十几分钟,要么开车十分钟左右,赶到那家包子铺。每次买包子,都看到那个中年老板娘忙得像个滚圆的陀螺一样,却快乐地转个不停,不由得被这种热爱生活的精神气感动。于是,心里头常有的"生活一地鸡毛"的感叹,一下子如同氢气球升空一样,消失得无踪无影了。

那个老板娘真忙碌啊!如果另有一个生肖的话,她应该属蚂蚁吧!你看,她一会儿帮人拿包子,一会儿替顾客包炊饭,一会儿给客人盛豆浆。手是绝不停歇的,嘴巴也是不停地回应顾客的,脸上的笑容一直都在。在这个间隙里,她还要应付这个那个这边那边递过来的钱,硬币、毛票、大额纸币,接过,扔下,找回零钱。当然,更多的顾客会刷微信、扫支付宝,但老板娘也都一一给予回应,热情地说着:"慢走!慢走!谢谢!谢谢!"这大概是我所见到的最热爱生活和生命的江城人了。

老板娘的丈夫——老板在哪里呢?他呀,穿着一件白褂子,戴着一顶白帽子,工作在里头的一间小房子,把一团面粉揉得噼啪作响。他浑身上下沾满了粉末儿,眉毛、胡子、脸蛋、手臂和手指,白白的一片、一团,正忙着做包子。一边做,一边还不时地看着屋子里头冒着白烟的蒸笼,一边不停地冲着屋外的老板娘和等得焦急的顾客们大叫着:"快了！快了！还有2分钟……"

看到这样的场景，我的心头有一种说不出的感动。与其说是包子的好味道吸引了我，不如说是包子铺主人的生存状态感染、感动了我。

已记不起，这家包子铺是何时出名的。料想近五十岁的包子铺老板和老板娘苦心孤诣地经营了至少十年或者二十年了吧。料想他们刚开始学做包子，给人当学徒时，包子做得一定不怎么好吃，至少一定不会很好吃吧！他们肯定失败过，挫折过，甚至迷茫和痛苦过。然而，他们坚持下来了，他们一定会反复地琢磨，不停地试验，长期地调整，面粉的柔度、湿度，火候的温度、时间，以及肉馅数量的大小、肉质的精肥等，无一不做到更好。这家店的招牌是他们用辛勤的汗水一点一点擦亮的。

由此，我们可以悟得一种生命的真谛。任何事情，要把它做好、做精、做强，都需要热爱和执着。或者，说得优雅一点，是情怀；说得直白一点，是坚持。所谓坚持，就是日复一日地用心做一样事。这让我想起无限敬仰的小语界泰斗周一贯老先生曾经送给年轻教师的一句话："一辈子，一件事。"

是啊，真的要把工作做好，要成为某一方面的专家，就必须像周先生说的，一辈子用心做一件事。专家，就是专注于一件事，不停地研究、实践，不断地提升、完善，就成了这一门事业的行家了。

我仔细观察过那些将自己的门店经营得如此有名的店主们，他们总是把大量时间用来做自己专业的事，而少有时间去做一些与之无关、无聊的事。杂货店老板一有空闲就整理货物，盘点清单；粮油食品店的店主如禅师般静坐，脸上带着哲学家那样的微笑，迎候下一位顾客的到来；单位门卫室的保安师傅经常静坐不动，看外面车水马龙，人潮汹涌，而他却心如止水，岿然不动，这是一种修为的上乘境界。每逢有陌生人来访，他总会庄重、得体地发出著名的哲学三问："你是谁？""你从哪里来？""你到哪里去？"其实，门卫师傅就是隐藏在民间的哲学家。

踏踏实实、心无旁骛地做一件事，这是成功的不二法门。这就是工匠精神。每一个人，每一种行业，世上的每一样事物，都需要工匠精神。草努力地生长，花专注地做梦，树静静地思索，风朝着生命的一个方向努力前行，人们都清楚自己的位置，明白自己的身份，专注地做自己专业的事，这就是古人说的"天地位焉，万物育焉"。这就是工匠精神！

人们都说教师是个"教书匠"，那自然也需要这样的"工匠精神"了。

那些美好的日子（后记）

出版散文集《村庄记忆》之后，我有了一个新的目标：写出属于自己的"记忆三部曲"。

《却顾所来径》就是第二部，主要回顾自己三十二年的小学语文教学生涯。"三十二年教学路，多少甘甜多少苦"，几多感慨，无限感激。在自己成长的道路上，经历了多少难忘的事，遇见了多少帮助我的师友。作为语文教师，我必须用语文的方式加以记录，一为留住记忆，二为一抒胸臆。如果有第三个作用，就权当为年轻教师们的专业成长提供一点事实的借鉴和参考吧。

原想给这本小书取名为《飞鸿踏雪泥》，系引自苏轼 1061 年写的《和子由渑池怀旧》诗中的一句："人生到处知何似，恰似飞鸿踏雪泥。"因为苏轼是排在我心中的第一人生导师，我太佩服苏子了。再说"飞鸿"这一意象我也做过一定研究，打心底里喜欢。苏轼当年被贬黄州，寄住定惠院，写下的"拣尽寒枝不肯栖，寂寞沙洲冷"，真是妙极。还有一个原因，是我的名字里也有"鸿"字。以至我常常拿"鸿雁"自诩，连唱歌也常唱那一曲深情中透出无限刚毅，悠远中体现几多向往的《鸿雁》。

但细细琢磨，却觉有些不妥。关键是"飞鸿踏雪泥"不仅仅表现出一种人生的无常，更是时年仅 25 岁的苏轼对自己一生的准确预测，他已预感自己这辈子终将像鸿雁一样漂泊无定。"飞鸿踏雪泥"是带着些许的伤感和无奈的。而年已半百的我回首走过的教学人生路，虽然从村小起步，几经辗转，进入城里，从学校到教育教学发展中心，从一线教师到校长，到研训员。每调动一次位置，无不包含着领导对我的关心和厚爱。我感恩他们，自然不能用"漂泊"一词来形容。再说，比起苏轼浪涛汹涌、大江奔流、起伏跌宕的，极度苦厄也极其精彩的苦乐人生，我的一点点经历又算得了什么呢？

我想到了李白，想到了他在29岁那年，第一次到得长安，多方求访，终于被一个张先生安排着住进了玉真公主位于终南山的别馆。我想到了李白的迷茫、彷徨和淡淡的忧伤。想起了他当时写的《下终南山过斛斯山人宿置酒》一诗中的句子："却顾所来径，苍苍横翠微。"那个秋日的傍晚，年轻的李白在终南山上回望自己走过的山路，只见树影横斜，绿枝清浅，披拂摇曳，想必有几多的感慨在心头吧！

李白的迷茫，是青春的迷茫，也是攀爬人生这座大山过程中人皆共有的迷茫。在小学语文教师之路上跋涉了三十多年的我，又何尝没有迷茫过呢？迷茫不仅需要向上，更需要回望。

"却顾所来径"，我自然又想起了苏轼的"惊起却回头"。人生已秋的我，是需要对自己走过的路作一次深情回望了。用"却顾所来径"为书名，甚好！

我走过的三十二年教学之路，不正是一条崎岖、蜿蜒而宁静、优雅的山间小路吗？这条弯弯曲曲的，此刻依然在低矮的山间盘旋回绕的山路上，横伸斜展着属于我的多少教学的"翠微"啊！细细盘点，我感动于自己这些年来，竟然经历过这么多场次的上课、讲座、写作、主持、辩论、即兴发言等学习、锻炼。虽说不上百炼成钢，却让我不断地在专业道路上一步步地成长。

回顾这么多次的历练、磨砺、学习，凝聚着多少老师对我的关爱和帮助啊！履迹卓卓，往事历历……

2000年3月，一个春寒料峭的日子，椒江区教研室组织优秀教师赴海岛大陈送教。小学语文教研员张雪清、刘崇真老师把这一个十分难得的学习机会给了我。要知道，当时的我还在村校教书，籍籍无名，足见两位老师对我的信任和厚爱。这也是我从教以来，第一次以"优秀教师"身份送教其他学校。

这次上岛送教让我首尝以"专家身份"去外面讲课受人尊重的滋味。虽然我还根本不是专家，上了一节非常普通的习作课《鸭蛋浮起来了》，但是给我一个明确的专业发展方向，一定要把课上好。在从海岛返回的船上，我站在船头，迎着猎猎海风，看着滔滔白浪，翻腾涌动，心头滋生出一种久违的壮志豪情。语文如海，人生海海，我当飞舟逐浪，奋勇向前。

2002年上半年，我获得了台州市教学大比武一等奖。当年10月，玉环县教研员王湘霞老师安排我到楚门镇上了一节公开课《长城》。很有意思的是，一个同样是小学语文老师的好朋友开着桑塔纳轿车送我前往，这可是我第一次享受到了真正的"专家待遇"，有专职司机接送。哪里想到，等到上课顺利结束，主办方热情招待我们吃了午饭，准备回程时，却发现汽车电瓶没电，启动不了。原来上午停车后，我这位朋友忘了关掉大灯，而将电力耗尽。一番折腾后，终于顺利返回。不过也好，这件事情似乎提醒我，人生要时时充电，才有不断前行的澎湃动力。

2004年下半年的一天，台州市教科所的张国荣老师带我去温岭松门镇中心校，我先上1节语文课，然后他做一个主题讲座。我上的是五年级《小音乐家扬科》，浙江省特级教师陈祖玉先生在现场听课。课后，他评价我对文本理解深刻，教学设计独特，给人耳目一新之感，鼓励我继续努力，不断超越。一番话，给予我很大的勇气和信心。

这次活动之后，我多次受松门中心校邀请来上课、讲座。当时我给自己打趣："松门，松门，属于我的教学展示之门，终于松动了。"

接下来的时光里，张国荣老师不断地向其他学校推荐我，真诚希望我在教学之路上不断磨砺，行之更远。仅举一例，他向自己的同学、组班教师蔡子富力荐，让我去温岭教师进修学校讲了1天的课。此后，温岭小学语文培训的门也为我轻轻打开。温岭对培训教师的讲课水准要求很高，每次培训结束，都由学员无记名投票给上课教师打分。还好，我还比较受欢迎。结果是，连续8年，我每学期都要去温岭讲课，每次我去上的课自然也都不一样。后来，温岭教师进修学校干脆让我在石塘镇中心小学设立了一个"流动名师工作站"，把我作为"流动人口"给"管理"起来，一个学期要去上课、讲座好几次。这对我来说，又是很好的学习、锻炼机会。

印象更深的是，2018年11月30日，张国荣老师亲自开车，带我去仙居安岭乡中心校送教。那天清晨，天冷雾浓，高速封道，才6点多，我们就在天蒙蒙，地蒙蒙，人也有些许的昏沉沉中，沿着省道出发了。椒江到安岭，足足要开2个多小时。进入仙居境内，我们在一个早餐店吃肉包、豆浆，味道好极。似乎是给予我们辛苦起早，风尘仆仆的慰藉。再开了近1个小时，才到达号称台州西藏的安岭。那一次，我给四年级学生上《猫》一课。听课后，仙居的老师们给我起了个绰号，叫"猫王"。也就在这次活动中，张国荣老师以他长期从事教科研的理性视觉，分析我的课堂个性，指出了我教学中的一个潜在特点：让学生在课堂上有安全感，敢想，敢说。这对我而言，非常有意义。

张老师博学多才，而且十分好学。他跟我谈起王崧舟老师的教学艺术，竟然讲得条分缕析，精彩非凡。原来，他经常在网上观摩王老师的课堂教学和学术讲座，对王崧舟老师甚是钦佩。张老师也曾真诚而严肃地指出我在课堂教学上的不足，一度在课堂上存在着刻意"逗学生发笑"的嫌疑，建议我的教学要向更真实、更自然、更自由方向努力。我深深受教了。

浙江省特级教师、台州市教研员李彩娟老师为我提供的学习机会更多。2004年10月，李老师带我去天台白鹤送教，我上的是《会说话的灯》。随后的日子里，我先后去仙居的湫山、临海的大田、黄岩的院桥、三门的亭旁、玉环的城关中心、路桥的长浦等学校上课。2015年6月，李老师安排我们几位新评上特级教师的学员在温岭太平小学作专场展示，每人半天，1节课再加1个讲座。

多年来，李老师还不断地安排我主持、评课、专题发言、主题报告，一次次地历练，一次次地成长。特别是2009年11月，李彩娟老师组建了台州市小学语文首届高级研修班，我幸运地担任班长一职。三年来，我们在李老师的带领下，读书，上课，写作，论坛，送教……期间的学习不可谓不艰辛，但其中的收获非常大。台州小语在李老师的精心培养下，凝聚了一批青年才俊。

2012年10月，李老师推荐我跟随台州市名师访问团去新疆作为期10天的送教。这次新疆之行，我们在台州援疆指挥部的精心组织安排下，受到了阿拉尔市教育局的热烈欢迎。在这次送教活动中，我给当地五年级一个班的学生上了《珍珠鸟》，作了专题讲座。还和当地的年轻教师师徒结对，共同探讨、交流语文教学动态。印象最为深刻的是，此次送教活动中，指挥部安排我们这批送教老师参观"三五九旅垦荒纪念馆"。那位接待我们的讲解员一开口，就令人心头为之怦然一震。他的声音如同裂帛一般，又带着一点金属的铿锵，如同尖锐的号角刺破黑暗的拂晓。他雄浑的声音，略带沙哑，让人不由联想起这片曾经飞沙滚石的大地。他的面容那么庄严，一双圆睁的眼眸里，迸射坚毅的火花，又充满着执着的力量，更带着无限感动的深情，在他的眼睛里，我们看到了大漠深处的太阳。他是用生命来为我们讲述"三五九旅"的英雄故事，只因这片热土上曾经发生的故事，深深地打动了他的生命。在我今生所听到的讲解中，从来没有如此让我震撼！那天，我静静地站在场馆里，默默地聆听着，尽情地让我的全身心都浸润在无尽美好的，如清清塔里木河水那样奔流的声音的流里。

就在那一瞬间，我想起了周一贯先生说的一段文字：生命与事业同行，生命因为有了事业的追求而得到开发，光彩倍增；事业则因为有生命的投入而有了热情流淌的血液，永不衰竭的激情，风暴与欢乐时时交替的敏感心灵。有生命与事业同行，这条路便会风雨无阻，光耀七彩。于是，美与和谐才得以展示生命与自然的全部骄傲。这是事业的彩虹，也是生命的乐章！

那一刻，我明白了语文教学的最高境界，你当把全部的身心融入到你所热爱的语文事业。语文教学之路上遍布荆棘，而你我今生今世，要努力做一只语文的荆棘鸟。

新疆送教，让我获得了对语文教学事业的顿悟。而省内有一个地方，对我的专业成长，有着不可或缺的特殊意义，那就是温州的乐清。在杭州师范大学王瑾老师的推荐下，2010年10月，我去乐清一所学校作文本细读专题讲座。乐清人做事相当认真，第一次他们只让我讲半天，因为他们不了解我，生怕我是个冒牌"水货"，以免影响他们的培训质量。好在一个讲座下来，乐清老师反响不错。接下来，他们就继续邀请我，这下自然是要讲一天了。后来，他们知道我还能上课，就"得寸进尺"地提出更高要求，每次上1~2节课，再说课加上1个专题讲座。把一切挑战当作磨练的我，毫不犹豫地答应了，因为我把每一次上课、讲座都当作对自己专业最好的历练。就这样，我成了乐清小学语文培训的常客，连续十年，每个学期都去乐清上课、讲座。基本上每次讲一天，有一次因为另一个讲课专家临时有事，就让我加了一天的课，我一个人讲了两天。就这样，我结识了特级教师方斐卿和乐清进修学校的黄煜、卢发善老师。乐清小语人才众多，有学识、人品均一流的特级教师俞国平，有既在语文教学上独领风骚，又在书法艺术上造诣极深的特级教师陈传敏，还有相当年轻的学界翘楚特级教师牟原喜和柯珂等，乐清十年，难得磨练。就在乐清小语务实、理性、深刻和精进的氛围中，我不断地获得了提升和成长。感谢乐清！

渐渐地，我的教学历练之路走得越来越宽广了。那都是因为有众多师友的关心、帮助和提携。张化万先生带我去广西柳州上课，他还把我介绍给一所学习氛围极佳的学校——玉环市实验学校，在和这所学校交流、学习的日子里，我的感触非常之深。我深深地为这所学校领导对业务的重视，年轻教师对专业成长的渴望而感动。省师训中心的魏建刚老师把我介绍给龙游实验小学，让我尽可能多去他们学校讲课。我坚持了

2年，后来实在是交通不便，就推辞了。但龙游实验小学语文团队的精神、整体的实力，让我深为佩服。

恩师汪潮教授一次又一次地带我去省内各地上课。每次上完课，他都要现场作深刻、严格的点评。用汪老师的话来说，就是"好就是好，不好就是不好！"他是一个非常认真、务实，同时又集幽默与严厉于一身的智者。我们学员在汪老师面前上课，未免一个个战战兢兢，如履薄冰。其实，汪老师是一个非常温暖的人，他有一颗善良、仁慈的心，也有一颗有趣、幽默的灵魂。我曾有幸在汪师门下三次学习，一次是"省领雁工程农村小学语文骨干培训"，一次是"省小学语文首届高端培训"，还有一次是"京苏粤浙小学语文卓越教师培训"。只要你有机会参加汪潮教授的小学语文专业培训，你定然会产生语文教学上的蜕变，更何况我竟然参加了三次之多。纵使我有多么的愚鲁，纵使我是一块不开窍的顽石，也会被汪老师的智慧、理性之刀雕琢得有模有样。印象中，汪老师对我关爱有加，多数时候，逢有上课的好机会，他会第一时间考虑到我。我有多么的幸运啊！

2005年暑期，我有幸参加了王崧舟老师在拱宸桥小学组织的"特级教师面对面"培训活动，为期10天。就在这次培训活动中，我聆听了王老师作的多个"文本细读"专题讲座，就有了投身文本细读研究的思考，后来付诸行动。这条路一走就坚持到现在，整整19年。现在想来，何其有幸！

2016年我任海门小学校长一职之后，和王崧舟老师联系、请求。自2017年1月起，王崧舟老师在海小设立工作分站，每学期来学校上课、讲学。一时间，海门小学的教学氛围水起风生。那一段时光，是如此的难忘。

也就在和王老师一次次的近距离学习、接触过程中，王老师鼓励我有机会多出去上课。后来，我跟着他入黔、赴滇、奔鄂、到湘、至桂，上课、讲座，一次次地锻炼、学习。

10多年来，我先后到过20多个省市自治区讲课，深刻感受到不同区域的教学风格和学习氛围。读万卷书，行万里路，还需不辞千辛万苦，上课无数，方能踏上专业成长坦途。

特别要提及的是，我和敬爱的毛主席母校湖南一师的学习缘分。2013年我有幸成为湖南一师承办的"国培项目"小学语文学员，受黄朝霞教授赏识，竟然在接下去的几年时间里，多次作为"国培项目"小学语文培训的导师，去长沙上课、讲座。这让我无比激动！也深深感谢黄教授。

我要感谢的人真是太多了！省教研室的滕春友、余琴老师，多次为我搭建学习平台，指导我的专业。台州市教师教育院的徐美珍、邓德彪院长，组建"走进经典"啃读团队，让我不断地从阅读中获得新的思考。市委组织部人才办、市教育局让我组建一个"名师工作室"的学习团队，让我和一批台州小语的青年才俊切磋交流，共同进步，韧性生长。椒江区教育局的历任局长（特别是朱道鸿、严邦星局长）和其他领导，对我关爱、器重、帮助、提携，我心存感激。我学校管理上的导师洪仙瑜校长既给予我事业上的榜样示范，又给予我生活态度上的高位引领。我任教师时的校长张学球、茅国元先生，给予我无微不至的关爱，以及我的教育教学发展中心领导、同仁们，虽然和你们仅相处短短四年时间，但结下了一辈子的情谊。包括我如今在新的单位（萧山区金山小学）里，同样感受到了家的温馨，我们一起手拉手，向幸福出发！

感谢我的家人，给予我事业上的支持！感谢我的朋友，给予我真诚的帮助！

最后，特别感谢我的师父严华银先生，从师三年，耳提面命，无论学识，还是为人，我都深受启迪，获益良多。严师还在百忙之中，抽出时间，为我这本小书倾情作序，我是何其的幸运啊！

却顾所来径，美好润我心。抬眼望前路，风雨不可阻。我当像鸟一样，飞向生命中的下一座高山。

2024年1月22日
写于金山